KB150770

어맹자의

어맹자의

초판 1쇄 인쇄 _ 2017년 9월 20일
초판 1쇄 발행 _ 2017년 9월 25일

지은이 _ 이토 진사이 | 옮긴이 _ 최경열

펴낸이 _ 유재건 | 펴낸곳 _ (주)그린비출판사 | 등록번호 _ 제2017-000094호
주소 _ 서울시 마포구 와우산로 180, 4층 | 전화 _ 702-2717 | 팩스 _ 703-0272
전자우편 _ editor@greenbee.co.kr

ISBN 978-89-7682-275-8 94150
이 도서의 국립중앙도서관 출판시도서목록(CIP)은 e-CIP 홈페이지(http://www.nl.go.kr/ecip)와
국가자료공동목록시스템(http://www.nl.go.kr/kolisnet)에서 이용하실 수 있습니다.
(CIP제어번호: CIP2017023462)

◉ 이토 진사이 선집 4

논어 맹자 개념어 사전

어맹자의
語孟字義

이토 진사이 지음 · 최경열 옮김

차례

권하卷下

| 일러두기 |

1 이 책은 이토 진사이(伊藤仁斎)의 『어맹자의』(語孟字義, 1705년 편찬)를 완역한 것이다. 번역의 이해를 돕기 위해 원문을 본문 뒤에 수록했다.

2 본문 중에 있는 괄호 안 내용은 내용의 이해를 돕기 위해 옮긴이가 첨가한 말이며, 각주 또한 모두 옮긴이가 덧붙인 것이다.

3 단행본, 전집, 정기간행물 등에는 겹낫표(『 』)를, 단편이나 기사, 편명 등에는 낫표(「 」)를 사용했다.

4 외국 인명이나 지명, 작품명은 2002년 〈국립국어원〉에서 펴낸 '외래어 표기법'에 따라 표기했다.

서문

내가 글 배우는 사람들을 가르칠 때 『논어』·『맹자』 두 책을 숙독하고 정밀하게 생각하도록 하였는데, 성인聖人의 생각과 말의 맥락을 마음속에 환히 이해할 수 있다면 공자와 맹자가 한 말의 의미와 혈맥血脈을 알 수 있을 뿐 아니라 또 그 개념어[字義]의 뜻을 이해할 수 있어 큰 잘못을 저지르지 않으리라 생각해서였다. 개념어는 학문하는 것에 놓고 보면 확실히 사소한 문제다. 하지만 그 의미에서 한 번 실수를 저지르면 피해가 적지 않다. 그저 하나하나 『논어』·『맹자』에 근거를 두고 생각과 말의 맥락에 합치한 뒤에야 옳다고 판단할 수 있다. 함부로 생각하고 원뜻을 왜곡해 되는대로 끼워 맞추며 사사로운 의견을 섞어서는 안 된다. 소위 "둥근 구멍에 각목 끼워 넣기", "수레 끌채를 북쪽으로 향하고 남쪽 월越나라로 간다"[1)]는 말은 진정 빈말이 아니다. 그러므로 『어맹자의』語孟字義 한 편을

---

1) "둥근 구멍에 각목 끼워 넣기"의 원문은 '方枘圓鑿'. 최초의 용례는 굴원(屈原)의 「구변」(九辨)에 보인다. "둥근 구멍에 네모난 나무로구나, 어긋나서 들어가기 어려운 줄 나는 확실히 알지."(圓鑿而方枘兮, 吾固知其鉏鋙而難入) "수레 끌채를 북쪽으로 향하고 남쪽 월(越)나라로 간다"는 말

지어 『논어고의』論語古義 · 『맹자고의』孟子古義 두 책 뒤에 부친다. 그 상세한 설명은 두 편의 고의古義에 있는 곳이 있으므로 여기서는 군말을 하지 않겠다.

덴나天和 3년(1683) 계해癸亥년 5월에 교토[洛陽]에서

이토 진사이[伊藤維楨] 삼가 쓰다

의 원문은 '北轅適越'. 일본에서 영향력이 컸던 백거이(白居易)의 신악부(新樂府) 「입부기」(立部伎)에 보인다('입부기'란 마루 위에 앉아 연주하는 사람인 좌부기坐部伎에 비해 마루 아래에 서서 속악俗樂을 연주하는 사람을 말한다). 백거이의 원문에는 월나라가 초(楚)나라로 되어 있다. "교외의 둥근 언덕(하늘에 제사 지내는 단壇)과 사직단(땅에 제사 지내는 곳)에서 제사 지낼 때, 천지신명에게 이 음악으로 감동시키겠다면서, 봉황이 오고 온갖 짐승이 춤추기를 바라지만, 수레 끌채를 북쪽으로 향하고 남쪽 초나라로 가려는 것과 무엇이 다르겠나."(圓丘后土郊祀時, 言將此樂感神祇. 欲望鳳來百獸舞, 何異北轅將適楚) 두 말 모두 가망 없는 일에 대한 비유로 쓰였다.

어맹자의 상

천도(天道)

1. 도는 길이다.[1] 사람들이 왕래하고 통행하는 곳이다. 그러므로 만물이 통행하는 곳을 일컬어 도道라고 한다. 천도天道라고 말한 것은 한 번은 음陰이 되고 한 번은 양陽이 되면서 왕래하는 변화가 그치지 않기 때문에 이에 이름을 붙여 천도라 한 것이다. 『주역』周易 「계사전繫辭傳 상上」에, "한 번은 음陰이 되고 한 번은 양陽이 되는 것을 도道라 한다"라고 하였다. 음과 양이라는 글자 앞에 각각 일一이라는 글자를 더한 것은, 한 번은 음이 되었다가 한 번은 양이 되고, 한 번은 양이 되었다가 또 한 번은 음이 되어 음양이 왕래하며 사라지고 자라나면서, 운행하며 그치지 않는다는 의미를 형용한 것이다.

---

1) 원문은 '道猶路也'. 이 말은 주희의 『중용집주』에 보인다. 『중용』의 수장(首章), "하늘이 명을 내린 것을 본성[性]이라 하고, 본성을 따르는 것을 도라 하며, 도를 닦는 것을 교라 한다"(天命之謂性, 率性之謂道, 修道之謂敎)의 "率性之謂道"에 붙인 말이다. 원래 이 말은 『맹자』 「고자 하」 제2장의, "도는 큰길과 같다"(夫道若大路然)라는 말에 근거를 두고 있다. 주희의 제자 진순(陳淳; 호는 북계北溪)이 쓴 성리학 개념어 사전, 『북계자의』(北溪字義)의 도(道) 항목에도 이 말이 보인다. 『북계자의』는 진사이가 『어맹자의』를 쓸 때 염두에 두었던 책이다.

하늘과 땅 사이에는 원기元氣 하나가 있을 뿐이다. 어떤 때는 음陰이 되고 어떤 때는 양陽이 되면서 음과 양은 단지 둘 사이에서 가득 찼다 비워지고 사라지고 자라나며 왕래하고 감응하면서 쉬거나 멈춘 적이 없다. 이것이 바로 천도의 완전한 모습이며 자연이 움직이는 기능이다. 온갖 변화가 이것에서 비롯되며 만물이 여기에서 생겨난다. 성인이 하늘을 논한 말은 여기에 이르러 완벽해, 이 이상 전혀 다른 도리道理가 없으며 전혀 다른 곳이 없음을 알 수 있다. 고정考亭(주희의 재호齋號)은, "음양 자체가 도가 아니라 음양을 음양으로 만드는 것이 도"라고 했는데,[2] 틀렸다. 음양 자체는 확실히 도가 아니다. 한 번은 음이 되고 한 번은 양이 되어 왕래하며 그치지 않는 것이야말로 바로 도다. 고정은 근본적으로 주돈이周敦頤가 말한 "무극이태극"無極而太極의 태극을 극치極致로 보고 『주역』의 "한 번은 음이 되었다가 한 번은 양이 된다"는 말을 태극의 움직임[動靜]으로 파악했던 것이다. 「계사전」의 의미와 크게 어긋나게 된 까닭이다.

2. 천도에는 유행流行이 있고 대대對待[3]가 있다. 『주역』에, "한 번은 음이 되고 한 번은 양이 되는 것을 도라 한다"라고 한 말은 '유행'이라는 측

---

2) 원문은 '陰陽非道, 所以陰陽者是道'. 진사이가 인용한 말은 『이정유서』(二程遺書)에 보이는 정이(程頤)의 말과 유사하다. "(『주역』「계사전 상」에) '한 번은 음(陰)이 되고 한 번은 양(陽)이 되는 것을 도(道)라 한다'라고 하였다. 도는 음양이 아니다. 한 번은 음이 되고 한 번은 양이 되도록 해주는 것이 도다. '한 번은 닫고 한 번은 여는 것을 변화라고 한다'는 말도 마찬가지다."(一陰一陽之謂道, 道非陰陽也, 所以一陰一陽道也. 如一闔一闢謂之變.) 이와 관련된 주희의 언급이 『역본의』(易本義)에 보인다. "음양이 번갈아 운행하는 것은 기(氣)다. 그 리(理)가 이른바 도다. …… 도의 본체와 현상은 음양을 벗어나지 않지만 그렇게 만드는 근본 원인은 음양에 기댄 적이 없다."(陰陽迭運者氣也. 其理則所謂道.… 道之體用, 不外乎陰陽, 而其所以然者, 未嘗倚於陰陽也.)

3) 유행(流行)은 쉼 없이 변화한다는 의미이다. 대대(對待)는 음양(陰陽)처럼 서로 상대·반대되면서[對] 독립하지 않고 서로를 필요·보충하는 것[待]을 말하는 개념이다.

면에서 말한 것이다. 하늘의 도를 나타내면서 음과 양이라고 한 것은 대대對待라는 측면에서 말한 것이다. 실상 이 둘은 하나다. 유행이라는 것은 한 번은 음이 되고 한 번은 양이 되어 번갈아 변화하며 그치지 않는 것을 말한다. 대대라는 것은 하늘과 땅, 해와 달, 산과 강, 물과 불에서부터 밤과 낮의 밝음과 어둠, 추위와 더위가 가고 오는 것에 이르기까지 모두 상대되는 것이 없은 적이 없다. 이것이 대대다. 하지만 대대는 유행 안에 자연스레 있지 유행 밖에 또 대대가 있는 게 아니다.

3. 하늘과 땅 사이에는 원기元氣 하나가 있을 뿐이라는 말은 무슨 뜻인가. 뜬구름 잡는 소리로는 깨우쳐 줄 수 없으니 비유를 들어 설명해 보자. 예를 들어 여기 판자 여섯 조각을 조립해 상자를 만든다고 하자. 나뭇조각을 다 맞추고 정확하게 뚜껑을 위에 덮으면 자연히 그 안에 공기가 가득 찬다. 안에 공기가 차면 자연히 흰곰팡이가 생기고 흰곰팡이가 생기면 또 자연히 좀벌레가 생긴다. 이것이 자연의 이치다. 천지天地는 하나의 큰 상자다. 음양은 상자 가운데 공기[氣]다. 만물은 곰팡이며 좀벌레다. 이 기氣는 생겨나는 곳도 없고 또한 어디서 오는지도 모른다. 상자가 있으면 기가 있고 상자가 없으면 기도 없다. 그러므로 천지 사이에 단지 원기 하나가 있을 뿐임을 알겠다. 리理가 있은 다음에 이 기氣가 생기는 것이 아님을 파악할 수 있다. 이른바 리라는 것은 도리어 기 안의 조리일 뿐이다.

만물은 오행(금목수화토金木水火土)에 근본을 두고 오행은 음양에 근본을 둔다. 여기서 음양이 되는 근본을 다시 추구하면 반드시 리理로 귀결될 수밖에 없다. 이는 상식 수준에서 도달할 수밖에 없고 주장하지 않을 수 없는 것이며 송나라 유학자들이 '무극태극'[4]의 논리를 갖는 까닭이다. 앞의 비유를 통해 보면 그 논리[理]가 아주 명확한데 말이다. 송나라 유학자들이 말하는, 리理가 있은 다음에 기氣가 있다는 말과 천지가 있기 이전에 기는 없으며 필경 먼저 이 리理가 있었다는 등의 설說은 모두 억지 견해일 뿐, 뱀을 그려놓고 발을 덧붙인 격이며 "머리 위에 또 머리를 얹는 것"[5]이라, 사실 아는 게 아니다.

4. 『주역』「계사전 하」에, "천지의 큰 덕을 '낳는다'[生]고 한다"라고 하였다. 끊임없이 낳고 낳는 것이 천지의 도라는 말이다. 그러므로 천지의 도는 생성[生]은 있어도 죽음[死]은 없으며 (기氣가) 모여 생명을 이루는 일은 있어도 (기가) 흩어지는 일은 없다. 죽음은 생성의 종말이며 흩어짐은 모인 기의 소진이다. 천지의 도는 일관되게 생성에 있기 때문이다. 조상의 몸은 세상을 떠나도 그 정신은 자손에게 전해지고 자손은 또 자기 자손에게 정신을 전해 생성하고 생성해 끊어지지 않고 무궁하게 이어진다. 이를 두고 죽지 않는다고 말하면 옳다. 만물도 모두 마찬가지다. 어찌 천지의 도에 생성[生]은 있고 죽음은 없는 게 아니겠는가. 그러므로 생성된

---

4) '무극태극'이라는 말은 주돈이(周敦頤)의 「태극도설」(太極圖說)에서 왔다. "무극이태극(無極而太極),…… 오행일음양(五行一陰陽), 음양일태극야(陰陽一太極也), 태극본무극야(太極本無極也)." 번역을 해도 의미가 명확하게 들어오지 않는 말이다. 난해하고 수수께끼 같은 말인데 주희는 이 말을 애호하고 사색을 많이 해 「태극도설해」(太極圖說解)라는 해설문을 썼다. 무극(無極)과 태극(太極)이라는 말(대대對待되는 개념의 관계)이 함축적이고 포괄적이며 우주론/우주생성론 혹은 인간론/인간존재론과 결부되는 중요한 측면을 발견했던 것으로 보인다. '태극'이라는 말은 『주역』「계사전」에도 보이는데 만물과 우주 탄생의 근본원리로 설명된 것이었다. 주돈이는 태극이 만물의 원리이지만 무한한 것이라고 생각해 여기에 '무극'이란 말을 덧붙였다. 이에 따라 태극의 성격이 오묘해졌다. 이 말은 '천도'의 5번 항목에서 검토된다.

5) 원문은 '頭上安頭'. 원래는 불교의 선종(禪宗)에서 쓰는 말로, 일체의 사고와 분별은 번거로운 군더더기일 뿐이라는 의미였다. 후에 쓸데없이 중복되는 것의 비유로 쓰인다.

것은 반드시 죽고 모인 것은 반드시 흩어진다고 하면 옳다. 하지만 "생성이 있으면 반드시 죽음이 있고 모이는 게 있으면 흩어지는 게 있다고 말하면 옳지 않다".[6] 생성과 죽음을 상대적인 것으로 보았기 때문이다.

5. 어떤 사람이 말했다. "천지가 열린 이후에 보자면 분명 원기元氣 하나만 있겠지만 천지가 열리기 이전에 보자면 단지 리理가 있을 뿐이다. 그러기에 '무극이태극'無極而太極이라고 한 것이다. 다만 한 번은 음陰이 되고 한 번은 양陽이 되어 변화하며 그치지 않는 것 이상을 성인은 말하지 않았을 따름이다."

나는 말한다. "이런 말은 상상이 만든 견해일 뿐이다. 천지 이전, 천지의 시작을 누가 보고 누가 전할 수 있겠는가. 만약 세상에 천지가 열리기 이전에 살았던 사람이 있어 수만 년을 살면서 그 현상을 두 눈으로 직접 보고 후세 사람에게 전해 서로 외우고 전해서 지금에 이르렀다면 확실히 진실이라 하겠다. 하지만 세상에는 천지가 열리기 이전에 살았던 사람이 없고 또 수만 년 살 수 있는 사람이 없으니 천지개벽을 말하는 모

---

6) 이 말에 진사이의 맏아들이자 역시 유명한 학자인 도가이(伊藤東涯)가 붙인 주석이 있다. "『주역』에 또 이런 말이 있다 : '낳고 낳는 것이 역(易)이다.' 이런 말도 보인다 : '최고로구나 곤(坤; 땅)의 근본됨[元]이여. 만물이 이를 바탕으로 생겨난다.' 이러한 말은 모두 '천지의 큰 덕을 "낳는다"[生]고 한다'라는 의미이다. 천지는 만물에 대해서 생성은 주관하지만 죽음은 주관하지 않는다. 하늘에서 받은 기(氣)가 소멸되고 흩어지면 죽는 것일 뿐이다. 이는 사람이 물건을 만들 때 제작하는 것만을 이해하는 일과 같다. 물건을 오래 쓰면 자연히 깨지고 부서지는 것이지 사람들이 의도를 가지고 부숴뜨리는 것이 아니다. 이전 시대 유학자들은 리(理)를 하늘로 파악해, '생성과 죽음, 기가 모이고 흩어지는 현상은 모두 리(理)가 주재한다. 그러므로 "생성이 있으면 반드시 죽음이 있다"고 하는 것이다'라고 말했는데, 잘못이다."(易又曰:生生之謂易. 又曰:至哉坤元, 萬物資生. 卽皆"天地之大德曰生"之意. 蓋天地之於萬物, 管生而不管死. 到其所受之氣消散, 則死焉耳. 猶人之造器物, 只解製作而已. 至其用之之久, 則自然敝壞, 非人有意而敝之也. 先儒以理見天, 謂"生死聚散, 皆理之主, 故曰:有生必有死." 誤也.)

든 것은 다 전혀 근거 없는 말이다. 이른바 '맑은 것은 올라가 하늘이 되고 탁한 것은 가라앉아 땅이 되었다'[7]라든지, 소강절邵康節(강절은 송나라 사람 소옹邵雍의 시호)이 '129,600년을 일원一元'[8]이라고 한 것과 '하늘은 자子에 열리고 땅은 축丑에 열리고 사람은 인寅에 생겼다'는 등의 주장은 모두 한나라 유학사들에서부터 진국시대의 잡가雜家와 참위讖緯[9] 서적들의 황당·괴이하고 근거 없는 옛말을 익숙하게 듣고 서로 견강부회한 말일 뿐이다. 불교의 무리들이 말하는 무시無始며, 도가道家의 무리들이 말하는 무극 이전無極以前과 같은 말들도 마찬가지로 모두 허황하고 근거 없는 말일 따름이다.

무릇 공간의 사방과 상하를 (우주의) 우宇라 하고 시간이 흘러 옛것이 가고 현재가 오는 것을 (우주의) 주宙라고 한다. 육합六合(상하+사방. 온 세상)이 끝이 없음을 알면 고금의 시간이 끝이 없음을 안다. 지금의 천지

---

7) 이 말은 『열자』(列子) 「천단」(天端)에 근거를 두고 있다. "맑고 가벼운 것은 올라가 하늘이 되고, 탁하고 무거운 것은 내려가 땅이 되고, 맑고 담백한 원기(元氣)는 사람이 되었다. 그러므로 천지는 정기(精氣)를 머금어 만물로 변해 온갖 것이 생겨났다."(淸輕者上爲天, 濁重者下爲地, 沖化氣者爲人, 故天地含精, 萬物化生.)

8) '129,600년을 일원(一元)'으로 본 것은 수(數)를 근본으로 세상의 치란흥망(治亂興亡)을 해석한 소옹의 철학에서 나온 것이다. 그의 『황극경세서』(皇極經世書)에 보인다. 소옹은 하늘의 모습을 사상(四象)이라 해서 원(元)·회(會)·운(運)·세(世)로 설명한다. 수를 기본으로 하므로 각 상(象)은 각기 수를 갖는다. 원은 1년으로 1, 회는 달[月]을 나타내므로 12, 운은 1년의 날수이므로 360, 세는 12개월×360일=4,320시수(時數). 또 세(世)는 30년을 가리키므로 30년×4,320=129,600이 된다. 이 129,600년을 경세일원(經世一元)의 수(數)라 한다. 이렇게 다시 원·회·운·세로 순환하며 수가 끝없이 늘어난다. 왜 이렇게 되는지, 왜 그렇게 계산했는지는 미상.

9) 잡가는 절충학파라고 할 수 있다. 진(秦)나라 때의 『여씨춘추』(呂氏春秋), 한나라 때의 『회남자』(淮南子) 등이 여기에 속한다. 주목받아야 할 절충학파의 저작은 『장자』(莊子)의 「잡편」(雜篇)일 것이다. 참위는 미래의 일을 예언하는 것을 말한다. 특히 위(緯)는 경전(經典)의 경(經)에 상대되는 개념으로 한(漢)나라 때 생겼다. 경서(經書)에 반대되는, 주변적·상대적인 위서(緯書)를 가리킨다.

가 바로 오랜 옛날의 천지이며, 오랜 옛날의 천지가 바로 지금의 천지이다. 어디에 시작[始]과 끝[終]이 있으며 어디에 열고[開] 닫는 게[闔] 있는가. 이런 논의로 오랜 세월의 미혹迷惑을 깰 수 있다. 다만 도에 통달한 사람과 말할 수 있고 멍청한 사람과 말할 수는 없다."

어떤 사람이 말했다. "이미 천지에 대해 시작과 끝[始終], 열고 닫는 것[開闔]이 있다[有]고 말할 수 없다면 또 천지에 대해 시작과 끝, 열고 닫는 것이 없다[無]고도 말할 수 없다."

나는 말한다. "이미 천지에 대해 시작과 끝, 열고 닫는 것이 있다고 말할 수 없다면 확실히 천지에 대해 시작과 끝, 열고 닫는 것이 없다고도 말할 수 없다. 하지만 그 궁극의 경계에 대해서는 성인조차 알 수 없는데 하물며 배우는 사람은 어떻겠는가. 그러므로 이 문제는 '그대로 놓아두고 평하지 않는 것'[10]이 지혜로운 방법일 것이다."

6. "한 번은 음陰이 되었다가 한 번은 양陽이 되어 서로 왕래하며 그치지 않는 것을 천도라 한다"[11]는 말은 그 뜻이 아주 명확하다. 어째서 자공子

10) 이 말의 원문은 '存而不議'. 『장자』 「제물론」(齊物論)에 근거를 둔 말이다. "우주의 바깥에 대해 성인은 거기 그대로 두고 분류를 하지 않으며, 우주의 안에 대해 성인은 분류는 하지만 평하지 않는다."(六合之外, 聖人存而不論, 六合之內, 聖人論而不議.)

11) 이 말에 도가이가 붙인 주석이 있다. "옛 서적에서 천도(天道)를 말한 것에는 음양을 가지고 말한 게 있고, 화복(禍福)을 가지고 말한 게 있다. 『어맹자의』 천도 항목은 모두 7개 조항인데 앞의 5개 조항은 전적으로 음양을 가지고 설명한 것이고, 뒤의 2조항은 전적으로 화복을 가지고 말한 것이다. 하지만 앞뒤 두 종류 모두 기(氣)라는 관점을 가지고 말한 것이지 리(理)에 근거를 두고 말하지 않았다. 『서경』·『주역』·『논어』·『맹자』에 실린 글을 보면 알 수 있다."(古書言天道, 有就陰陽而言者, 有就福殃而言者. 字義天道條凡七則, 前五條專說就陰陽而言者, 後二條專說就福殃而言者. 然此二者共就氣而爲言, 非據理而言也. 觀書易論孟所載, 可見矣.)

貢은 천도에 대해서는 들을 수 없었다(『논어』「공야장」12장)[12] 고 했을까. '한 번은 음이 되고 한 번은 양이 되어 서로 왕래하며 그치지 않는다'는 이치에 대해서는 배우는 사람들이 혹 들을 수도 있다. "하늘의 명命은 아아 심오해 그치지 않는구나"[13]라는 이치에 대해서라면 총명하고 정직하며 인仁이 무르익고 지혜가 최고인 사람이 아니면 알 수가 없다. 소위 "하늘의 명은, 아아 심오해 그치지 않는구나"라는 말은 『서경』「상서商書·태갑太甲 하下」의, "하늘은 아무도 사랑하지 않고 공경하는 사람만 사랑한다"는 말과 같은 뜻이며, 또 『서경』의, "하늘의 도[天道]는 선한 사람에게 복을 주고 도를 넘은 사람에겐 화를 내린다"(「상서·탕고湯誥」)는 말과도 같은 뜻이다. 『주역』의, "하늘의 도는 가득 찬 것은 덜어내고 차지 않은 것은 보태준다"[14]는 뜻이기도 하다. 공자는, "하늘이 나에게 덕을 주셨는데 환퇴桓魋 그 자가 나를 어떻게 하겠느냐"(『논어』「술이」22장)라 하셨고, 또 "하늘에 죄를 지으면 빌 곳이 없다"(「팔일」13장)라고 말씀하셨는데 역시 같은 뜻이다. 자공이 천도에 대해 들을 수 없었다고 한 것은 대체로 이와 같은 것이다.

무릇 선善은 천도天道이다. 그러므로 『주역』에, "원元은 선善의 으뜸이다"[15]라고 하였다. 천지 사이, 상하 사방에 가득 들어차 모든 것에 다 통

---

12) 전문은 다음과 같다. "(자공이 말했다.) '선생님께서 성(性)과 천도(天道)에 대해 말씀하신 것은 들을 수 없었다.'"(夫子之言性與天道, 不可得而聞也.)

13) 이 말의 원문은 '維天之命, 於穆不已'. 이 말은 『시경』「주송(周頌)·유천지명(維天之命)」에서 왔다. "하늘의 명(命)은, 아아 심오해 그치지 않는구나, 아아 드러나지 않겠는가, 문왕의 덕의 순수함이여."(維天之命, 於穆不已, 於乎不顯, 文王之德之純.) 이 시의 '천명'(天命)을 보통 '천도'(天道)로 해석하고 '그치지 않는다'[不已]는 말은 '무궁'(無窮)과 같은 뜻으로 본다.

14) 이 말은 『주역』「겸괘」(謙卦)의 '괘사'(卦辭)에 보인다. 이어지는 문장은 다음과 같다. "땅의 도는 가득 찬 것에 변화를 일으켜 차지 않은 곳으로 흐른다."(地道變盈而流謙.)

해 안팎 할 것 없이 이 선善 아닌 게 없다. 그러므로 선을 행하면 만사가 순조롭고 악행을 하면 모든 일이 역행한다. 천지 사이에 불선不善을 하면서 사는 것이, 산의 초목이 물 가운데 뿌리를 내리고 물에 있는 것들이 산과 언덕에 사는 것과 같다면 절대 하루도 자기 본성대로 살 수 없을 것이다. 사람이 하루라도 불선한 행동을 하면 천지 사이에 설 수 없는 것도 이와 같다. 그러므로 선이 최고에 도달하면 어디를 가도 선이 아닌 게 없으며, 악이 최악에 도달하면 어디를 가도 악이 아닌 게 없다. 선행을 하고 또 선행을 해 천하의 선이 모이면 그 복은 헤아릴 수 없다. 악행을 하고 또 악행을 해 천하의 악이 몰려들면 그 화는 측량할 수 없다. 천도天道를 두려워하고 삼가야 함이 이와 같은 법, 이른바 선을 어떻게 말로 형용할 수 있겠는가. 공자는, "사람의 삶은 정직[直]하다. 속이는 삶은 요행으로 재앙을 면하고 있는 것이다"(『논어』「옹야」 17장)라고 말씀하셨다. 선이란 다른 게 아니라 정직[直]일 뿐이다. 정직하면 선하고 정직하지 않으면 악[16]이다. 선과 악 두 가지가 있는 게 아니다. 송나라 유학자들은, "하늘은, 총괄해 말하면, 리理라 한다"[17]라 하였고, 또 "하늘은 리理다"[18]라고

---

15) 이 말은『주역』「건괘」(乾卦) '문언전'(文言傳)에 보인다. 해당 부분은 다음과 같다. "원(元)은 선의 으뜸이다. 형(亨)은 아름다운 것들이 모인 것이다. 이(利)는 의로움이 조화를 이루는 것이다. 정(貞)은 일의 근간이다. 군자는 인(仁)을 체득했으므로 사람들을 다스릴 수 있고, 아름다운 것을 모았으므로 예(禮)에 합치할 수 있고, 만물에게 이로움을 주기 때문에 의로움과 조화를 이룰 수 있고, 올바르고 굳센 자세를 유지하기 때문에 모든 행동을 실행할 수 있다. 군자는 이 네 가지 덕을 실행한다. 그러므로 건(乾)은 원(元; 만물의 으뜸으로서 모든 것을 만든다)하고, 형(亨; 모든 일에 형통하다)하며, 이(利; 만물에게 이로움을 주다)하고, 정(貞; 올바름을 유지하다)하다고 하는 것이다."(元者善之長也, 亨者嘉之會也, 利者義之和也, 貞者事之幹也. 君子, 體仁足以長人, 嘉會足以合禮, 利物足以和義, 貞固足以幹事. 君子行此四德者, 故曰 乾元亨利貞.)

16) '악'의 원문은 곡(曲). 사곡(邪曲)으로 쓰기도 하는데 '악'의 다른 말이다. 곡(曲)이 틀린 말은 아니지만 도가이가 악(惡)으로 교정했기에 도가이의 교정에 따랐다.

도 하였는데 그 설명이 허무로 떨어져 성인이 논한 천도의 원뜻이 아니었다. 마음을 담아 하늘을 보면 재앙과 기이한 현상이 생긴다는 데로 흘러간다. 한나라 유학자들이 설명한 재이론災異論 같은 경우가 그렇다. 무심하게 하늘을 보면 허무에 빠진다. 송나라 유학자들이 하늘은 리라고 설명한 예가 그렇다. 배우는 사람이 두려워하고 무서워하며 수신·반성해 정직한 길로 끝까지 자신을 다해 털끝만큼도 사악함이 없다면 그 뒤에 자연히 천도를 알게 될 것이다. 언어로 깨우칠 수 있는 게 아니다.

7. 어떤 사람이 말했다. "'한 번은 음陰이 되고 한 번은 양陽이 되어 서로 왕래하며 그치지 않는다'는 이치에 대해서는 알 수도 있을 것 같다. 하지만 '하늘의 명命은, 아아 심오해 그치지 않는구나'라는 이치에 대해서는 들을 수 없었다. 천도天道는 하나인데 이렇게 둘이 되는 이치가 생긴 것은 어째서인가?"

나는 말한다. "두 가지 이치가 아니다. '한 번은 음이 되고 한 번은 양

---

17) 원문은 '天專言則謂之理'. 『근사록』(近思錄) 권1에 인용된 정이천의 『역전』(易傳) 「건괘」(乾卦), "夫天, 專言之則道也"라는 말을 가져와 표현한 것이다. 『근사록』 권1에 인용된 이천의 글은 다음과 같다. "건(乾)은 하늘이다. 하늘이란 건의 형체이다. 건은 천의 성정(性情)이다. 건은 건(健)이라는 말로, 강건해 쉬지 않는 것을 가리켜 건(乾)이라 한다. 하늘은 단적으로 말하면 도(道)다. 『주역』 「건괘」 '문언전'(文言傳)의, '하늘 또한 어긋나지 않는다'라는 말은 이를 나타낸 것이다. 나눠서 말한다면 형체가 있는 것으로는 천(天)이라 하고, 주재하는 것으로서는 제(帝)라고 하며, 하는 일로서는 귀신(鬼神)이라 하며, 오묘한 작용으로서는 신(神)이라 하며, 성정(性情)으로서 말할 때는 건(乾)이라 하는 것이다."(乾, 天也. 天者, 乾之形體; 乾者, 天之性情. 乾, 健也, 健而無息之謂乾. 夫天, 專言之則道也, '天且弗違', 是也. 分而言之, 則以形體謂之天, 以主宰謂之帝, 以功用謂之鬼神, 以妙用謂之神, 以性情謂之乾.)

18) 『논어』 「팔일」 13장, 공자의 말, "하늘에 죄를 지으면 빌 곳이 없다"(獲罪於天, 無所禱也)의 '천'(天)이라는 말에 주희가 붙인 주석이다.

이 되어 서로 왕래하며 그치지 않는다'는 이치는 하늘은 끊임없이 유행流行한다는 측면에서 말한 것이고, '하늘의 명은, 아아 심오해 그치지 않는구나'라는 이치는 하늘이 모든 것을 주재主宰한다는 측면에서 말한 것이다. 유행이란 사람에게 동작과 행동의 격식이 있는 것과 같으며, 주재란 사람에게 사고와 지혜가 있는 것과 같은 것으로 실제로는 한 가지 이치다. 하지만 천도가 천도가 되는 이유에 대해 논하자면 전적으로 주재라는 측면에서 말할 수밖에 없다. 『서경』, 『주역』의 괘卦 뜻풀이, 공자가 말한 천도天道가 모두 이런 경우다. 그러므로 『중용』에서 「유천지명」維天之命이란 시를 인용해 풀이하면서, '하늘이 하늘이 되는 까닭을 말한 것이다'[19]라고 했던 것이다. 이를 통해 두 가지 이치가 있는 것 같아도 천도가 천도가 되는 이유를 논하게 되면 전적으로 주재라는 측면에 서야 함을 알 수 있다.

무릇 역易의 원리는, 양陽은 선善이고 올바름이고 군자이며, 음陰은 악이고 그릇됨이고 소인이다. 군자가 음양이 사라졌다 자라는 변화를 보고 자신의 진퇴와 국가 존망의 이치를 살필 수 있다면 하늘의 마음[天心]을 터득할 수 있다. 그렇지 않다면 천심에 거스르는 것을 피할 수 없다. 여기서도 하늘이 주재가 되는 까닭을 미루어 알 수 있다. 두 이치가 있는 것 같아도 실은 한 가지 이치이다."

---

19) 『중용』 26장이다. 해당 부분은 다음과 같다. "'하늘의 명은, 아아 심오해 그치지 않는구나'라고 하였으니 하늘이 하늘이 되는 까닭을 말한 것이다."(維天之命, 於穆不已, 蓋曰天之所以爲天也.)

천명(天命)

1. 맹자가 말했다. "하지 않는데도 다 되는 게 하늘[天]이고, 부르지 않았는데도 오는 게 명命이다."(「만장 하」 7장) 이것이 천·명 두 글자의 바른 풀이다. 배우는 사람은 의당 맹자의 이 말을 기준으로 모든 경서에서 말하는 천명 두 글자의 뜻을 이해해야 성인의 뜻에서 크게 벗어나는 잘못을 하지 않는다. 천은 전적으로 자연에서 나온 것이라 인력으로 할 수 있는 게 아니다. 명은 인력에서 나온 것처럼 보이지만 실은 인력이 미칠 수 있는 게 아니다. 천은 군주이고 명은 군주의 명령이다. 천은 명이 나오는 곳이요, 명은 천이 내는 것이다. 그러므로 명은 천에 비해 조금 가볍다. 그렇기에 맹자는, "순임금이 요임금을 돕고 우임금이 순임금을 도운 기간이 아주 길어 백성들에게 은택을 베푼 지 오래된 것"과 "요순의 자식들이 모두 불초한 것"을 천의 뜻으로 돌렸는데[1] 그런 일은 전적으로 자

---

1) 맹자가 언급한 요(堯)·순(舜)·우(禹)의 일과 자식들이 불초하다는 말은 「만장 하」 6장·7장에 보인다.

연에서 생긴 것으로 인력이 할 수 있는 게 아니었기 때문이다. 공자는 염백우가 병에 걸린 것을 명이라 하였다.[2] 사람들의 병[3]이란 거개가 자기 스스로 초래하는 것인데 백우의 병 같은 경우는 병을 삼가지 않아 초래한 것이 아니었다. 그러므로 인력에서 생긴 것처럼 보이지만 실은 인력이 미칠 수 있는 게 아니라고 한 것이다. 이는 맹자의 확고한 말로 삼가 지켜야지 어지러운 후세의 말을 다시 써서는 안 된다.

2. 경서經書에서 이어 쓰는 천명 두 글자에는 천과 명을 함께 쓰는 경우가 있고, '천이 명한 것'이라는 의미로 쓴 경우가 있다. 천과 명을 함께 쓴 경우는 성명性命이라고 할 때의 명命이라는 뜻으로 의미가 무겁다. 예컨대 "쉰 살에 천명을 알았다"(『논어』「위정」 4장)는 말이나, "삶과 죽음은 명에 달려 있다"(『논어』「안연」 5장)는 말, 맹자가 말한 "부르지 않았는데도 오는 게 명命이다"(「고자 상」 15장)라는 말이 이에 해당한다. '천이 명한 것'이라는 의미로 쓴 경우, 이때 명이라는 글자는 주다[與]라는 말의 뜻으로, 이는 맹자가 "하늘이 우리에게 부여한 것"[此天之所予我者](「고자 상」 15장)이라고 말했을 때의 부여하다[予]라는 글자와 같아 의미가 가볍다. 『중용』 제1장, "천天이 명령한 것을 성性이라고 한다"[天命之謂性]라는 말이 이에 해당한다. 이 구절은 "천天이 부여한 것을 성性이라고 한다"[天與之謂

---

2) 공자와 백우의 일은 『논어』「옹야」 8장에 보인다. 8장은 다음과 같다. "백우(伯牛)가 병이 들었다. 선생님께서 문병을 가서 창문으로 그의 손을 잡고 말씀하셨다. '어쩔 수 없구나. 운명[命]이로구나. 이런 사람이 이런 병에 걸리다니. 이런 사람이 이런 병에 걸리다니.'"

3) '병'의 원문은 '사'(死). 백우의 죽음으로 논의가 계속된다고 착각해 사(死)라는 말을 쓴 것으로 보이는데 여기서는 일반적인 논의이므로 도가이의 교정에 따라 병(病)으로 풀었다.

性]라는 말과 같다. 『중용』 첫 구절의 명命을 성명性命이라고 할 때의 명命이라는 말로 이해해 읽으면 의미가 통하지 않는다. 글자에는 본래 실자實字가 있고 허자虛字가 있다. 성명性命이라 할 때의 명命은 실자이고 '천이 명령한 것'[天之所命]이라 할 때의 명命은 허자이다. 송宋나라의 선유先儒들은 허사를 실자로 잘못 이해했다. 때문에 이명理命(도리道理 · 천명天命)과 기명氣命(생명)의 구별이 생겼고, 또 "하늘에서는 명命이 되고 사람에게는 성性이 된다"[4]라는 설명을 하게 되었다. 모두 『중용』의 명命이라는 글자가 본래 허자이지 실자가 아니라는 사실을 몰랐기 때문이다. 명命은 하나인데 두 개의 뜻을 세우고 말았으니 전혀 말할 거리가 없다. 게다가 허자를 실자라고 하였으니 잘못이 크다. 이른바 "말을 잘 이해하려 했지만 하지 못해 잘못한 것을 따라 변명한다"[5]는 격이다.

3. 당唐나라의 공영달孔穎達은 『중용』의, "천天이 명령한 것을 성性이라 한

---

4) 이 말은 원래는 정이(程頤)의 말로 『근사록』(近思錄) 1권에 인용되었다. 해당 부분은 다음과 같다. "어떤 사람이 물었다. '마음에 선악이 있습니까?' 내가 대답했다. '하늘에서는 명이 되고 의에서는 리가 되고 사람에게는 성이 되며 몸의 주인으로서는 심이 된다. 실상은 모두 하나이나.'"(問:心有善惡否? 曰:在天爲命, 在義爲理, 在人爲性, 主於身爲心, 其實一也.)

5) 원문은 '求其說而不得, 從而爲之辭'. 이는 한유(韓愈)의 글 「우임금에 대한 질문에 대답한다」(對禹問)의 마지막 문장이다. "어떤 사람이 물었다. '맹자가 말한, "하늘이 현자에게 주라고 하면 현자에게 주는 것이고 하늘이 아들에게 주라 하면 아들에게 주는 것이다"(「만장 상」 6장)라는 말은 무슨 뜻입니까?' 나는 대답한다. '맹자의 마음은, 성인은 자기 자식을 구차하고 사사로운 정으로 감싸 천하를 해치지는 않는다는 말이었다. 정확한 표현을 찾아 이해시키려 했지만 적당한 설명을 할 수 없어 부득이하게 그렇게 말한 것이다.'"(曰:'孟子之所謂天與賢則與賢, 天與子則與子者, 何也.' 曰:'孟子之心, 以爲聖人不苟私於其子, 以害天下. 求其說而不得, 從而爲之辭.') 한유의 이 문장도 『맹자』 「공손추 하」 9장, "지금의 군자는 어찌 다만 (잘못을) 이루기만 할 뿐이겠습니까. 또 잘못한 것을 따라 변명을 합니다"(今之君子, 豈徒順之, 又從而爲之辭)라는 말에 근거를 두고 운용한 것이다.

다"[天命之謂性]라는 말의 명命을, 령令(명령하다)과 같다고 풀이했다.[6] 령令은 '하도록 명령하다', '되도록 명령하다'라는 뜻이다. 길흉과 화복, 빈부와 요절·장수는 모두 천이 명령한 것으로, 인력이 미칠 수 있는 게 아니다. 그렇기 때문에 명이라고 한 것이다. 왜 '천이 명령한 것'이라고 하는가. 인력이 부르는 게 아닌데도 저절로 오기 때문이다. 그러므로 모든 것을 천에 귀속시키고 또 명이라고 한 것이다. 천도天道는 완벽한 진실이어서 터럭 하나라도 거짓이나 멋대로 하는 것을 용납하지 않는다.

4. 성인이 소위 명命이라 한 것[7]은 모두 길흉과 화복, 삶과 죽음, 보존과 멸망이라는 구체적인 대상을 두고 한 말이다. 길하기도 흉하기도 하며, 살기도 죽기도 하며, 보존하기도 멸망하기도 하는 인간사에서 만나게 되는 행과 불행은 모두 자연히 이르는 것으로 사람이 어찌할 수 없다. 그렇기 때문에 명이라고 한다. 이미 명이라 했으므로 순종해 받아들일 수밖에 없다는 뜻이 있다. 또 이미 정해졌으므로 도망갈 수 없다는 뜻도 있다. 그러므로 "천명을 두려워한다"(『논어』「계씨」 8장)라 말하고 또한 "천명을 삼간다"고 말하는 것은 이런 의미이다. 다만 자신에게 주어진 길을 온전히 다 가고 그런 다음에 오는 것이 명이다. 터럭 하나만큼이라도 자신

---

6) '天命之謂性'의 '命'에 대해 "命, 猶令也"라고 한 주석은 주희의 『중용장구』(中庸章句)에서도 마찬가지다.

7) 이 구절에 도가이가 덧붙인 말이 있다. "성인이 말한 천명이란 본래 모두 길흉과 화복을 가지고 말한 것이지 음양이 유행하는 것을 가지고 말한 적이 없다. 음양이 유행하는 것을 가지고 천명을 말하는 방식은 그 설명이 정자에서 시작되었고 주자에 와서 완성되었다. 그러므로 이 장에서 명확히 설명한 것이다."(聖人所謂天命, 本皆就吉凶禍福爲言, 而未嘗有以陰陽流行而言者也. 就陰陽流行而言天命, 其說始乎程子, 而成乎朱子. 故此章辨之.)

을 다하지 않은 것이 있다면 인간의 행위일 뿐, 명이라 해서는 안 된다.

5. 회암(주희)의 「태극도설해」에서, "태극에 동정動靜이 있는 것은 천명이 유행하는 것이다"[8]라고 하였다. 『시경』 「주송」周頌의 「하늘의 명」[維天之命]이라는 시에 근거를 두고 말한 것이다. 정자 또한 "천도는 그치지 않는다. 문왕이 천도를 순수하게 따르며 또한 그치지 않는다"[9]라고 하였다. 모두 "한 번은 음이 되고 한 번은 양이 되어 서로 왕래하며 그치지 않는 것"을 가리켜 한 말인데 더욱 잘못됐다. 이른바 명命은 하늘이 인간들의 선악과 옳고 그름을 살펴 길흉과 화복을 내리는 것을 말한다. 「하늘의 명」에, "하늘의 명이, 아 심오해 그치지 않는구나"라고 했다. 그 의미는, 하늘이 문왕에게 명해 이 큰 나라를 왕으로 다스려 자손에게까지 영원토록 확고하게 보존하도록 했다는 말이다. 그렇기에 다음 구절에 이어서, "아아, 드러나지 않겠는가, 문왕의 덕의 순수함이여. (문왕의 신령이) 어떻게 나를 아껴주실까, 내 그것을 받아, 우리 문왕께 크게 순종할 것이니, 후손들은 돈독히 해 잊지 말지어다"라고 한 것이다. 시의 의미가, "(나라를) 보존하고 도와주라 명하고, 하늘이 거듭 밝힌다"는 뜻을 총괄해 말한 것임을 알 수 있다. 본래 음양이 유행한다는 뜻이 없음은 대단히 명백하다.

---

8) 주희의 「태극도설해」(太極圖說解)는 주돈이의 「태극도설」에 대한 설명으로, 인용한 주희의 글은, "태극이 움직여[動] 양(陽)을 낳고, 동(動)이 최고조에 이르러 고요하게 된다[靜]. 정(靜)이 되어 음(陰)을 낳는데 정이 최고조에 이르면 다시 동(動)이 된다"(太極動而生陽, 動極而靜; 靜而生陰, 靜極復動)라는 구절에 대한 주석이다.

9) 정자의 말은 주희의 『중용장구』 26장 「주송」의 「하늘의 명」이라는 시에 대한 정자의 주석에 보인다.

6. 성인이 천도를 말하고 나서 또 천명을 말한 것은 가리키는 것이 각기 다르다. 배우는 사람은 그 말에 대해 성인이 말한 본래의 뜻을 각각 이해해야 한다. "한 번은 음이 되고 한 번은 양이 되어 서로 왕래하며 그치지 않는 것"을 천도라고 한다. 길흉화복이 부르지 않아도 저절로 오는 것을 천명[10]이라 한다. 논리 자체가 명확하다. 송나라 유학자들은 이를 살피지 못하고 둘을 뒤섞어 하나로 만들어, 성인과 경전의 뜻에 아주 심하게 어긋나 버렸다. 진순은 『북계자의』에서, "명命 한 글자에는 두 가지 뜻이 있다. 리理의 측면에서 말한 것이 있으며, 기氣의 측면에서 말한 것이 있다"[11]라고 하였다. 이런 설명은 고정(주희)에서 나온 것으로 근거 없는 주장이다. 소위 리理라는 측면의 명命[12]을 보면 바로 성인이 말한 천도天道와 다름없는데, 유독 성인이 말한 명命에 대해서만 추론을 해서 기氣라는 측면의 명이라 하였다. 그런 까닭에 천도와 천명이 뒤섞여 하나가 되어 버려 성인이 말한 명은 반대로 명의 한 쪽이 되고 말았다. 이게 옳은 것인가. 성인이 천도를 말하고 나서 또 천명을 말했으니 천도와 천명은 자연 구별이 있음을 알 수 있다. 『북계자의』에 또, "리 측면의 명이 있고 기 측면의 명이 있으며 기 측면의 명에도 두 가지가 있다"라고 하였다. 아

---

10) 원문은 '명'(命)이라 했으나 도가이의 교정에 따라 '천명'으로 고쳤다.

11) 『북계자의』(北溪字義) 권상(卷上), '명'(命)조(條) 2번 항목에 보이는 글이다. 다음에 인용하는 곳도 마찬가지다. 진순(陳淳)은 주희의 제자.

12) 리 측면의 명[理之命]에 대한 도가이의 주석이 있다. "송나라 유학자들이 말하는 '리'라는 측면의 명은 무극태극의 리로, 성인은 본래 이런 설명을 한 적이 없다. 성인이 소위 천도라 한 것에는 주재와 유행의 두 가지 갈래가 있기는 해도 이른바 '리'라는 측면의 명이라는 것과는 근본적으로 부합하지 않는다. 본문에서는 일반적으로 언급했을 뿐으로 이에 구속되어서는 안 된다." (宋儒所謂理之命者, 卽無極太極之理, 而聖人本無其說. 聖人所謂天道云者, 雖有主宰流行二端, 而與所謂理之命者, 本不相當. 正文泛而言之耳, 不可拘焉.)

아, 성인의 말이 어떻게 지리멸렬하고 갈래가 많아 사람들이 이토록 이해하기 어려운 것이겠는가.

7. 명을 안다 함은 무엇을 말하는가. 편안히 여기는 것일 뿐이다. 편안히 여긴다는 것은 무엇을 말하는가. 의심하지 않는 것일 뿐이다. 본래 소리나 모습, 냄새나 맛으로 형용해 말할 수 있는 게 아니다. 털끝만큼도 참되지 않음이 없고 털끝만큼도 자신을 다하지 않는 것이 없어 어떤 일에 처해서도 태연하고 어떤 일을 실행하면서도 당당해 두 마음을 품지도 않고 다른 것에 홀리지 않는 것을 편안히 여긴다고 해야 할 것이며, (명을) 안다고 해야 할 것이다. 공자가, "나는 기도한 지 오래다"(『논어』「술이」 34장)라고 말한 것도 이 뜻이니, 견문으로 안 지식으로는 말할 수 없는 것이다. 정이천이, "명命을 안다는 것은 명이 있음을 알고 믿는 것이다"[13] 라고 하였는데, 이는 명 자字에 대한 이해가 매우 얕은 것이다. 이른바 명을 안다 함은 삶과 죽음, 궁색하거나 형통한 것, 영예와 모욕 등 어떤 경우에 처해서도 태연하고 당당해, 안개가 걷히고 얼음이 녹듯 털끝만큼도 마음의 움직임이 없는 것이다. 명이 있음을 알고 믿는 것이라면 이는 군자가 된 다음에는 명을 알 필요가 없는 것이다.

---

13) 『정자유서』(程子遺書) 권11에 보이는 말이다. "하늘의 뜻을 따르며 즐거워하고 명을 안다는 것은 천지를 통틀어 한 말이다. 성인은 하늘의 뜻을 따르며 즐거워하므로 명을 안다고 말할 필요가 없다. 명(命)을 안다는 것은 명이 있음을 알고 믿는다는 것일 뿐이다. 『논어』「요왈」의, '명을 모르면 군자가 될 수 없다'는 말은 이런 의미이다. 명은 의(義)를 보충하는 것이다. 한결같이 의를 따르면 명을 의와 연결해 무슨 소용이겠는가. 성인이 천명을 안다는 것은 이것과는 다르다." (樂天知命, 通上下之言也. 聖人樂天, 則不須言知命. 知命者, 知有命而信之者爾. '不知命, 無以爲君子' 是矣. 命者所以輔義. 一循於義, 則何庸繼之以命哉. 若夫聖人之知天命, 則異於此.)

8. 고정(주희)은 또, "성인은 명命을 말할 필요가 없다. 다만 중간 이하 수준의 사람들을 위해 말한 것이다"라고 하였는데, 아니다. 공자가 명을 말한 곳이 매우 많은데 어떻게 모두 중간 이하의 사람들을 위해 말한 것이겠는가. 맹자는, "공자께서는 벼슬을 얻고 못 얻는 것을 천명[命]에 달렸다고 하셨는데, 종기를 치료하는 의원과 환관 척환을 주인으로 삼으셨다면 이는 의도 없고 명도 없는 것이다. 어떻게 공자라 하겠느냐"(「만장 상」 9장)라 하였고, 공자 또한 "천명[命]을 알지 못하면 군자가 될 수 없다"(『논어』 「요왈」 4장)라고 말씀하였다. 맹자는 이 말을 통해 공자를 논했고 공자는 이 말을 통해 군자를 논하였다. 모두 중간 이하의 사람들을 위해 말한 게 아니다. 그밖에 성현이 직접 말한 천명은 일일이 거론할 수 없을 정도다. 송나라 유학자들은 모두 그 뜻을 왜곡하고 본지에서 벗어나 자신들의 설명에 통하지 않는 곳이 있음을 몰랐다. 『논어』에, "남들이 알아주지 않아도 성내지 않으니 또한 군자가 아니겠는가"(「학이」 1장)라 하였고, 『중용』 11장에, "세상에 은둔해 남들에게 알려지지 않아도 후회하지 않으니 오직 성자만이 능히 할 수 있는 것이다"라고 하였다. 이런 말들은 천명을 아는 사람의 경지라 하겠다. 학문의 최고 효과이며 군자의 본분이지 중간 이하의 사람들이 미칠 수 있는 영역이 아니다. "성인은 명命을 말할 필요가 없다"고 한 것은 실로 성인의 뜻이 아니다.

9. 주희는 『논어집주』論語集註에 윤돈尹焞의 말을 인용해, "벼슬에 쓰이거나 버려지는 것은 나와 관계가 없으며, 도를 행하거나 은둔하는 것은 만나는 경우에 따라 편안히 여기니, 천명은 말할 게 못 된다"[14]라고 하였다. 그 말은, 학문은 의義를 말해야지 명命은 말할 게 못 된다는 뜻이다. 이는

깊이 생각하지 않은 것이다. 의義를 말해야 할 곳이 있고 명命을 말해야 할 곳이 있다. 무슨 말인가. 세상에 나가느냐 은둔하느냐, 벼슬에 나갈 것인가 물러날 것인가 하는 문제는 자신에게 달려 있으니 의義를 말하는 게 옳다. 국가의 존망과 도道가 일어날 것인가 사라질 것인가 하는 문제는 전적으로 하늘에 관계되는 것이어서 성인이라도 자신이 바라는 대로 할 수 없다. 그런 까닭에, "도가 장차 행해질지도 천명天命에 달렸으며, 도가 장차 사라질지도 천명에 달렸다"(『논어』「헌문」 38장)라고 한 것이다. 맹자도, "공자께서는 벼슬을 얻고 못 얻는 것을 천명[命]에 달렸다고 하셨다"고 말했다. 성인 또한 분명 명을 말했던 것이다. 그러므로 혹 의를 말할 수도 있었고 혹 명을 말할 수도 있었다. 전적으로 천명은 말할 게 못 된다고 하는 것은 잘못이다. 무릇 하늘이 내린 벼슬이 없는데 사람이 주는 벼슬이 자신에게 오는 것은 의義가 아니다. 받아서는 안 된다. 하늘이 내린 벼슬이 있어 사람이 주는 벼슬이 따라오는 것은 의이다. 당연히 받아야 한다. 하늘이 내린 벼슬이 있는데도 사람이 주는 벼슬이 자신에게 오지 않는 것은 명이다. 편안히 여길 따름이다. 이것이 의와 명의 구분이다. 이천이 말했다. "현자는 의를 알 뿐이다. 명은 그 안에 있다."[15] 주자

---

14) 『논어』「술이」 10장의, "선생님께서 안연에게 말씀하셨다. '쓰이면 도를 행하고 버려지면 숨는 것은 나와 너만이 이럴 수 있다'"(子謂顔淵曰:"用之則行, 舍之則藏, 惟我與爾有是夫")에 붙인 윤돈의 주석이다.

15) 원래 이 말은 『정씨유서』(程氏遺書) 권2에 근거를 두고 있다. 『근사록』 권7 「출처」(出處)에 인용되었다. 해당 부분은 다음과 같다. "현자는 의를 알 뿐이다. 명은 그 안에 있다. 중간 이하의 사람들은 명을 받아들여 의에 머무른다. 맹자가, '구함에는 방도가 있고 얻음에는 명(命)이 있다. 이렇게 구하는 것은 얻는 데 무익하다(자신의 외부에서 구하기 때문이다)'(「진심 상」 3장)라고 말한 것은, 명은 구할 수 없는 것임을 알기 때문에 구하지 않는 것에 스스로 머무른다는 것이다. 현자 같은 경우는 구하는 데에는 올바른 도를 쓰고 얻는 데에는 의를 쓰므로 꼭 명을 말할 필요가 없다."(賢者惟知義而已, 命在其中, 中人以下, 乃以命處義. 如言'求之有道, 得之有命, 是求無益於得' 知命

는 말했다. "사람으로서 해야 할 일을 다하는 것이 바로 명이다."[16] 이런 말은 의와 명이 뒤섞여 명확성이 자못 부족하다. 의는 있으나 명은 없는 경우도 있고, 명이 있어 의를 말할 필요가 없는 경우도 있다. "명은 그 안에 있다"고 한 말은 잘못이다.

10. 『논어집주』에는 또, "명은 사람이 태어나는 처음에 받는 것이므로 지금 옮길 수 있는 게 아니다"[17]라는 설명이 있다. 학문에서 귀하게 여기는 것은 진정한 지식에 도달하고 덕을 높여[18] 기질을 변화시킬 수 있기 때문이다. 과연 『논어집주』의 설명과 같다면 지혜와 어리석음, 어짊과 못남, 빈부貧富, 요절과 장수는 모두 태어나는 처음에 모두 정해져 학문과

之不可求, 故自處以不求. 若賢者則求之以道, 得之以義, 不必言命.) 『맹자』에서 인용한 말과 정자의 해석에는 약간 차이가 있다. 정자는 "명을 말할 필요가 없다"고 했는데 맹자는 분명 "얻는 데에는 명이 있다"고 했기 때문이다. 정자는 의를 강조하면서 의도치 않게 명을 의(義)의 하위로 두게 됐다. 진사이는 명이 있다/없다는 차이에 주목하면서 명과 의는 동일한 차원에서 논의할 수 있는 부분과 논의할 수 없는 부분이 있음을, 즉 범주가 갈라지는 지점이 있음을 지적한 것으로 보인다.

16) 『주자어류』(朱子語類) 권97에 보이는 말이다. 해당 부분은 다음과 같다. "명이 존재한다는 점에 대해 말하자면, 위태로운 담장 아래 서 있었는데 만일 담장이 무너져 쓰러지는 곳이었다면 이는 자신의 명을 제대로 갖지 못했다고 말할 수밖에 없다. 사람으로서 해야 할 일을 다하는 것이 바로 명이다."(若謂其有命, 却去巖墻之下立, 萬一倒覆壓處, 却是專言命不得. 人事盡處便是命.)

17) 「안연」 5장에 보이는 말이다. "사마우가 근심하면서 말하였다. '사람들은 모두 형제가 있는데 나 혼자 없구나.' 자하가 말하였다. '제가 들은 말이 있습니다 : "삶과 죽음은 명(命)에 달려 있고, 부귀는 하늘에 달려 있다." 군자는 공경해서 실수가 없고, 사람들과 공손하게 지내며 예를 갖추면 온 세상 사람이 모두 형제인데 군자가 어찌 형제가 없다고 근심합니까'"(司馬牛憂曰:"人皆有兄弟, 我獨亡." 子夏曰:"商聞之矣:死生有命, 富貴在天. 君子敬而無失, 與人恭而有禮, 四海之內, 皆兄弟也. 君子何 患乎無兄弟也)에서 "死生有命"이란 구절에 붙인 주희의 주석이다.

18) 원문은 '致知崇德'. 치지(致知)는 격물치지(格物致知)라는 말로 널리 알려진 그 말이다. 『대학』에 나오는 말이다. 숭덕(崇德)이란 말은 최초의 용례가 『서경』 「무성」(武成)에 보인다. "신(信)을 도탑게 하고 의(義)를 밝히시며, 덕을 높이고 공을 갚으시니, 옷깃을 드리우고 팔짱을 끼고 앉아 있어도 천하는 잘 다스려진다."(惇信明義, 崇德報功, 垂拱而天下治.)

수양은 모두 자기에게 소용없게 된다. 성인의 가르침 또한 헛된 베풂이 되고 말 뿐이니 어떻게 이다지도 생각이 없단 말인가. 『서경』에, "천명은 일정한 곳에 있지 않다"[19]고 하였다. 『시경』에, "하늘이 그(군자)를 보우하여 명을 내리시고, 하늘에서 거듭 그를 보살피는구나"[20]라고 하였다. 맹자는, "부르지 않아도 오는 게 명命이다"라고 하였다. 이러한 말들은 모두 현재 받은 것에 의거해 말한 것[21]이지, 이미 다 정해져 옮기지 못한다는 말이 아니다. 공자는 "천명을 두려워한다"[22]고 하였고, 맹자는 "(명을 아는 사람은) 무너지려는 담장 아래 서지 않는다"(「진심 상」 2장)고 하였다. 만약 명이 다 정해진 운수이며 현재 옮길 수 없는 것이라면 어떻게 명을 두려워할 수 있겠으며, 또한 왜 무너지려는 담장 아래 서지 않겠는가.[23] 『논어집주』의 설명이 통하지 않는 것이 이와 같다.

---

19) 이 말은 『서경』 「강고」(康誥)에 보인다. 『대학』 10장에도 인용되었다.

20) 이 시구는 『시경』 「대아 · 가락(假樂)」에 보인다. "아름다운 군자여, 훌륭한 덕성이 찬란하게 드러나는구나. 백성을 화목하게 하고 사람들을 화목하게 해 하늘에서 녹을 받는구나. 하늘이 그를 보우하여 명을 내리시고, 하늘에서 거듭 그를 보살피는구나."(嘉樂君子, 憲憲令德. 宜民宜人, 受祿于天. 保佑命之, 自天申之.) 이 구절은 『중용』 17장에도 인용되었다.

21) 이 구절에 도가이의 주석이 있다. "만약 명이 태어나는 처음에 모두 정해진 것이라면 어떻게 삶에서 만나게 되는 득실(得失)에 대해 말할 수 있겠는가. 또한 어떻게 '하늘에서 거듭 그를 보살피는구나'라고 말하겠는가. 모두 현재 득실에서 말하는 것임을 알 수 있다. 『시경』과 『서경』을 인용하고 아울러 『맹자』를 언급한 이유가 이것이다."(若使命一定於有生之初, 則何有得失之可言, 而亦何有'自天申之'之云哉. 可見皆自今日之所得失而言之. 所以引詩書而併及孟子也.)

22) 『논어』 「계씨」 8장에 보이는 말이다. 앞의 '천명(天命)조 4항'에서도 언급하였다.

23) 천명은 정해진 게 아니라 어떻게 될지 모르기 때문에 공자와 맹자가 천명에 대해 이런 발언을 했다는 의미이다.

도(道)

1. 도는 길[路]이다. 사람들이 왕래하는 곳을 말한다. 그러므로 음양이 번갈아 운행하는 것을 천도라 하고 강유剛柔가 서로 필요로 하는 것을 지도地道라 하고 인의가 상호 실행되는 것을 인도人道라고 한다. 모두 왕래한다는 뜻을 취한 것이다. 또 말한다. 도는 길[途]이다. 이것을 따르면 다닐 수 있고 이것을 따르지 않으면 다닐 수 없다. "왜 이 도를 따르지 않는가"[1]라는 말과 "도는 잠시도 떠날 수 없는 것이다"(『중용』 1장)라는 말이 바로 이 뜻이다. 이것을 따라 다닐 수 있다는 뜻을 취한 것이다. 오직 이 길을 통해서만 왕래할 수 있기 때문에 이것을 따라 가지 않을 수 없다. 두 가지 뜻이 있더라도 실은 한 이치다. 또 사람이 실행해야 하는 것으로 말한 경우가 있다. "요순의 도"라는 말, "세 사람(백이·이윤·유하혜)은 방도는 같지 않았지만 지향점은 하나였다"(『맹자』 「고자 하」 6장)라는

---

1) 『논어』 「옹야」 15장에 보이는 말이다. 전문은 다음과 같다. "선생님께서 말씀하셨다. '누가 문을 통하지 않고 나갈 수 있는가. 왜 이 도를 따르지 않는가.'"(子曰:"誰能出不由戶. 何莫由斯道也.")

말이 이에 해당한다. 또 방법이라는 측면에서 도를 말한 것이 있다. “대학의 도”[2]라든지, “지금 세상에 태어나 살면서도 옛날의 도를 회복하려고 한다”[3]는 말이 이에 해당한다. 하지만 모두 통행한다는 뜻에서 의미를 빌려왔다. 그런 까닭에 천도天道가 있고 지도地道가 있고 인도人道가 있는 것이다. 그리고 이단이며 작은 기술, 온갖 자질구레한 재주 따위도 모두 도道라는 말을 쓸 수 있다.

『북계자의』에, “『주역』「계사전」에, ‘한 번 음이 되고 한 번 양이 되는 것이 도다’라고 하였다. 공자는 여기서 조화의 근본이라는 측면에서 말했다. 일반적으로 성현이 사람들에게 도에 대해 말할 때 대부분 인간사의 측면에서 말한다. 오직 이 구절만은 『주역』을 찬술할 때 도의 내력과 근원을 말했다”[4]라고 하였다. 나는 그렇지 않다고 생각한다. ‘하늘과 사람에게 도는 하나다’라고 말한다면 옳지만 ‘도라는 글자가 내력과 근원이다’라고 설명한다면 옳지 않다. 『주역』의 말은 천도를 말한 것이다. 하지만 예를 들어, “성性을 따르는 것을 도라 한다”(『중용』 1장)는 말, “도에 뜻을 둔다”[5]는 말, “함께 도에 나아갈 수 있다”[6]는 말, “도가 가까운 데 있다”[7]는 종류의 말은 인도人道를 말한 것이다. 『주역』「설괘전」說卦傳에, “하

---

2) 『대학』 1장에 보이는 말이다. “대학의 도는 명덕을 밝히고 백성을 새롭게 하며 최고의 선에 머무는 데 있다.”(大學之道, 在明明德, 在親民, 在止於至善.)

3) 『중용』 28장에 보이는 말이다. “선생님(공자)께서 말씀하셨다. ‘어리석으면서도 자기 생각만을 쓰기 좋아하고 신분이 낮으면서도 자기 마음대로 하기를 좋아하고 지금 세상에 태어나 살면서도 옛날의 도를 회복하려고 한다. 이와 같은 사람들은 재앙이 그 몸에 미친다.’”(子曰:“愚而好自用, 賤而好自專, 生乎今之世, 反古之道. 如此者, 災及其身者也.”)

4) 『북계자의』 도(道) 8항에 보이는 말이다.

5) 『논어』「술이」 6장에 보이는 말이다. 전문은 다음과 같다. “선생님께서 말씀하셨다. ‘도(道)에 뜻을 두고, 덕(德)에 머무르고, 인(仁)에 의지하고, 예(藝)에 노닌다.’”(子曰:“志於道, 據於德, 依於仁, 游於藝.”)

늘의 도를 세워 음과 양이라 하였고, 땅의 도를 세워 강剛과 유柔라 했으며, 인간의 도를 세워 인仁과 의義라 하였다"고 명확하게 말했다. 이 세 가지를 섞어 하나로 만들어서는 안 된다. 음양을 인도라 할 수 없는 것은 인의를 천도라 할 수 없는 것과 같다. 만약 이 도라는 글자를 내력과 근원으로 본다면 이는 음양을 인도로 보는 것이다. 무릇 성인은 소위 도를 모두 인도를 가지고 말했다. 천도에 대해서는 공자께서 드물게 말씀하신 문제여서 자공도 들을 수 없었다고 말했던 것이다.[8] 자공이 들을 수 없었던 것도 당연하다.

2. 도는 인간의 윤리에서 매일 실행하며 당연히 가야 할 길이다. 가르침이 필요하고 그런 뒤에 갖게 되는 게 아니며 또한 바로잡아서 잘할 수 있는 것도 아니다. 모두 스스로 그러한 모습으로 자연스러운 것이다. 온 사방 구석구석 먼 변방의 누추한 오랑캐가 사는 곳까지 자연 군신·부자·부부·형제·붕우의 윤리가 있지 않은 곳이 없으며 또한 부자의 친親·군신의 의義·부부의 구별[別]·형제의 차례[敍]·붕우의 신信이라는 도道가 있지 않은 곳이 없다. 만 년 전에도 이와 같았고 만 년 후에도 이와 같을

---

6) 『논어』「자한」29장에 보이는 말이다. 전문은 다음과 같다. "선생님께서 말씀하셨다. '함께 공부할 수는 있어도 함께 도에 나아갈 수 있는 것은 아니며, 함께 도에 나아갈 수는 있어도 함께 확고하게 설 수 있는 것은 아니며, 함께 확고하게 설 수는 있어도 함께 도를 자유롭게 쓸 수 있는 것은 아니다.'"(子曰:"可與共學, 未可與適道. 可與適道, 未可與立. 可與立, 未可與權.")

7) 『맹자』「이루 상」11장에 보이는 말이다. 전문은 다음과 같다. "맹자께서 말씀하셨다. '도가 가까운 데 있는데도 먼 곳에서 구하며, 일이 쉬운 데 있는데도 어려운 데서 구한다. 사람들이 자기 부모를 사랑하고 어른을 어른으로 섬기면 천하는 평화로워질 것이다.'"(孟子曰:"道在邇而求諸遠, 事在易而求諸難. 人人親其親, 長其長, 而天下平.")

8) 『논어』「공야장」12장을 두고 한 말이다. 천도(天道) 6항에 언급한 적이 있다.

것이다. 그런 까닭에 "도는 잠시도 떠날 수가 없는 것이다"(『중용』 1장)라고 하였으니 바로 이런 뜻이다.

불교와 노장老莊의 가르침 같은 경우는 그렇지 않다. 그들을 숭상하면 도가 존재하고 그들을 믿지 않으면 도가 사라진다. 도가 있어도 쓸 수 없고 도가 없어도 손해가 되지 않는다. 옛날 요임금·순임금·우왕·탕왕·문왕·무왕의 시대에는 세상이 모두 태평해 백성들이 다 자신들의 삶을 누리며 명대로 살면서 부처와 노자 두 사람이 없는 것을 근심하지 않았다. 불교와 노장이 번성하면서 그 이후로 임금 가운데 그들을 존경하고 높인 사람이 많지 않은 것은 아니었다. 하지만 크게 존경해 받들면 나라가 크게 어지러웠고 조금 존경해 받들면 나라가 조금 어지러웠다. 우리 성인의 도가 천하에 하루라도 없을 수 없는 것과 같지 않았던 것이다. 그러므로 그들의 도가 있어도 쓸 수 없고 도가 없어도 손해가 되지 않는다고 하는 것이다.

3. 맹자가 말했다: "도는 큰길과 같다. 왜 알기 어렵겠는가."(「고자 하」 2장) 이른바 큰길이라는 것은 신분이 높은 사람이나 낮은 사람이나, 어른이나 아이나 모두 통행할 수 있는 곳이다. 우리나라의 5기 7도[9]와 당나라의 10도,[10] 송나라의 23로[11]와 같은 것이어서 위로는 왕공과 대인에서

9) 5기 7도(五畿七道)는 일본의 옛 행정구역 구니(國)를 크게 나눈 것이다. 수도권 중앙부의 5개 구니를 기나이(畿內)라고 하는데, 야마시로쿠니(山城國)·야마토쿠니(大和國)·가와치쿠니(河內國)·이즈미쿠니(和泉國)·셋쓰쿠니(攝津國)의 5구니와 도카이도(東海道)·도산도(東山道)·호쿠리쿠도(北陸)·산인도(山陰道)·산요도(山陽道)·난카이도(南海道)·사이카이도(西海道)의 7도를 말한다. 행정구역이지만 중앙부에서 각 지역으로 도로[道]가 정비돼 있었다. 애초에 행정지명으로서 도(道)는 이 도로를 중심으로 형성된 것이다.

아래로 장사꾼·말몰이·지위 낮은 자·병자·장님까지 모두 이 길을 가지 않는 사람이 없다. 왕공과 대인만 다닐 수 있고 백성이 다닐 수 없다면 길이 아니다. 현명한 사람, 지식인만 다닐 수 있고 어리석은 사람, 못난 사람은 다닐 수 없다면 도가 아니다. 그렇기에 "큰길과 같다"고 말한 것이다. 불교와 노장의 가르침 그리고 근세에 선禪에 물든 유학자들은 추상적이고 믿기 어려운 이치를 높이 외치며 사람들이 도달할 수 없는 고원高遠한 말을 하기 좋아하는데, 기이해 기뻐할 만한 게 아닌 것은 아니며 수준이 높아 놀랄 만한 게 아닌 것은 아니다. 하지만 그것이 천하에 두루 통용되고 만세에까지 적용되어 잠시도 떠날 수 없는 도가 아닌 것은 어찌할 수 없다. 그러므로 우리 유학과 이단의 진위眞僞·시비是非를 가리는 일은 근본적으로 많은 말을 허비할 필요가 없다. 단지 잠시라도 떠날 수 있는지와 떠날 수 없는지를 살펴보기만 하면 된다.

4. 도체道體라는 두 글자는 경전에 보이지 않는다. 송나라 유학자들에서 시작된 것이다. 정이천程伊川은, "음양은 아무런 연유도 없으며 (음양의) 동정은 시작이 없다"[12]는 것을 도체라 하였고, 회암(주희)은, "소리도 없고 냄새도 없는 소이연所以然의 리理"[13]를 도체라고 하였다. 이 두 사람의

---

10) 당나라의 10도(道)는 당나라의 행정구역을 말한다. 당나라 태종 즉위 이전의 성주군(省州郡)을 병합해 산천의 지형에 따라 10도로 나누었다. 현종 개원(開元) 초에 이를 다시 15도로 나누었다.

11) 송나라의 23로(路)는 송나라의 행정구역이다. 송 태종 때 천하를 15로(路)로 나누었다가 인종(仁宗) 때 23로로 나누었다.

12) 이천의 이 말은 『근사록』 1권에 보인다. 문장이 약간 변했다. 원출전은 『정씨경설』(程氏經說) 1권 「역설」(易說)이다. "도는 한번은 음이 되고 한번은 양이 되는 것이다. 동정에는 단서가 없고 음양에는 시작이 없다. 도를 아는 사람이 아니라면 누가 이것을 알겠는가."(道者, 一陰一陽也. 動靜無端, 陰陽無始, 非知道者, 孰能識之?)

주장을 가지고 논의를 해보자. 이천의 주장은 『주역』 「계사전」의 "한 번은 음이 되고 한 번은 양이 되는 것을 도라 한다"는 뜻에 거의 가깝다. 다만 도체라는 명칭을 세울 수 없었을 뿐이다. 하지만 『주역』은 기를 가지고 말했고 이천은 리를 가지고 말해 그 말이 아주 흡사해 보여도 그 의미는 다르다. 회암의 주장 같은 경우 성인의 책에 본래 이 리라는 것이 없다. 노장의 허무虛無설에 연원을 둔 것으로 보인다.

어떤 사람이 물었다. "주자의 주장은 본래 『주역』 「계사전」의, '형이상形而上의 것을 도道라 하고 형이하形而下의 것을 기器라 한다'[14]는 말에서 온 것입니다."

나는 대답하였다. "이는 주자의 주장을 익숙하게 들어 그 뜻을 오해한 것일 뿐이다. 부채로 비유해 보자. 부채가 바람을 일으키는 것은 부채의 도道이고 종이와 부챗살 같은 것은 기器다. 이는 불꽃이 위로 올라가는 것은 불의 도이고, 흐르는 물이 아래로 가는 것은 물의 도라고 하는 것과 다를 바 없다. 주자의 생각대로라면 부채가 바람을 일으키는 것은 기器이고 그 바람이 일어나게 만드는 근본 원인은 도道라는 말인데 그런 게 아니다. 어떻게 기氣를 가리켜 기器라고 할 수 있겠는가."

---

13) 원문은 '無聲無臭所以然之理'. 무성무취(無聲無臭)라는 말 자체는 『시경』 「대아」의 「문왕」(文王)이란 작품에 보인다. "하늘의 일은 소리도 없고 냄새도 없다"(上天之載, 無聲無臭)라는 구절이 『중용』 33장에 인용되어 있다. 소이연(所以然)의 리(理)란 주자학에서 리를 설명하는 독특한 용어다. 주자학에서는 리를 소당연지칙(所當然之則)과 소이연지고(所以然之故)의 두 면이 있다고 설명한다. 소당연은 존재의 자연적인 측면으로 현상적 사태의 법칙[則]를 가리키며, 소이연은 존재를 지배하는 필연적 · 원인적 측면을 지시하는 것으로 본체적인 이유[故]를 말한다.

14) 『주역』 「계사전 상」에 보이는 이 말에 대해 주희는 『주역본의』(周易本意)에서, "괘와 효, 음양은 모두 형이하의 것으로 그 이치는 도다"(卦爻陰陽, 皆形而下者, 其理則道也)라고 하였다. 개략적으로 말하면 형이상이란 존재하고 형상은 있으나 그 너머에 있는 추상적인 것을 지칭하고 형이하는 형상을 갖추고 뚜렷하게 존재하면서 감지할 수 있는 것을 지칭하는 것으로 파악할 수 있다.

5. 석가는 공空을 도라고 한다. 노자는 허虛를 도라고 한다. 석가는 산천과 대지가 죄다 환상이며 감각이 지어낸 망상이라고 한다. 노자는 만물이 모두 무無에서 생겨났다고 한다. 하지만 천지는 영원토록 항상 위에서 덮어 주고 아래에서 만물을 싣고 있으며, 해와 달은 영원토록 항상 위에서 비치고, 사계절은 영원토록 항상 바뀌며 순환하고, 산천은 영원토록 항상 솟아 있고 흐르며, 날개 있는 것·털 난 것·비늘 있는 것·벌거벗은 짐승·식물·덩굴은 영원토록 항상 이와 같다. 형태가 변하는 것들은 영원토록 항상 형태변화를 계속하며 기氣가 변하는 것들은 (계절 변화에서 보듯) 영원토록 항상 기의 변화를 계속한다. 형태가 변하면서 형태를 전하고 기가 변하면서 기의 밀도가 바뀔 뿐 낳고 낳는 것은 무궁하다. 어디서 그들이 말하는 공空이며 허虛를 보겠는가. 그런 의견은, 지혜를 쓰고 학문을 그만두고서 세상과 담을 쌓고 산속에 살며 말없이 앉아 마음을 깨끗이 해 터득한 일종의 견해에서 나온 것으로 보이는데, 천지 안이나 천지 밖에 실제 이런 이치가 있는 게 아니다.

무릇 아버지와 자식이 친밀하고 부부가 사랑하며 동료가 서로 어울리는 일은 인간이 가졌을 뿐만 아니라 생물들 또한 마찬가지다. 감정이 있는 생물이 가졌을 뿐만 아니라 대나무같이 지혜가 없는 생물이라도 또한 [동물의] 자웅雌雄과 [식물의] 암수, 모자母子의 구별이 있다. 하물며 사단四端의 마음과 양지양능良知良能을 본래 자기에게 가진 사람은 어떻겠는가. 군자만 가졌을 뿐 아니라 길을 걷는 걸인 역시 모두 갖고 있다. 성인이 이것을 조직·체계화해 가르침[敎]이라고 했을 뿐이다.[15] 그러므로

15) 가르침[敎]이라고 정의한 이 말은 『중용』 1장 "修道之謂敎"를 풀어 쓴 것이다.

『중용』에, "그러므로 군자의 도는 자신에게 근본을 두고 백성들에게 징험하며, 하·은·주의 왕에게 상고해도 틀리지 않으며, 천지에 세워 놓아도 어긋나지 않으며, 귀신에게 물어도 의심이 없으며, 백세 이후의 성인을 기다려도 (그 판단에) 의혹이 없다"(『중용』 29장)라고 한 것이다. 그런 까닭에 성인의 도 같은 것은 백성들에게 징험할 뿐만 아니라 하·은·주의 왕에게 상고해 보고 천지에 세워 놓으며 귀신에게 물어도 어긋남이 없다. 불교와 노장의 학설 같은 경우 천지와 일월, 산천초목과 백성, 만물 등 여러 무리에 구해 보면 모두 징험할 것이 없으니 천지 사이에 이런 이치는 전혀 없다는 사실을 알 수 있다.

리(理)

1. 리理 자字는 도道 자字와 가깝다. 도는 왕래한다는 의미로 말하고 리는 조리條理라는 의미로 말한 것이다. 그러므로 성인은 천도天道라 하고 인도人道라고는 했지만 리理라는 글자로 이름 붙인 적이 없다. 『주역』「설괘」에, "만물의 이치를 끝까지 다 헤아려 보고 인간의 본성을 완전히 이해한 뒤에 하늘의 명命에 도달한다"[窮理盡性, 以至于命]고 하였다. 궁리窮理라는 말은 사물과 관련된 말이고, 진성盡性은 사람과 관련된 말이며, 지명至命은 하늘과 관련된 말이다. 사물에서 사람으로, 사람에서 하늘로, 문장에서 글자를 놓을 때 자연스런 순서를 두었다. 리理라는 글자는 사물에 속하지, 사람·하늘과는 관련되지 않음을 알 수 있다.

어떤 사람이 물었다. "성인은 무슨 까닭으로 도道 자는 하늘과 사람에게 속하게 했으면서 리理 자는 사물에 속하게 했습니까?"

나는 대답했다. "도 자는 본래 살아 있는 글자로, 만물을 낳고 낳으며 변화를 일으키고 변하게 하는 오묘한 모습을 형용한 것이다. 리 자는 본래 죽은 글자로, 옥玉의 부수를 따르고 리里라고 발음한다[1]는 풀이에서 보듯 옥과 돌의 무늿결[文理]을 말하는 것이다. 사물의 조리를 형용할 수는 있지만 천지가 끊임없이 만물을 낳고 늘 변하게 하는 오묘한 모습을 형용하기엔 부족하다. 성인은 천지를 살아 있는 존재로 보았다. 그런 까닭에 『주역』에, '복復괘에서는 생성화육生成化育하는 천지의 마음을 볼 수 있다'[2]고 한 것이다. 노자老子는 빔·없음[虛無]을 세상의 근원[道]으로 보았다. 천지를 죽은 물건과 같이 본 것이다. 그런 까닭에 성인은 천도天道라 하고 노자는 천리天理라 하였다. 각자 자신의 생각에 합당한 것이 있음을 말한 것이다. 여기서 우리의 도道가 노자·불교의 그것과 자연 차이가 생긴다. 이들을 뒤섞어 하나로 만들어서는 안 된다."

생각해 보건대 천리天理라는 두 글자는 『장자』莊子에 자주 보이는데 우리 성인의 책에는 없다. 『예기』「악기」樂記에 천리와 인욕人欲이라는 말이 있지만 이 말은 본래 노자에게서 나온 말이지 성인의 말이 아니다. 이 문제에 대해 명나라의 상산象山 육구연陸九淵이 분석한 글이 명확하다.

> 상산 육구연이 말했다. "천리·인욕이라는 말도 그 자체로 최고의 논의는 아니다. 하늘이 리理이고 사람이 욕欲의 존재라면 하늘과 사람은 같지 않다는 말이 돼버린다. 이 말은 그 근원이 노자에게서 온 것 같다. 『예기』「악기」에, '사람은 태어나면서 고요한 상태를 유지할 때 하늘이 부여한 본성이 보존된다. 외물과 접촉해 느낌을 갖게 되고 움직이는 상

---

1) 리(理)라는 글자에 대해, "리(理)라는 말은 옥을 다듬는다는 뜻이다. 옥(玉)의 부수를 따르고 리(里)라고 발음한다"(理, 治玉也. 從玉里聲)라고 풀이한 것은 허신(許愼)의 『설문해자』(說文解字)에서 가져온 것이다.

2) 『주역』「복(復)괘」의 '단사'(彖辭; 괘 전체의 뜻을 풀이한 말)에 보이는 말이다.

태가 되면서 본성의 욕구가 발휘된다. 사물이 내게 와서 내 지각이 이를 감지하게 된 이후 좋아하고 싫어하는 느낌이 형성된다. 이러한 때에 자신에게 돌이켜 생각하지 않으면 천리는 사라질 것이다'라고 하였다. 천리와 인욕이라는 말은 여기에서 나왔다. 이 「악기」의 말도 노자에 근거를 두었다."(『육구연집』陸九淵集 권34 「어록語錄 상上」)

2. 성인은 늘 도道 자를 써서 말했고 리理 자를 언급한 경우는 아주 드물다. 후세의 유자儒者들이 리 자를 버린다면 무슨 말을 할 수 있는 게 없을 것이다. 그들이 성인과 어긋나는 것은 무엇 때문인가. 말해 본다. 후세의 유자들은 전적으로 논리적인 글을 위주로 했지 덕행을 근본으로 하지 않았으므로, 그 형세가 자연 그럴 수밖에 없었다. 더욱이 리理를 위주로 하다 보면 꼭 선禪이나 노장老莊으로 귀착한다. 일반적으로 도道는 행동으로 말하므로 살아 있는 글자다. 리理는 존재로 말하므로 죽은 글자다. 성인이 도를 본 것은 실제[實]였다. 그러므로 해당 이치에 대한 설명이 살아 있다. 노자가 도를 본 것은 빈 것[虛]이었다. 그러므로 해당 이치에 대한 설명이 죽었다. 성인은 늘 천도라 하고 천명이라 했지만 천리라 한 적이 없고, 인도人道라 하고 인성人性이라 했지만 인리人理라 한 적이 없다. 오직 『장자』에서 리 자를 자주 볼 수 있는데 셀 수 없을 정도다. 노장은 대체로 빔·없음[虛無]을 세상의 근원[道]으로 보기 때문이다. 빔·없음이라는 말을 쓴 것 자체가 리 자를 쓰지 않을 수 없게 한 것이다. 그러므로 나는 말한다. 후세 유자들이 리를 위주로 한 것은 그 근본에서 노자를 따랐기 때문이다.

3. 리理와 의義, 두 글자도 서로 가깝다. 리는 사물에 조리가 있어 어지럽지 않은 것을 말한다. 의는 마땅함을 가져 적합하게 들어맞는 것을 말한다. 강물이 흐르다가 갈래가 생겨 나눠는 것처럼 각자 조리가 있는 것을 리라 한다. 물에 배가 갈 수 있고 땅에 수레가 갈 수 있는 것을 의라 한다. 자신을 수양하지 않고 귀신에게 기도해 구해 보지만 전혀 감응이 없는 것이 리다. 종묘와 오사[3]의 제사에서는 기도할 수 있지만 소귀신·뱀귀신[4] 등 일체 주제넘는 제사 따위에는 기도하지 않는 것이 의다. 이런 식의 유추를 계속 밀고 나가 생각하면 둘 사이의 차이를 알 수 있다.

정자가 말했다. "사물에 있는 것은 리理고 사물을 처리하는 것은 의義다."(『근사록』 권1) 이 말은 확고한 진실이다. 하지만 미진한 구석이 있다. 이 말과 같다면 리는 사물에 있고 의는 나에게 있는 것이다. "리(이치)와 의가 우리 마음을 기쁘게 하는 것은 고기가 우리 입을 즐겁게 하는 일과 같다"(「고자 상」 7장)는 맹자의 말에 의지해 정자의 말을 보면, 리와 의 양자는 근본적으로 그 자체가 천하의 최고 원칙이며 '우리 마음은 바로 인의仁義의 양심'이라고 하는 것임을 알겠다. 그러므로 리와 의는 모두 우리 마음에 적합하게 들어맞는 것이다. 왜냐하면 맹자가 "고기가 우리 입을 즐겁게 하는 일과 같다"고 말했기 때문이다. 어떻게 하나는 사물에 귀속시키고 하나는 나에게 귀속시키는 것이 가능하겠는가.

---

3) 오사(五祀)는 여러 가지 뜻이 있으나 주로 오행(五行; 금목수화토金木水火土)을 다스리는 신에게 지내는 제사를 말한다.
4) 원문은 '牛鬼蛇神'. 황당하고 허망한 일을 말할 때 흔히 쓰는 비유다. 송나라 때 문헌에 자주 보이는 표현이다.

4. 주자는 「중용서」에서, "더욱 이치에 가까워 크게 참[眞]을 어지럽혔다"[5]라고 하였다. 운봉 호병문[6]은, "우리 것의 허虛는 허이지만 존재하고[有], 저들의 허는 허이기만 하고 무無이다. 우리 것의 고요함[寂]은 고요하지만 느낄 수 있고, 저들의 고요함은 고요하다 사라져 버린다"라고 하였다. 배우는 사람들은 이런 설명을 하도 들어서 모두들 우리 유학이 불교와 다른 점은 오직 현상[用]에만 있을 뿐 그 이치의 본질[體]에 이르면 근본은 서로 매우 가깝다고 말한다. 도를 심하게 어지럽히는 말이라 하겠다.

무릇 어떤 것에 근본이 있으면 반드시 말단이 있게 마련이고 말단이 있으면 반드시 그 근본이 없을 수 없다. 단지 현상으로 나타나는 것에서 상반될 뿐만 아니라 본질도 서로 다르다. 물과 불, 흑과 백이 상반되고 삶과 죽음, 사람과 귀신이 완전히 다른 세계에 떨어져 있는 것과 같이, 전혀 달라 서로 뒤섞일 수 없는 것이다. 주자처럼 "더욱 이치에 가깝다"고 말한다면 이는 소위 목욕을 같이 하면서 다른 사람의 나체를 보고 웃는 격[7]인데 어떻게 유학이 불교와 상반되는 게 있다 하겠는가. 호병문처럼 "우리는 고요하면서 느끼는 게 있지만 저들은 고요하다 사라져 버린다"고

---

5) 유명한 「중용서」(中庸序)에 보인다. 해당 부분은 다음과 같다. "이단의 말이 날로 새로워지고 달로 번성해, 노불(老佛)의 무리가 나오는 지경에 이르러서는 더욱 이치에 가까워 크게 진실[眞]을 어지럽혔다."(異端之說, 日新月盛, 以至於老佛之徒出, 則彌近理而大亂眞.)

6) 호병문(胡炳文, 1250~1333). 자(字)는 중호(仲虎), 운봉(雲峰)은 그의 호. 원(元)나라 학자다.

7) 이 표현에는 용례가 있다. 당나라의 한유(韓愈)가 「장적에게 답하는 글」(答張籍書)에서, "그대는 또 내가 다른 사람들과 실없이 잡다하게 논박하는 일을 한다고 비판하는데 이는 내가 놀이로 삼는 것일 뿐입니다. 주색에 비유하는 건 차이가 있지 않을까요. 그대가 이를 비판하는 것은 같이 목욕하면서 나체를 비판하는 것과 비슷합니다."(吾子又譏吾與人人爲無實駁雜之說, 此吾所以爲戲耳. 比之酒色, 不有間乎. 吾子譏之, 似同浴而譏裸裎也.)

한다면 속담에서 말하는 "뺨만 고치고 낯짝을 다 만졌다 한다"는 격인데 또한 어떻게 서로 다른 점이 있다 하겠는가. 어떻게 도를 심하게 어지럽히는 말이 아니겠는가.

체용體用의 논리는 본래 근세에 생긴 것으로 성인의 책에는 이런 게 없다. 당唐나라의 청량국사淸涼國師 징관澄觀이 『화엄경소』華嚴經疏에서, "체와 용은 근원이 하나다. 뚜렷이 드러나는 것과 은미해 드러나지 않는 것은 차이가 없다"[體用一源, 顯微無間]라고 하였다. 이천이 이 두 구절을 그의 「역전서」[8]에 가져온 데서 유래한 것이다. 유자儒者들이 이를 보고 최고의 보물이요 최상의 보배라고 여겼지, 그 설명이 본래 선학禪學에서 온 줄은 몰랐다. 불교에서는 적멸寂滅을 우리의 진체眞體(진정한 본체)라고 했지만 인간 세상의 일을 전부 없앨 수 없었다. 그러므로 진체를 설명하고 가체[9]를 설명하면서 자연 체용의 논리를 세우지 않을 수 없었다. 일음일양一陰一陽이 천도天道의 완전한 본질[全體]이며 인의仁義를 실행하는 것이 인도人道의 완전한 본질[全體]이다. 이러한 유학의 핵심을 벗어나서는 이른바 본질[體]도 없고 또한 이른바 현상[用]도 없다. 체용의 논리로는 성인의 학문을 이런 식으로 설명할 수 없음을 전혀 모르는 것이다. 체용의 논리를 세워 설명하면 근본원리[理]가 체가 되고 일[事]은 용이 되며, 체는 근본이

---

8) 『주역』에 대한 뛰어난 주석서 가운데 하나가 이천의 『역전』(易傳)이다. 이천은 「역전서」(易傳序)를 써서 『주역』에 대한 자신의 견해를 밝혔다. 「역전서」는 『근사록』 권3에도 인용되었다.

9) 진체(眞諦)와 가체(假諦)에 대해 도가이가 붙인 말이 있다. "불교도들은 이치를 말할 때 곧잘 체(諦)라는 말을 쓴다. 양(梁)나라 소명태자(昭明太子)가 「진속이체의」(眞俗二諦義)를 지었는데 소위 '태어나지도 않고 사멸하지도 않는 것'을 진체라 하였고, 유학자들이 말하는 '인륜 가운데 매일 생활하는 당연한 이치'를 가체라 하였다."(佛氏說理, 多言諦. 梁昭明太子有眞俗二諦義, 以其所謂不生不滅者爲眞諦, 以儒者所謂人倫日用事物當然之理爲假諦.)

되고 용은 말단이 되며, 체는 귀중하게 되고 용은 경시된다. 『근사록』의 「도체」道體와 「존양」存養[10] 등의 여러 권이 모두 학문의 근원이 되고, 『논어』와 『맹자』 등의 책은 오히려 전혀 긴요하지 않은 책이 돼버린다. 성리학에서 "정靜을 주로 하고"[主靜], "욕구가 없는 것"[無欲]을 주장하는 말만이 체가 되고, 효제충신孝弟忠信은 전부 용이 돼버리고 말아 특히 도를 해치는 것이 심하다. 허虛 자나 적寂 자 같은 것은 본래 모두 노자와 불교에서 늘 하는 말이지 우리 성인의 책에는 모두 없는 것이다. 다만 『주역』 함咸괘의 대상大象에, "군자는 자신을 비워 사람을 받아들인다"[君子以虛受人]라고 하였고, 「계사전」에, "고요하게 움직이지 않으면서도 감응해 천하가 그러한 연유를 모두 통달한다"[寂然不動, 感而遂通天下之故]라고 하였다. 허자와 적 자가 여기 겨우 보인다. 하지만 함괘에서 말하는 허 자는 마음에 사심私心이 없음을 말하고, 「계사전」에서 말하는 적 자는 시초점[蓍]의 신묘한 덕을 찬양하는 것일 뿐이다. 근본원리[理]의 본질[體]을 말하는 게 아니다. 더욱이 적 자 같은 경우는 정자程子조차도 단지 이 말을 빌려와 마음을 논했을 따름이다. 처음 공부하는 사람이 『주역』의 근본 뜻을 모르고 성인의 뜻이 원래 이와 같다고 생각한다면 잘못이라 하겠다.

전반적으로 송나라 한 시대에 선학禪學이 천하에 크게 유행해 문무백관이며 남녀노소 모두 글을 아는 사람이라면 죄다 선禪을 공부하지 않은 사람이 없었다. 그러므로 유학자들도 선의 언어를 익숙하게 들어 자

---

10) 『근사록』은 모두 14권으로 구성되었는데 각권마다 제목이 있다. 권1 도체(道體), 권2 위학(爲學), 권3 치지(致知), 권4 존양(存養), 권5 극기(克己), 권6 가도(家道), 권7 출처(出處), 권8 치체(治體), 권9 치법(治法), 권10 정사(政事), 권11 교학(敎學), 권12 경계(警戒), 권13 변이단(辨異端), 권14 관성현(觀聖賢)이다.

기도 모르는 사이에 저절로 선을 통해 우리 성인의 언어를 이해했던 것이다. 후학들 또한 단지 우리 성인의 학문은 진정 이와 같다 여기고 마음 편히 지내며 괴이한 줄 몰랐을 따름이니, 딱한 노릇이다.

5. 정자程子가 말했다. "충막무짐沖漠無朕(형체가 없는 가운데 기운이 천지에 가득 참)에 세상 모든 사물이 빽빽하게 이미 갖춰져 있다[萬象森然已具]. 감응하지 않아도 앞에 있는 게 아니며, 이미 감응했어도 뒤에 있는 것이 아니다."[11] 충막무짐이란 네 글자는 『장자』에 나오고,[12] 만상삼라萬象森羅라는 네 글자는 불교 책에 자주 보인다.[13] 『유마힐경』維摩詰經에서 말하는, 겨자씨에 수미산須彌山이 들어 있다는 이치가 이것이다. 『유마힐경』에 보이는, 유마힐의 방에 32,000개의 사자자리가 놓여 있다는 말도 이런 이치를 말한 것이다. 비유하자면 방안에 거울을 매달아 놓은 것과 같아서 사람이며 짐승, 기물집기를 모두 뚜렷이 볼 수 있지만 그 수가 정해져 덜거나 더하지 않은 다음에야 가능하다. 그러나 천지 사이에 세워 두면 이런

---

11) 인용한 정자의 말은 『이정유서』(二程遺書)에 보인다. 『근사록』 권1에 재록.

12) 충막무짐(沖漠無朕)은 『장자』 「응제왕」(應帝王)에 보인다. 해당 부분은 다음과 같다. "'나는 방금 그에게 아무 조짐도 없는 절대 텅빔을 보여 주었다. 그는 내가 숨을 쉬려는 충동을 고르게 하는 것을 보았을 것이다.'……이름에 얽매인 매개물이 되지 말고 모략의 창고가 되지 말라. 일을 맡지 말고 지혜의 주인이 되지 말라. 무궁한 것과 혼연일체가 되어 아무 조짐도 없는 곳에서 노닐며 하늘로부터 받은 것을 다 쓰고 이득에 눈을 두지 말라. 그저 자신을 비워 둘 뿐이다."(吾鄕示之以太沖莫朕, 是殆見吾衡氣機也.…無爲名尸, 無爲謀府, 無爲事任, 無爲知主, 體盡無窮, 而遊無朕, 盡其所受乎天, 而無見得, 亦虛而已.)

13) 만상삼라(萬象森羅)는 불교 용어다. 당나라의 청량(淸凉) 징관(澄觀)이 찬한 『화엄경』(華嚴經) 「현담(玄談) 5」에, "『법구경』에, '삼라와 만상은 불법의 진리가 남긴 흔적이다. 이는 하나가 많은 것을 낳은 것이다'(森羅及萬象, 一法之所印, 此以一遣多也)라고 하였다"라는 말이 보인다. 만상은 세상의 모든 것을 지칭하는 일반적인 말이고 삼라는 세상의 사물이 시공간에 풍성하게 가득 존재하는 것을 말한다.

논의는 모두 어긋난다. 천지가 생육하는 이치는 끊임없이 낳고 낳는 것이다. 있으면 더 있게 되고 없으면 더 없어지고 만다. 있는 것[有]이 번성하면 두 배 다섯 배로 더욱 늘어나 천하에 계산 잘하는 사람을 전부 합쳐도 다 헤아릴 수 없으며, 없음[無]이 그 극단에 이르게 되면 없어지고 또 없어져 완전히 사라져 아무 흔적도 찾을 수 없다. 이것이 천지의 오묘함이다. 이런 까닭에 성인의 도는 진실하고 정당한 가르침이 되며, 노장에서 말하는 "충막무짐", "겨자씨에 수미산이 들어 있다"는 등의 말은 실상세상의 보잘것없는 견해에서 나온 것으로 강한 언어로 수식했을 따름이다. 근본은 평이하고 친근해 쉽게 도달할 수 있다. 이천은 『역전』易傳에서, "동動 하고 정靜 하는 것에는 단서가 없고 음양에는 시작이 없다. 도를 아는 사람이 아니라면 누가 이를 알 수 있겠는가"라고 하였다. 노불老佛을 지칭해 말한 것으로 최고의 말이라 하겠다.

덕(德)

1. 덕은 인의예지의 총칭이다. 『중용』에, "지·인·용智仁勇 세 가지는 천하에 모두 통하는 덕이다"(『중용』 20장)라고 하였고, 한유 역시, "내가 소위 도덕이라 하는 것은 인과 의를 합쳐서 말한 것이다"(「도의 근본을 밝힌다」[原道])라고 했는데 바로 이 뜻이다. 하지만 덕이라 하면 인의예지의 원리는 갖춰져도 그 구체적인 쓰임새가 아직 드러나지 않는다. 인의예지라고 말한 다음에야 각각 어떤 일에 대해 말하는지 드러나 구체적인 대상을 볼 수 있다. 그러므로 경서에서 대부분 덕을 말하면서 또 인을 말한 것은 이런 이유 때문이다.

2. 덕 자와 인의예지 등의 글자에 대해 옛 주석에 모두 명확한 뜻풀이가 없다. 이들에 대해 뜻풀이를 할 수 없어서가 아니라 근본적으로 뜻풀이가 불가능해서다. 어째서인가. 배우는 사람들이 늘 아는 것이고 글자 풀이로 모조리 정의할 수 있는 게 아니기 때문이다. 회암은, "덕德은 '얻는다'[得]는 뜻으로, 도를 실천해 마음에 얻는 것이다[有得於心]"[1]라고 하였

다. 회암의 이 말은 본래 『예기』 「곡례」曲禮에서 왔다. 다만 『예기』에는, "몸에 얻는 것이다"[有得於身]라고 하였다. 회암이 신身이라는 글자를 심心으로 고친 것이다. 하지만 『예기』에 "덕德은 '얻는다'[得]는 뜻이다"라고 한 풀이는 인仁은 인人(사람)이다, 의義는 의宜(마땅함)이다, 천天은 전顚(꼭대기)이다, 지地는 기示(땅의 신령)이다, 라고 하는 말과 같은 것으로, 모두 발음이 비슷한 것을 빌려와 그 뜻을 해석한 방식인데 근본적으로 바른 풀이가 아니다. 덕을 득得의 뜻으로 본다면 덕은 실천한 뒤에야 가질 수 있다는 말이 된다. 그렇다면 어떻게 본래부터 가지고 있는 덕을 다 실행할 수 있겠는가. 『논어』에, "덕에 머무른다"[據於德] 하였고 『중용』에, "은미한 것이라도 잘 드러나는 것임을 안다면 함께 덕에 들어갈 수 있을 것이다"[知微之顯, 可與入德矣][2]라고 하였다. 이 말 등에 보이는 덕 자는 모두 도道 자의 뜻을 갖는데 인의예지의 덕을 가리켜 말한 것이다. 덕 자와 함께 쓴 거據 자나 입入 자를 보면 알 수 있다. 또 『논어』에, "유由야, 덕을 아는 사람이 드물구나[知德者鮮矣]"(「위령공」 3장)라는 말이 보이고, 또 "나는 미색을 좋아하는 것처럼 덕을 좋아하는 사람을 아직 보지 못했다"[吾未見好德如好色者也](「자한」 17장)라고 한 말도 있다. 이 말에서 보듯 대상이 있은 다음에 안다[知德] 하고 또 좋아한다[好德]고 하였다. 송나라의 유자가 말한 대로라면 안다[知]와 좋아한다[好]는 두 글자는 뜻이 통하지 않는다.

---

1) 회암의 이 말은 『논어집주』 「술이」 6장 "子曰:'志於道, 據於德, 依於仁, 游於藝.'"라는 구절에서 "據於德"에 보이는 덕(德)에 붙인 주석이다.

2) 『중용』 33장에 보이는 말이다. 해당 부분은 다음과 같다. "먼 곳도 가까운 곳에서 시작함을 알고, 바람이 어디서 불어오는지 알며, 은미한 것이라도 잘 드러나는 것임을 안다면 함께 덕에 들어갈 수 있을 것이다."(知遠之近, 知風之自, 知微之顯, 可與入德矣.)

3. 도덕이라는 두 글자 역시 서로 아주 가까운 관계다. 도는 변화·흐름[流行]을 가지고 말했고, 덕은 마음속에 보존되는 것을 가지고 말했다. 도에는 스스로 인도한다는 의미가 있고 덕에는 사물을 구제한다는 뜻이 있다. 『중용』에, "군신관계, 부자관계, 부부관계, 형제관계, 붕우 간의 사귐은 천하에 모두 통용되는 도道요, 지인용智仁勇 셋은 천하에 모두 통용되는 덕이다"(20장)라고 한 말이 그 예다. 추론해 말한다면, 일음일양一陰一陽은 하늘의 도이고, 세상을 다 덮어 주어 아무것도 벗어나지 않는 것은 하늘의 덕이다. 강유剛柔가 서로 도와주는 것은 땅의 도이고, "만물을 낳아 헤아릴 수 없는 것"[3]은 땅의 덕이다. 보충하기도 하고 쏟아내기도 하는 것은 약의 도이고, 병을 치료하고 생명을 살릴 수 있는 것은 약의 덕이다. 타오르기도 하고 태우기도 하는 것은 불의 도이고, 음식을 알맞게 익게 하는 것은 불의 덕이다. 이런 예를 통해 보면 도덕 두 글자의 뜻은 저절로 분명해질 것이다.

4. 성인은 덕은 말해도 마음[心]은 말하지 않았다. 후대의 유자는 마음은 말해도 덕은 말하지 않았다. 덕이라는 것은 천하의 최고 아름다움이며 모든 선善을 총괄한다. 그런 까닭에 성인은 배우는 사람들에게 덕을 따르도록 한 것이다. 마음이 본래 맑은가 탁한가 무엇과 섞였는가 하는 문제는 단지 인과 예로써 마음을 보존하는 데 달려 있을 뿐이다. 공자가 말했다. "안회는 그 마음이 세 달 동안 인仁을 어기지 않았다[其心三月不違仁]."

---

3) 원문은 '生物不測'. 『중용』 26장에 보인다. "천지의 도는 한마디로 다 나타낼 수 있으니, 구체적인 모습[爲物]은 하나로 거대하다. 그러므로 만물을 낳는 것을 헤아릴 수 없다."(天地之道, 可一言而盡也. 其爲物不貳, 則其生物不測.)

(『논어』「옹야」 5장) 또 말했다. "일흔에는 마음이 하고 싶은 대로 따라 해도 법도를 넘지 않았다[從心所欲不踰矩]."(「위정」 4장) 맹자가 말했다. "일정한 일이 있는 사람은 마음을 일정하게 유지하며 일정한 일이 없는 사람은 이 때문에 마음을 일정하게 유지하지 못한다."[有恒産則有恒心, 無恒産因無恒心][4] 이 말에 보이는 인仁이며 구矩며 항恒이라는 말은 모두 덕이다. 어떻게 마음을 두는가에 달려 있을 뿐이다. 이 점이 바로 성인이 덕은 말해도 마음은 말하지 않은 까닭이다. 그런데 후대의 유자들은 마음은 보았어도 덕은 보지 못했다. 그런 까닭에 마음을 귀중한 것으로 여기고 일생 공부를 모두 여기에 쏟았다. 학문이 비쩍 마르고 건조해져 여유 있고 커다란 성인의 기상을 전혀 갖지 못한 이유도 이에 관계된 때문이다.

---

4) 『맹자』「양혜왕 상」 7장, 「등문공 상」 3장에 보이는 말이다. 원문과 약간의 출입이 있는데 진사이의 인용대로 풀었다. 대의에는 차이가 없다.

인의예지(仁義禮智)

1. 자애로운 덕이 멀고 가까운 곳, 안이고 바깥이고 없이 충실하게 모든 곳에 통해 도달하지 않는 곳이 없는 것을 인仁이라 한다. 당연히 해야 할 것은 하고 당연히 하지 말아야 할 것은 하지 않는 것을 의義라 한다. 어른 아이, 위아래의 등급과 그에 따른 권위가 분명해 조금도 자기 분수를 넘지 않는 것을 예禮라 한다. 천하의 이치에 환하게 통달해 의혹이 전혀 없는 것을 지智라 한다. 천하에 선善이 많더라도, 천하의 이치가 다양해도, 인의예지가 그것의 강령(중심)이 되며 모든 선이 그 안에 포함되지 않는 게 없다. 그러므로 성인은 이 네 가지를 도덕의 본체로 보고 배우는 사람들이 이를 통해 수양하도록 가르쳤다.

2. 인의예지의 이치에 대해 배우는 사람은 의당 맹자가 논한 것을 이 글자의 각주로 여기고 보아야 한다.[1] 공자 문하에서 공부하는 사람들은 인의예지를 집에서 늘 먹는 음식처럼 여겨 그 주제에 대해 전혀 의심하지 않았다. 그런 까닭에 문하의 제자들은 인의예지를 실행하는 방법만을 물

었고 공자 역시 이를 실행하는 방법으로 대답해 한 번도 인의예지의 의미를 논한 적이 없다. 그러므로 지금은 공자의 그 말에 근거해 인의예지의 이치를 추론할 수 없다. 맹자시대에 이르러 성인과 거리가 멀어지고 도가 막혀 배우는 사람들은 인의예지의 수양 방법을 이해 못할 뿐만 아니라 또한 인의예지의 뜻조차 아울러 모르게 되었다. 그러므로 맹자는 배우는 사람을 위해 찬찬히 타이르듯 그 이치를 명확히 논해 무엇이 근본이고 무엇이 말단인지[2] 가르치며 구석구석 상세하게 설명해 하나도 빠트린 것이 없었다. 그러므로 배우는 사람은 당연히 『맹자』에 근거를 두고 그 의미와 이치를 살펴보고 그런 다음 『논어』에 있는 것을 이해해 그 전체를 탐구한다면 남는 문제가 전혀 없을 것이다.

정자와 주자 등 여러 유학자들이 인의예지의 이치에 대해 착오가 생기는 것을 피할 수 없었던 것은 『맹자』에 근거를 둘 줄 모르고 단지 『논어』에 있는 말을 가지고 인의예지의 이치를 이해했기 때문이었다. 맹자는 말했다. "측은해하는 마음은 인仁의 근본이요, 부끄러워하고 미워하

---

1) 이 문장에 도가이가 붙인 주석이 있다. "송나라의 유학자들은 인(仁)을 해석하면서 항상 체(體)와 용(用)으로 나누었다. 중심에 있는 것을 체라 하였고, 중심에 있는 것이 밖으로 드러나는 것을 용이라 하였다. 예를 들어 맹자가, '인은 사람이 사는 편안한 집이며, 의는 사람이 가는 바른 길이다'(「이루 상」10장)라고 한 말은 체라 해야 할까, 용이라 해야 할까. 인의예지 네 가지는 천하의 보편적인 도이며 그 근본을 따르는 것이 바로 사단의 본심이다. 인의예지는 본성을 가리키는 명칭이 아니며 맹자의 말을 이 글자들의 각주로 삼아야 함을 알 수 있다."(宋儒解仁, 常分體用. 其存於中者爲體, 其發於外者爲用. 如孟子所云, '仁者天下之安宅也, 義者天下之路也' 謂之體乎, 謂之用乎. 皆仁義禮智四者, 天下之道, 而循乎其本, 則四端之本心是也. 可見仁義禮智, 非性之名, 而當以孟子語爲本字注脚也.)

2) 근본과 말단으로 번역한 말의 원문은 원위(源委). 전고(典故)가 있는 말이다. 『예기』 「학기」(學記)에 보인다. "하은주 삼대의 왕들은 물에 제사를 지낼 때 모두 강에 먼저 제사를 지내고 바다는 나중에 제사를 지냈다. 강은 물이 시작되는 원류이며 바다는 물이 모이는 말단이기 때문이다. 이를 일러 근본에 힘쓴다고 한다."(三王之祭川也, 皆先河而後海, 或源也, 或委也, 此之謂務本.)

는 마음은 의義의 근본이요, 사양하는 마음은 예禮의 근본이요, 옳고 그름을 아는 마음은 지智의 근본이다. 사람이 이 사단四端을 가진 것은 사지를 가진 것과 같다."(『맹자』「공손추 상」 6장) 또 이런 말도 있다. "사람에겐 누구나 '남을 차마 해치지 못하는 마음'이 있는데 이를 '해치려 하는 것'에까지 이르게 하는 것이 인이다. 사람에겐 누구나 '하지 않는 것'이 있는데 이를 '하려는 것'에까지 이르게 하는 것이 의이다."(「진심 하」 31장) 배우는 사람이 이 두 구절을 가지고 탐구한다면 인의예지의 이치에 대해 저절로 모든 문제가 풀릴 것이다. 이 말의 뜻은 이렇다: 사람이 이 사단을 가진 것은 본성이 소유한 것으로, 사람마다 충분히 갖춰 자신의 밖에서 구할 필요가 없다. 사지가 우리 몸에 있는 것과 같다. 소유한 이것을 확충해 나간다면 인의예지의 덕을 성취할 수 있다. 마치 불이 막 타올라 저절로 들판을 태우는 불길이 되는 것과 같고, 물이 막 솟아올라 반드시 언덕을 넘는 물결이 되는 것과 같아 차츰차츰 서서히 커져 그 기세를 누구도 막을 수 없다는 것이다. 인용한 두 구절 가운데 나중 구절은 그 의미가 더욱 분명해 의심할 만한 게 전혀 없다. 이른바 "사람에겐 누구나 '남을 차마 해치지 못하는 마음'이 있다, 사람에겐 누구나 '하지 않는 것'이 있다"는 것은 측은惻隱과 수오羞惡의 두 근본이다. 그리고 이런 마음을 "해치려고 하는 데까지, 하려는 것에까지 이르게 한 뒤에야 인이 되고 의가 된다"고 한 말은, 사단의 마음은 우리가 태어나면서 갖는 것이며 인의예지는 우리에게 고유한 이 마음을 확충해서 이룩한 것임을 알게 한다.

3. 인의예지 네 가지는 모두 도덕을 지칭하는 말이지 본성을 가리키는 말이 아니다. 도덕은 천하에 보편적으로 통한다는 의미로 말한 것이지

한 사람 소유가 아니다. 본성은 전적으로 자기 한 몸에 있다는 의미로 말한 것이지 천하는 해당하는 게 아니다. 이것이 본성과 도덕의 구별이다. 『주역』에 "사람이 해야 할 도리를 세워 인의仁義라 하였다"[3]라 했고, 『중용』에 "지인용智仁勇 셋은 천하에 모두 통용되는 덕이다"라고 했으며, 맹자는 "'덕에 배부르구나'라고 하였으니, 인의에 충족되었다는 말이다"[4]라고 했다. 인의는 도덕을 지칭하는 말임이 아주 분명한 예들이다.

한나라와 당나라의 유학자들에서 송나라의 염계濂溪선생 주돈이에 이르기까지 모두 인의예지를 덕으로 보았고 그때까지 다른 의론이 없었다. 이천伊川에 와서 처음으로 인의예지를 본성[性]의 명칭으로 보았고 본성을 리理라 하였다.[5] 이때부터 배우는 사람들은 모두 인의예지를 리라

3) 『주역』「설괘전」에 보이는 말이다. "옛날 성인이 역(易)을 지은 것은 본성과 천명의 이치에 순응하고자 해서였다. 이에 하늘의 도리를 세워 음(陰)·양(陽)이라 하였고, 땅의 도리를 세워 유(柔)·강(剛)이라 하였고, 사람이 해야 할 도리를 세워 인의(仁義)라 하였다."(昔者聖人之作易也, 將以順性命之理, 是以立天之道, 曰陰與陽, 立地之道, 曰柔與剛, 立人之道, 曰仁與義.)

4) 『맹자』「고자 상」17장에 보이는 말로, 해당 부분은 다음과 같다. "『시경』「기취」(旣醉)에, '이미 술에 취하고, 이미 덕에 배부르구나'라고 하였다. 인의에 충족돼 남의 기름지고 훌륭한 맛을 바라지 않고, 좋은 칭찬과 널리 알려진 명예가 자신에게 베풀어져 남의 훌륭한 옷을 바라지 않는다는 말이다."(旣飽以酒, 旣飽以德. 言飽乎仁義也, 所以不願人之膏粱之味也, 令聞廣譽施於身, 所以不願人之文繡也.)

5) 이천의 거론에 대해 도가이가 붙인 주석이 있다. "주자(周子; 주돈이)의 『통서』(通書) 「성무위」(誠無爲) 장에, '덕은 다음과 같다. 사랑하는 것을 인(仁)이라 하고, 마땅하게 하는 것을 의(義)라 하고, 이치에 맞게 하는 것을 예(禮)라 하고, 두루 통하는 것을 지(智)라 하고, 잘 지키는 것을 신(信)이라 한다'라고 하였다. 이는 인의예지를 덕으로 본 것이다. 이천(정이)은 안자(顏子; 안회)가 좋아한 것은 어떤 학문이었을까를 논한 「호학론」(好學論)에서, '다섯 본성이 갖추어졌으니 인의예지신(仁義禮智信)이라 한다'고 하였다. 이로부터 그 이래 인의예지를 본성의 리(理)로 보게 되었다. 한퇴지(한유)는 본성을 논한 「원성」(原性)에서 역시 인의예지를 본성으로 보았으므로, 확실히 이천보다 앞서 주장한 것이다. 하지만 후세에 근거로 삼는 것은 전적으로 이천에 뿌리를 두기 때문에 이 글에서 이천을 거론하였다."(周子通書誠無爲章, '德, 愛曰仁, 宜曰義, 理曰禮, 通曰智, 守曰信.' 此以仁義禮智爲德也. 伊川好學論曰:'五性具焉, 仁義禮智信.' 自是而後, 遂以仁義禮智爲性之理, 韓退之原性, 亦以仁義禮智爲性, 固前乎伊川矣, 而後世所據者, 專本伊川. 故此擧伊川也.)

하고 본성이라 하면서 단지 그 뜻을 이해할 뿐 다시는 인의예지의 덕에 힘쓰지 않았다. 그에 대한 공부와 수용에는 별도로 '경을 유지한다'[持敬]거나, '고요함을 주로 한다'[主靜]거나, '양지에 이른다'[致良知][6]는 등의 조목을 세워 다시는 공자의 법도를 따르지 않았다. 여기 내가 깊이 파고들어 논변하고 통렬하게 논란하며 번거로운 말로 누차 언급하면서 애오라지 어리석은 진심을 쏟아부어 스스로 멈추지 못하는 이유는 실로 이 때문이지, 논변을 좋아해서가 아니다.

어떤 사람이 물었다. "이천 선생은 어찌해서 인의예지를 본성이라고 한 것입니까?" 대답했다. "맹자가, '인의예지는 밖에서 가져와 자신을 장식하는 물건이 아니고 자신이 본래 가지고 있는 것이다'(「고자 상」 6장)라고 한 말과 '인의예지는 마음에 뿌리를 둔다'(「진심 상」 21장)는 말을 보고 인의예지는 본성이라 생각해 버리고는, 거듭 추론해 맹자의 뜻이 있는 곳에 도달하지 않아서다. 맹자가 소위 '본래 가지고 있다'[固有]고 한 것은 분명 '본성'이라 하는 것과는 자연 다름을 전혀 몰랐던 것이다."

맹자가 의미한 것[7]은, 사람은 필히 측은惻隱 · 수오羞惡 · 사양辭讓 · 시

---

6) 치양지(致良知)라는 말은 양명학의 용어다. 왕양명은 『대학』에서 말하는 치지(致知; 지식에 도달하나)와 맹자가 말한 양지(良知)를 아우르며 '치양지' 하는 공부를 강의하였다. 사물에 직접 부딪쳐 이치를 궁구할 것이 아니라 본심(本心)을 세우는 데 전념한다는 요지이다. 그런 까닭에 그의 학문을 심학(心學)이라 하였다.

7) 맹자가 한 말의 의미에 대해 도가이가 부연설명한 주석이 있다. "공도자가 인의예지가 좋은 것임을 몰라서가 아니라 인간의 본성이 선하다는 점을 의심하였다. 그런 까닭에 맹자가 그를 깨우쳐 주며 말하였다. '측은해하는 마음이 인이고, 부끄러워하고 악을 미워하는 마음이 의이고, 공경하는 마음이 예이고, 옳고 그름을 가리는 마음이 지다.'(「고자 상」 6장) 이 말은 자신의 마음을 천하의 덕과 짝을 지어 인간 본성의 선함을 밝힌 것이다. 그런 까닭에 '나는 본래 이것을 가지고 있다'라고 한 것이다. 인의예지를 본성의 명칭으로 본 것이 아니다."(公都子非不知仁義禮智之爲美, 而疑人性之善. 故孟子曉之曰:'惻隱之心, 仁也, 羞惡之心, 義也, 恭敬之心, 禮也, 是非之心, 智也.' 此以己之心, 配之天下之德, 以明人性之善也. 故曰:'我固有之也.' 非以仁義禮智爲性之名也.)

비是非의 마음을 가졌으며 이 네 가지는 인간의 본성이며 선한 것이고, 인의예지는 천하의 보편적인 덕으로 선의 극치라는 것이었다. 만약 본성의 선함으로 천하의 보편적인 덕을 실행한다면 그 쉽기가 "땅에 나무를 심고"[8] 땔나무로 불을 피우는 것과 같아 전혀 가로막는 것이 없을 것이다. 그러므로 측은·수오·사양·시비의 마음을 확충하면 인의예지의 덕을 이룰 수 있으며 광대한 세상이라 해도 자연 쉽게 보전할 수 있을 것이다. 만약 인간의 본성이 선하지 않다면 인의예지의 덕을 이루고 싶어도 그럴 수 없다. 선해야 한다. 그러므로 인의예지의 덕을 이룰 수 있는 것이다. 그런 까닭에 '인의는 우리의 본성이다'라고 하면 옳고, '우리의 본성은 인의이다'라 해도 옳다. 다만 인의를 본성 가운데 명칭으로 여긴다면 옳지 않다. 소위 '본래 가지고 있다'[固有]는 말의 뜻은 대체로 이와 같다. 그 논리가 아주 미묘해 소위 "털끝만큼의 차이가 천리나 떨어지는 잘못을 만든다"[9]는 말은 실로 여기에 쓸 수 있다. 배우는 사람은 반복해 체득하고 살피지 않으면 안 된다.

그리고 소위 맹자가 말한 "마음에 뿌리를 둔다"는 것은 본래 패도覇道를 상대로 한 말이다. 패도를 쓰는 자는 인의仁義를 실천할 때 모두 인의를 빌려 자신의 욕망을 이룰 뿐 진정 인의를 가진 게 아니다. 왕도王道를

---

8) 원문은 '以地種樹'. 『중용』 20장에, "사람의 도는 정치에 민감하게 나타나고 땅의 도는 나무에 민감하게 나타납니다. 정치라고 하는 것은 잘 자라는 갈대와 같습니다"(人道敏政, 地道敏樹. 夫政也者, 蒲盧也)라는 글이 있는데, 여기에 주자가 이런 주석을 붙였다. "훌륭한 사람으로 정치를 수립하면 땅에 나무를 심는 것과 같아 그 성취가 빠르다."(以人立政, 猶以之種樹, 其成速矣.)

9) 원문은 '毫釐千里之差'. 전고가 있는 표현이다. 『예기』「제통」(祭統)에 보인다. "『주역』에, '군자는 시작을 삼간다. 어긋나기가 털끝 같기만 해도 천리만큼의 잘못이 생긴다'라고 하였다."(易曰:君子愼始, 差若毫釐, 繆以千里.)

행하는 사람은 정치를 행할 때 외부에 있는 인의를 따라 행하는 게 아니라 진실로 자기 마음에 뿌리를 두어 어디를 가도 인의예지에 근거하지 않는 게 없다. 그러므로 "마음에 뿌리를 둔다"고 한 것이다. 그 의미가 왜 명확하지 않은가.

4. 성현聖賢이 인의예지의 덕을 논한 것에는 본체本體의 측면에서 말한 것이 있고, 실천의 측면에서 말한 것이 있다. 본체의 측면에서 말한 것으로는, 예를 들면 『서경』 「중훼지고」仲虺之誥의, "의義로 일을 절제하고 예禮로 마음을 절제한다"라는 말과 『논어』의, "내가 인을 바라면 바로 인에 도달한다"(「술이」 27장)라는 말, 『맹자』의, "인仁은 사람이 사는 편안한 집이며, 의義는 사람이 가는 바른 길이다"(「이루 상」 10장)라는 말과 "인에 머물고 의를 따른다면 대인大人이 되는 일은 갖추어진 것이다"(「진심 상」 33장) 등이 모두 이것에 해당한다.

실천의 측면에서 말한 것으로는, 예를 들면 『맹자』의 사단장四端章(「공손추 상」 6장)과 "사람에겐 누구나 '남을 차마 해치지 못하는 마음'이 있는데 이를 '해치려 하는 것'에까지 이르게 하는 것이 인仁이다"(「진심 하」 31장)라는 말이 이것에 해당한다.

본체의 측면에서 말한 것은 덕 본연의 모습으로 온 천하에 예로부터 지금까지 모두 통용되는 덕을 말한다. 실천의 측면에서 말한 것은 인의예지의 덕을 수양해 자신에게 간직할 수 있음을 가리켜 말한 것이다.

5. 인의仁義 두 가지는 실로 도덕의 큰 근본이며 모든 선을 총괄하는 두뇌이다. 지례智禮 두 가지는 모두 인의에서 생겨난 것으로, 천도天道에 음양

이 있고, 지도地道에 강유剛柔가 있는 것과 같아서 인의와 지례 둘은 서로 필요하며 서로 도와준다. 이런 다음에야 인도人道가 완전해질 수 있다. 그런 까닭에 『중용』 20장에, "인仁은 사람[人]을 말한다. 가까운 사람을 사랑하는 것이 중요하다. 의義는 마땅함[宜]을 말한다. 현자賢者를 존중하는 것이 중요하다. 가까운 사람을 사랑하면서 관계가 멀어질수록 친밀도를 낮추고 현자를 존중하면서 그 능력에 따라 차등을 두는 것, 여기서 예가 생긴다"라고 하였고, 『맹자』에도, "인의 실상은 부모를 섬김이 이것이며, 의의 실상은 형을 따름이 이것이다. 지의 실상은 이 두 가지를 알아 떠나지 않음이 이것이며, 예의 실상은 이 두 가지를 조절하고 수식함이 이것이다"(「이루 상」 27장)라고 하였다. 이를 보면 인의의 이치가 더욱 분명하다. 그런데 송나라의 유자는 오로지 인 하나만 가지고 실질적으로 의예지義禮智 세 가지를 겸했는데[10] 이 주장이 종내 정설이 되어 배우는 사람들은 그 주장이 공자·맹자와 어긋난 것인 줄 알 수 없었다. 지금부터 배우는 사람은 단지 『맹자』와 『주역』, 『중용』의 의미를 살펴 이를 준칙으로 삼아야 옳다.

6. 인仁과 의義는 음양이 서로 도와주는 것과 같아서 서로 이길 수 없다. 물이 불을 이기는 경우에는 불의 운용에 도움이 되지 못하고 불이 물을 이기는 경우에는 물을 졸여 마르게 한다. 인과 의는 어느 한 편이 이길

---

10) 인으로 나머지 세 가지를 겸한다고 주장한 것은 정자(정이천)다. 그의 『역전』(易傳) 건괘(乾卦) 단사(彖辭)에, "원형이정(元亨利貞) 사덕(四德)의 원(元)은 인의예지신(仁義禮智信) 오상(五常)의 인(仁)과 같다. 인은 하나만 집어 말하면 한 가지 일이지만 전담해 포괄적으로 말하면 의예지신 네 가지를 포함한다"(乾彖:四德之元, 猶五常之仁. 偏言則一事, 專言則包四者)라고 하였다.

수 없는 것도 이와 같다. 인하면서 의가 없으면 인이 아니다. 묵자墨子의 인이 이런 경우다. 의로우면서 인이 없으면 의가 아니다. 양자楊子(양주楊朱)의 의가 이런 경우다. 그러므로 성인이 인을 말하면 의가 그 안에 존재하고, 의를 말하면 인이 그 안에 존재한다.

7. 공자 문하에서 배운 사람들은 인仁을 자신의 종지宗旨로 여겼다. 집에서 늘 먹는 차나 밥과 같아서 집안을 드나들고 생활하면서 인에 종사하지 않은 적이 없었다. 그런데 문하 사람들이 인을 물었을 때 공자가 대답한 것을 보면 대부분 도덕의 뜻을 거론했는데 사랑[愛]이라는 글자와 충돌하지 않는 것은 어째서인가. 어진 사람의 마음은 사랑[愛]을 본질로 한다. 그런 까닭에 그 마음이 관대해져 한쪽에 치우치지 않고, 즐거워하며 근심하지 않아 많은 덕이 저절로 갖춰진다. 그러므로 공자는 언제나 반드시 어진 사람의 마음을 들어 대답했던 것이다. "인은 그 말을 어렵게 하는 것이다"(『논어』「안연」3장), "어진 사람은 근심하지 않는다"(「헌문」30장), "어진 사람은 어려운 일을 먼저 하고 보답은 나중에 얻는다"(「옹야」20장), "인을 실천하는 사람은 활 쏘는 사람과 같다"(『맹자』「공손추상」7장)와 같은 말들이 그러한 예이다. 모두 한결같이 사랑에서 흘러나와 자연스레 많은 덕을 성취했기 때문이다. 배우는 사람들은 공자와 맹자의 심오한 뜻을 이해해야지 글자의 뜻으로 이해를 구해서는 안 된다.

8. 송나라 유학자들은 인을 성性으로 보았다. 나는 심히 도에 해가 된다고 생각한다. 송나라 유학자들의 뜻을 따라 논해 보면, 성性은 미발未發이고 정情은 이발已發이므로, 인仁이 미발未發 가운데 있는 것은 물이 땅 속에

있는 것과 같아서, 인에 손을 쓸 수 없는 게 물이 땅 속에 있어 물을 깨끗하게 하는 일을 할 수 없는 것과 같다. 공부를 하는 것은 다만 드러난[發] 다음 하는 데 있을 뿐, 그 본체에 대해서는 어떻게 할 수 없다. 그런 까닭에 송나라 유학자들은 별도로 "경을 지킨다"[守敬], "고요함을 주로 한다"[主靜]는 등의 설명을 만들어 자신들의 주장을 보충하였다. 이와 같이 하면 "인仁에서 멀리 떨어지지 않고 의義가 자연히 그 안에 있게 된다"[11]고 한다. 이런 식의 공부는 너무 엉성하다고 하겠다. 이 때문에 인의예지의 덕이 종내 빈 그릇이 되어버려 다시는 인에 힘을 쓰는 사람이 없게 되었다. 더욱이 공자와 맹자가 인을 설명한 말은 인의 쓰임새를 말한 것일 뿐 한 번도 본체는 언급하지 않은 것이라고들 하니, 그들의 견해는 어찌 한쪽에 치우치는 잘못을 저질러 논리가 온전히 갖춰지지 못한 것이 아니겠는가. 공자 문하에서 가르친 법도와 일치하는지 아닌지 배우는 사람은 묵묵히 마음속으로 익혀 알아야 된다.

9. 의義를 의宜(마땅함)라고 풀이한다. 한漢나라 유학자들 이래 이 풀이를 그대로 받아들이고 따라해 의미가 통하지 않는 부분이 있다는 것도 모르게 되었다. 『중용』 20장에서 "의義는 의宜다"라고 한 것은, 인仁은 인人이다, 예禮는 리履(실천)이다,[12] 덕德은 득得이다, 성誠은 성成이다, 라고 말

11) 인용한 말은 『맹자』에 붙인 주자의 주를 빌려와 표현한 것이다. 「고자 상」 11장 '인인심야'(仁人心也)장의 본문 가운데, "사람들은 닭과 개가 도망가면 찾을 줄 알면서 마음을 잃고서는 찾을 줄 모른다"(人有鷄犬放, 則知求之, 有放心, 而不知求)라는 구절에 주자는 이런 주석을 붙였다. "잃어버린 마음을 찾을 수 있다면 인(仁)에서 멀리 떨어지지 않고 의(義)가 자연히 그 안에 있게 된다."(能求放心, 則不違於仁, 而義自在其中矣.)

하는 것과 같은 맥락이다. 발음이 똑같은 것을 가져와 그 의미를 밝혔을 뿐 올바른 풀이가 아니다. 배우는 사람은 맹자의, "부끄러워하고 미워하는 마음은 의義의 근본이요"(「공손추 상」 6장)라는 말과 "사람에겐 누구나 '하지 않는 것'이 있는데 이를 '하려는 것'에까지 이르게 하는 것이 의이다"(「진심 하」 31장)와 같은 말을 참조해 그 의미를 찾아야 자연스레 의미가 분명해진다. 전적으로 의宜라는 글자만으로 풀이한다면 곳곳에서 막히고 말아 성현의 뜻을 대부분 잘못 이해하고 말 것이다.

10. 예禮라는 말은 의미가 본래 분명하다. 하지만 예의 근본 원리에 대해서는 복잡하게 얽힌 설명이 매우 많아 학식이 분명하고 통달한 사람이 아니면 알 수 없다. 예를 알기 어렵다 함은 절차나 꾸밈새, 의례에 쓰이는 기물의 치수, 혹은 많은 조문이나 법식을 알기 어려운 데 있는 게 아니라 전적으로 상황에 맞게 참작하고, 더하거나 덜어 때에 맞게 행동하는가에 있다. 어째서인가. 고례古禮는 대부분 현재에 맞지 않는다. 그리고 속례俗禮 역시 온전히 사용할 수 없다. 한나라의 예는 대부분 우리나라에 통용될 수 없으며 속례는 아무 의미가 없다. 옛것을 기준으로 현재에 참작·적용해 각 나라의 풍토에 따르고 인정에 부합해, 위로는 조정에서 아래로는 백성이 사는 골목까지 사람들이 지키며 즐겁게 행동하도록 하려면 현명하고 통달한 군자가 아니면 예를 제정하지 못할 것이다. 그러므로 성인이 말한 "예를 안다"[知禮] 함은 의례에 쓰이는 기물의 이름이나 치

---

12) 예(禮)와 리(履)는 중국어 발음이 유사하다. 이런 식의 풀이를 음훈(音訓)이라 하는데 한나라 이전부터 있었던 훈고(訓詁) 방법이었다.

수를 상세히 아는 데 있는 게 아니라 예의 근본 원리를 알아 상황에 맞게 더하거나 덜어내는 데 있다.

11. 성인이 말하는 지知는 후세의 유학자들이 말하는 지知와 현격히 다르다. 소위 '지'라는 것은 자신을 수양해 남을 다스리는 데까지 이르는 것이며, 집안을 다스리는 것에서 천하를 평안하게 하는 데까지 이르는 것을 말한다. 모두 현실에 유용한 실질 학문[實學]이며 막연하게 사물의 말단에 종사하는 게 아니다. 『대학』에서 말하는 '격물치지格物致知의 방법은 성의誠意에서 시작해 평천하平天下에 이르러 그친다'는 내용을 보면 소위 격물치지라는 것도 성의誠意·정심正心·수신修身·제가齊家·치국治國·평천하平天下의 여섯 조항을 벗어나지 않는다. 풀 한 포기, 나무 한 그루를 잘 살피는 데[13] 있지 않다.

12. 공자는 인지仁智를 나란히 말했고 맹자는 인의仁義를 병칭했다. 어째서인가. 공자는 학문을 진척시키는 것에 주안점을 두고 말하였다. 지혜를 가지고 알아 인仁으로 지키는 것이 학문을 진척시키는 요체다. 그런 까닭에 배우는 사람을 위해 이렇게 말하였다. 맹자는 도道의 본체에 주안점을 두고 말하였다. 인도에 인의가 있는 것은 천도에 음양이 있고 지도에 강유가 있는 것과 같다. 맹자는 후세의 학문이 한쪽 편으로 빠져 양주

---

13) 격물치지를 해석한 정자의 말을 염두에 두고 한 말이다. "정자가 말했다. '정(情)·성(性)을 구하는 일은 확실히 자신에게 절실한 것이다. 하지만 풀 한 포기, 나무 한 그루에도 모두 리(理)가 있으므로 이것도 잘 살펴봐야 한다.'(求之情性, 固是切於身. 然一草一木, 皆有理, 須是察.)" 정자의 이 말은 『근사록』 권3에 보인다. 『대학혹문』(大學或問)에도 유사한 말이 보인다.

나 묵적의 무리가 될까 두려웠던 것이다.

어떤 사람은 맹자가 처음으로 인의를 병칭했다고 말하는데 아니다. 『주역』·『중용』과 『장자』 등의 책에서도 모두 인의를 병칭하고 있으니 맹자는 단지 당시의 명칭을 따랐을 뿐이다. 때를 만해서 따른 것이지 의도를 가지고 창시한 게 아니다.

13. 불교와 노자가 우리 유학과 다른 점은 전적으로 의義에 있다. 하지만 후세의 유학자들이 성인과 차이가 생기는 지점은 전적으로 인仁에 있다. 그 이유는 무엇인가. 불교도들은 자비를 법도로 삼고 평등을 인간이 가야 할 길로 여긴다. 그런 까닭에 의義를 작은 법도로 여기고 함부로 버린다. 의가 천하의 대로大路인 줄 전혀 모르는 것이다. 의를 버린다면 바른 길을 버리고 가시밭길을 가는 것과 같아서 그 길을 갈 수 없음은 필연이다. 후세의 유학자 같은 경우는 덕량이 얕고 좁은 데다 차별하는 태도가 너무 지나쳐 남을 포용하고 널리 받아들이는 기상이 없다. 그런 까닭에 인仁을 무덤덤하게 긴요한 게 없는 것처럼 보면서 자신이 각박한 무리 속에 빠진 줄 모른다. 이것이 성인과 차이가 나는 이유다.

14. 공자와 맹자 이후 인仁을 알 수 있는 사람이 드물다. 지혜과 식견이 미치지 못해서가 아니라 단지 그런 덕이 없기 때문이다. 한나라와 당나라의 유학자들은 논의가 얕더라도 여전히 옛 뜻을 잃지 않아 인과 거리가 아주 멀지 않았다. 자기 의견을 쓰지 않았기 때문이다. 송나라에 와서 전적으로 인을 리로 보았다. 이에 인이라는 덕과 거리가 더욱 멀어졌다. 심지어 무욕無欲을 인의 본체라 하거나 허정虛靜을 인의 본체라고 하

는[14] 지경에까지 이르렀다. 인의 덕을 모르는 데 그치지 않고 공자와 맹자의 뜻에 해를 끼친 게 실로 심했다. 이천은, "마음은 비유하면 곡식 씨앗과 같다. 태어나면서 갖는 본성[性]이 인仁이다"[15]라고 했다. 이것이 소위 "인仁을 리理로 보았다"는 것이다. 주자의 스승 연평延平 이통李侗은 "이치에 합당하고 사심이 없는 것이 인이다"[當理而無私心][16]라고 했다. 연평의 이 말은 성誠 자를 풀이했다고 할 수는 있어도 인仁 자를 풀이했다고 할 수는 없다. 이치에 합당하고 사심이 없다는 말로 인을 풀이하면 무슨 말로 성誠 자를 풀이하겠는가. 깊이 사고하지 않은 것이다.

---

14) 허정(虛靜)을 인의 본체라고 한 견해는 횡거(橫渠) 장재(張載)의 말에 근거를 둔 것이다. "돈독·허정이 인의 본체다. 경거망동하지 않는 것이 돈후이며, 얽매여 통하지 않거나 어리석어 막힌 게 없는 것이 허정이다."(敦篤虛靜者, 仁之本. 不輕妄, 則是敦厚也, 無所繫閡昏塞, 則是虛靜也.) 이 말은 『근사록』 권4에 보인다.

15) 이천의 이 말은 『근사록』 권1에 보인다. "물었다. '인과 심은 무엇이 다릅니까?' 대답하였다. '마음은 비유하면 곡식 씨앗과 같다. 태어나면서 갖는 본성이 인이다. 양(陽)의 기운이 밖으로 드러나는 것이 정(情)이다.'"(問:仁與心何異? 曰:心譬如穀種, 生之性卽是仁, 陽氣發處乃情也.)

16) 『논어』 「공야장」 18장의 주자 주석에서 가져온 말이다. 18장은 영윤 자문(令尹子文)과 최자(崔子)의 평가에 대한 자장(子張)의 질문에 공자가 대답한 말이 주 내용이다.

심(心)

1. 심心(마음)은 인간이 사려하고 운용하는 기관이다. 본래 귀한 것도 아니고 천한 것도 아니다. 정情을 가진 부류는 모두 마음을 가지고 있다. 그렇기 때문에 성인은 덕을 귀하게 여겼지 마음을 귀하게 여기지 않았다. 『논어』 가운데 마음을 논한 것으로는 단지 「옹야」 5장, "(안회는) 그 마음이 석 달 동안 인을 어기지 않았다"와 「위정」 4장, "일흔에는 마음이 하고 싶은 대로 따라 해도 법도를 넘지 않았다", 그리고 「요왈」 1장, "살펴보는 일은 천제의 마음에 달려 있습니다"라는 세 마디 말뿐이다. 하지만 이 말 모두 마음을 긴요한 것으로 보지는 않았다. 『맹자』에 와서 마음에 대해 말한 것이 많아지는데 그렇지만 역시 모두 인의仁義의 양심을 가리켜 말한 것이지 단지 마음만을 말하지 않았다. 본심本心이라 하고 존심存心이라 한 것이 그러한 예다. 대개 불교나 다른 학파 사람들이 마음에 대해 많은 말을 했는데 근본적으로 덕은 귀하게 될 수 있는 것임을 전혀 모르고 제멋대로 말해 틀린 곳이 많다. 공자·맹자의 뜻과는 실로 하늘과 땅만큼 차이가 난다.

2. 횡거橫渠 장재張載가 말했다. "심心은 성과 정을 통괄한다."[心統性情] 틀린 말이다. 맹자는 "존심양성"存心養性[1]이라 했다. 또 "동심인성"動心忍性[2]이라 했다. 이런 관점에서 보면 심心은 심 자체일 뿐이며 성性은 성 자체일 뿐이다. 가리키는 곳이 각자 다르다. 만약 심을 성·정을 통괄하는 것으로 본다면 단순하게 마음을 말한 것으로는 괜찮다. 횡거의 정의를 따를 경우, 존심存心이라 한 다음에 (심이 성·정을 통괄했는데) 또 양성養性이라 했으니 맹자의 말이 군더더기가 돼버린다. 또 양성 하나만 언급해 성만 말하고 정을 빠뜨리면 그 말도 한 편으로 쏠리고 만다. 양성이란 말은 정情이 자연 올바르게 된다는 의미로, 별도로 정情을 수양하는 공부가 필요하지 않다.

3. 심心을 논하는 사람들은 측은·수오·사양·시비의 마음을 근본으로 삼아야 한다. 사람이 이 마음을 갖는 것은 근원이 있는 물, 뿌리 있는 초목과 같다. 태어나면서 부여받은 것이 모두 충분해 대상에 접촉하면서 움직여 마음이 나오면 나올수록 마르지 않고, 쓰면 쓸수록 다함이 없다. 이것이 심의 본체다. 어떻게 이보다 더 실질적인[實] 게 있겠는가. 지금에 와서 심心을 빈 것[虛]으로 보는 것은 모두 불교와 노자의 흔적이며 성인의 도와는 향초와 악취 나는 풀을 한데 섞은 정도에서 그치지 않는다. 학문을 익히지 않아 모두 이런 지경에 이르렀으니 두려워할 만하다.

---

1) 『맹자』「진심 상」1장에 보이는 말이다. "그 마음을 보존하고 그 본성을 돌보는 것이 하늘을 섬기는 것이다."(存其心, 養其性, 所以事天也.)

2) 『맹자』「고자 하」15장에 보이는 말이다. "마음을 동요시키고 성질을 인내하게 하여 그가 할 수 없는 일을 더 잘할 수 있도록 하는 것이다."(所以動心忍性, 曾益其所不能.)

4. 명경지수明鏡止水 네 글자는 본래 『장자』 「덕충부」德充符에 나온다.[3] 성인의 책에는 본래 이런 말도 없고 또한 이런 이치도 없다. 선유先儒가 이 말을 가지고 성인의 마음을 비유했는데[4] 내가 보기엔 하늘과 땅 차이 이상 어긋난다. "주공周公은 세 왕의 덕을 겸해 네 가지 일을 시행하리라 생각했는데 혹 부합하지 않는 것이 있으면 하늘을 우러러보고 생각해 밤새 날이 밝기까지 계속했으며 다행히 깨달으면 앉아서 아침을 기다렸다."[5] "공자는 상을 당한 사람 곁에서 밥을 드실 때에는 배불리 드신 적이 없다. 선생님께서는 이날 곡을 하시면 노래 부르지 않으셨다."(『논어』 「술이」 9장) 어디서 명경지수라는 것을 볼 수 있는가. 성인의 도는 떳떳한 윤리를 근본으로 삼고 은혜와 의로움을 종결처로 삼는다. 수없이 많은 말이 모두 이것을 가르침으로 삼지 않은 것이 없다. 지금 저 불교와 노자의 가르침은 청정清淨을 근본으로 하고 무욕無欲을 법도로 한다. 이런 공부가 무르익는 경지에 이르면 그 마음이 맑은 거울[明鏡]이 빈 것처럼 되고 고요한 물[止水]이 맑은 것처럼 되어 티끌 한 점 없이 마음이 깨끗해진다. 여기서 은혜와 의로움이 먼저 끊어지고 떳떳한 윤리는 완전히 사라

---

3) 원래는 명경지수(明鏡止水) 네 글자를 이어 쓰지 않고 '명경'과 '지수'가 따로 언급된다. 일반적으로 이어쓰기에 일반 용법대로 말한 것이다.

4) 정이천이 한 말이다. "'갓난아기의 마음과 성인의 마음은 어떻습니까?' '성인의 마음은 맑은 거울[明鏡]과 같고 고요한 물[止水]과 같다.'"(曰:'赤子之心, 與聖人之心, 若何?' 曰:聖人之心, 如明鏡, 如止水.) 『정자유서』(程子遺書) 권18에 보인다.

5) 성인의 예로 거론한, 주공에 대한 이 말은 전거가 있다. 『맹자』 「이루 하」 10장이다. "맹자께서 말씀하셨다. '우임금은 맛 좋은 술을 싫어하고 선(善)한 말을 좋아했다. 탕왕은 중(中)을 잡아, 현명한 사람을 등용하되 그 부류를 묻지 않았다. 문왕은 백성들을 상처 입은 사람처럼 보았으며, 도를 갈망하면서 아직 보지 못한 것처럼 하였다. 무왕은 가까이 있는 사람을 함부로 대하지 않았고, 멀리 있는 사람을 잊지 않았다." 이 말 다음에 본문에 언급한 주공이 이어진다. 세 왕은 우임금, 탕왕, 문왕 · 무왕을 가리키며 네 가지 일은 세 왕이 한 일을 가리킨다.

진다. 군신君臣 · 부자父子 · 부부夫婦 · 형제兄弟 · 붕우朋友의 사귐을 쓸모없는 물건[弁髦綴旒][6]같이 본다. 성인의 도와 정반대가 돼 물과 불이 서로 섞일 수 없는 것과 같다.

초목은 생물이다. 흐르는 물은 살아 있는 물건[活物]이다. 한 치의 싹이 난 작은 물건이지만 잘 길러 해치지 않으면 구름에 닿을 만큼 자랄 수 있다. 근원이 작은 샘이라도 계속 흘러가 멈추지 않으면 큰 바다에 닿을 수 있다. 사람의 마음도 마찬가지다. 잘 길러 해치지 않으면 천지와 함께 서서 천지인 셋이 될 수 있다. 그런 까닭에 맹자는 마음을 논할 때 늘 흐르는 물과 싹을 가지고 비유했지 명경지수로 비유한 적이 없다. 어째서인가. 생물을 가지고 생물을 비유할 수는 있어도 죽은 물건으로 생물을 비유할 수는 없기 때문이다. 주자가 마음을 설명할 때 쓴 허령불매虛靈不昧 네 글자도 불교의 선禪과 관련된 책에서 나온 말로 명경지수의 논리와 똑같다. 배우는 사람은 이러한 것들을 명확히 분별하고 끝까지 논란을 벌여 그 시비득실이 미치는 곳을 통찰해 알아야 한다.

6) 변모(弁髦)에서 변(弁)은 동자가 성인이 되면 관례(冠禮)를 치르는데 그때 쓰는 관(冠)으로 관례가 끝나면 버린다. 모(髦)는 동자가 눈썹에 내려오도록 기른 머리카락으로 관례 때 깎아 버린다. 철류(綴旒)라는 말도 보잘것없는 처지가 된 것을 말한다. 『시경』「상송」(商頌)의 「장발」(長發) 시에 보인다. "소구(小球)와 대구(大球)를 받아 제후국에 매였구나"(受小球大球, 爲下國綴旒)라고 하였는데 주자는 이 구절에, "철(綴)은 묶어 맨다는 말이다. 류(旒)는 기가 아래로 늘어진 모습이다. 천자가 되어 제후들에게 매여 그들 아래 속하게 되었으니, 마치 깃발의 기폭이 깃발의 술에 매여 붙어 있는 것과 같은 것을 말한다"(綴, 猶結也. 旒, 旗之垂者也. 言爲天子而爲諸侯所係屬, 如旗之縿, 爲旒綴著也)라고 주를 붙였다.

성(性)

1. 성性은 생生이다(본성은 인간이 태어나면서 갖는다). 인간이 태어나면서 갖는 것이며 인공적으로 더하거나 덜 수 없다. 한나라의 동자董子(동중서董仲舒)는 말했다. "성性은 태어나면서 갖는 바탕이다." 송나라의 주자周子(주돈이)는 말했다. "강선剛善 · 강악剛惡 · 유선柔善 · 유악柔惡 · 강剛도 아니고 유柔도 아닌 중간, 이것이 인간의 다섯 가지 본성이다." 이런 말이 그러한 예다. 매실의 성질[性]은 시다, 감의 성질은 달다, 어떤 약은 성질이 따뜻하고 어떤 약은 성질이 차갑다고 하는 말과 같은 것이다. 그리고 맹자는 선에 대해 말하면서 인간이 태어나면서 갖는 자질은 수만 가지로 달라도, 예나 지금이나 성인이건 어리석은 사람이건 선을 선으로 여기고 악을 미워하는 것은 똑같다고 하였다. 기질을 떠나 말한 게 아니다.

2. 공자가 말했다. "본성[性]은 서로 비슷하지만 학습[習]으로 서로 멀어진다."(『논어』「양화」2장) 이 말은 본성을 논한 영원한 근본이며 준칙이다. 그리고 맹자는 공자를 가장 훌륭하다고 생각해 공자를 배우고 싶어

했다. 그 뜻에 어떻게 둘이 있겠는가. 맹자는 명확히 말했다. "사물이 균등하지 않은 것이 사물의 실상이다."(「등문공 상」 4장) 맹자가 말하는 성선性善이란 게 공자의 말을 이어 진술한 것임을 이 말을 통해 알 수 있다. 하지만 후대의 유학자들은 공자의 말을 기질의 성을 논한 것으로 보았고 맹자의 말은 본연의 성을 논한 것으로 보았다. 정말 그들의 말과 같다면 이는 공자는 본연의 성이 있는 것을 몰랐고 맹자는 기질의 성이 있는 것을 몰랐다는 말이 아닌가. 성은 하나인데 이름도 두 개가 되도록 했을 뿐만 아니라 또 공자와 맹자의 일관된 혈맥의 학문을, 거의 경수涇水와 위수渭水를 섞는 것[1]같이, 향초와 냄새나는 풀을 섞어 놓은 것같이, 하나는 맑고 하나는 탁하게 했으니 믿고 따를 수 없다. 그들의 말이 지리멸렬해 원래 의미와 섞을 수 없는 것이 이와 같다. 천하 사람들의 성性은 들쭉날쭉 고르지 않아 강유剛柔가 섞여 있다. 이른바 "본성은 서로 비슷하다"고 한 말은 이것을 뜻한다. 맹자는 사람들의 기품氣稟(부여받은 기질)이 강유는 같지 않아도 선으로 달려가는 것은 똑같다고 하였다. 이는 물에 청탁과 단맛·쓴맛의 다른 점이 있어도 아래로 흐르는 것은 똑같다는 것과 동일한 말이다. 서로 비슷한 본성 가운데 선한 것을 들어 보여 준 것으로, 기질을 떠나 말한 게 아니다. 그렇기 때문에 "인성이 선함은 물이

---

1) 경수(涇水)와 위수(渭水)를 섞는다는 말은 좋은 것과 나쁜 것을 섞을 때 쓰는 비유다. 『시경』 「패풍(邶風)·곡풍(谷風)」에 연원을 두고 있다. "경수가 위수 때문에 탁해 보이지만, 그 물가는 맑고 맑으니."(涇以渭濁, 湜湜其沚) (시에서는, 경수는 탁한 물이고 위수는 맑은 물이지만 경수가 위수와 섞이지 않으면 탁한 모습이 그리 드러나지 않는데 두 물이 합쳐져 청탁淸濁이 뚜렷하게 된 것을 말한 것으로 경수에도 맑은 곳이 있음을 노래하였다. 현재 쓰는 의미는 여기서 변한 것이다. '사건의 경위를 파악한다'고 할 때 경위라는 말도 여기서 왔다.) 향초[薰]와 냄새나는 풀[蕕]도 경위와 같은 비유다.

아래로 흐르는 것과 같다"(『맹자』「고자 상」2장)고 한 것이다. 맹자의 학문에는 본래 미발未發이니 이발已發이니 하는 말이 없다. 지금 송나라 유학자들의 설명을 따라 미발과 이발로 나눠 말하면 성性은 이미 미발에 속해 버려 선악을 말할 게 없다. 물이 땅 속에 있어 상하 어디로 흐르는지 말할 수 없는 것과 같다. 지금 맹자가 "아래로 흐르는 것과 같다"고 한 말을 보면 기질을 가지고 말한 것이 명백하다.

맹자는 또 말했다. "정情이라면 선하다고 할 수 있다. 이게 바로 소위 선이라 하는 것이다."(「고자 상」6장) 이 말의 뜻은 이렇다: 개와 닭은 무지해서 분명 선을 가지고 알려줄 수는 없다. 인간의 정 같은 경우, 도적같이 가장 불인不仁한 인간이라도 칭찬해 주면 기뻐하고 헐뜯으면 분노해서, 선을 선하다 여기고 악을 미워할 줄 알아 함께 선을 실천할 수 있다. 이 점이 바로 내가 말하는 선이지, 천하의 성은 모조리 악이 없다는 말이 아니다. 이런 관점에서 보자면, 맹자가 말한 성선性善은 공자가 말한 "본성은 서로 비슷하다"[性相近]는 뜻과 차이가 없음이 더욱 명확하다.

3. 어떤 사람이 물었다. "맹자의 성선설性善說은 모두 인간의 기질을 가지고 논했다는 점은 그 의미가 명백합니다. 그래도 역시 증거가 있습니까?"

대답했다. "맹자가 이런 말을 한 적이 있다. '개의 본성이 소의 본성과 같으며, 소의 본성이 사람과 같습니까?'[2](「고자 상」3장) 또, '만약 입이 맛에 대해 다른 사람과 그 본성이 다른 게, 개와 말이 우리 동류가 아닌 것처럼 완전히 다르다면, 천하 사람들은 왜 좋은 맛을 역아가 조미한 맛을 기준으로 모두 따르려 하겠는가'(「고자 상」7장)라고도 하였다. 이런 말을 통해 맹자의 성선설은 본래 기질을 가지고 말했지 기질을 떠나 말한 게 아닌 줄 알 수 있다. 그밖에도, '마음을 동요시키고 성질을 인내하게 한다'(「고자 하」 15장)고 하였으며, '형체와 모습은 천성天性이다'(「진심 상」 38장)라고 하였으며, '입이 좋은 맛에, 눈이 좋은 색깔에, 귀가 좋은 소리에, 코가 좋은 냄새에, 사지가 편안함에 있으려는 것이 본성[性]이다'(「진심 하」 24장)라고 하였다. 모두 기질을 가지고 논한 것임이 더욱 명백하다.

맹자의 설說은 반드시 한 곳으로 돌아가 그치지, 두세 가지가 있을 수 없다. 기질의 성을 논하면 본연本然으로 설명해서는 안 된다. 이미 본연의 설명을 수립했다면 다시 기질의 설명과 섞어서는 안 된다. 성인 문하의 인의仁義의 뜻을 온 세상에 영원히 밝히고자 한다면 결코 이와 같이 모호해 결판나지 않는 논의를 벌여 후세의 배우는 사람들을 속여서는 안 된다. 그러므로 말한다. 맹자의 성선설은 모두 인간의 기질을 가지고 논한 것이지 기질을 떠나 말한 게 아니다."

---

2) 도가이가 붙인 주석이 있다. "「고자 상」 3장에서 고자는, '타고난 것[生]을 성(性)이라 한다. 흰 것을 희다고 하는 것과 같은 말이다'라고 하였다. 이 말은 태어나는 모든 것은 똑같이 한 가지 성을 가졌으며 전혀 차별이 없다는 뜻으로 보인다. 맹자는, 인간의 본성은 선을 좋아하므로, 완고하고 어리석으며 무지한 개·소의 본성[性]과 같이 동일한 한 가지 성을 가졌다고 할 수는 없다고 하였다. 그런 까닭에 '개의 본성이 소의 본성과 같으며, 소의 본성이 사람과 같습니까?'라고 말한 것이다. 뒤집어 말해서 사람과 동물이 같지 않은 것을 밝힌 것이다. 이 장은 맹자가 '타고난 것[生]을 성(性)이라 한다'는 말에 대답한 것이고 또 개·소의 본성[性]을 전적으로 기(氣)를 가지고 말한 것이니, 인간의 성선(性善)에 대해서도 역시 기를 가지고 그 선함을 밝힌 것임을 알 수 있다. 이 장은 '성은 리다'[性卽理也]라는 말과 더욱 모순이 된다. 그러므로 『주자어류』(朱子語類)에서 『맹자』의 이 구절을 두고 농담한 말이라 하였고, 또 주자 주석의 경우 이 절은 조사에 변화가 생기는 곳이라 더욱 이해할 수 없다."(告子曰:'生之謂性, 以爲猶白之謂白.' 蓋謂凡有生者, 同是一性, 更無差別也. 孟子以爲人之性好善, 不可謂如犬牛之性, 頑冥無知, 同是一性也. 故曰:'犬之性猶牛之性, 牛之性猶人之性與.' 反言以明其不然也. 蓋此章, 孟答生之謂性, 且犬牛之性者, 專就氣而言, 則人之性善者, 亦就氣而明其善也, 可知矣. 此章與'性卽理也', 尤矛盾矣. 故朱子語類中, 爲戲謔之言, 且如朱注, 則此節助語轉換處, 尤不可解矣.)

4. 송나라 유학자들이 말하는 성선[3]은 필경 선善도 없고 불선不善도 없는 설명에 빠지고 만다. 이천伊川은 "성은 리다"[性卽理也]라고 하면서 맹자가 말한 성선이 이 말에 해당한다고 보았다. 하지만 맹자가 말한 성선은 본래 측은·수오·사양·시비의 마음을 말한 것이다. 그렇기에 "사람이 이 사단을 가진 것은 사지를 가진 것과 같다"(「공손추 상」 6장)라 하였고 또, "인성이 선함은 물이 아래로 흐르는 것과 같다. 사람에게 불선은 있지 않으며, 물은 아래로 흐르지 않는 게 없다"(「고자 상」 2장)고 하였다. 또 "정情이라면 선하다 할 수 있다. 이게 바로 소위 선이라 하는 것이다"(「고자 상」 6장)라고 하였다. 이 말은 분명 모두 인심人心이 활동해서 밖으로 드러난 것을 가지고 한 말이지, 송나라 유학자들의 소위 본연本然 운운이 아니다. 회암(주희)은 『맹자집주』에서, "성性은 사람이 하늘에서 받아 태어나면서 갖는 리理다. 온전히 최고의 선이어서 악이라고는 없다"[4]고 하였다. 바로 "성은 리다"[性卽理也]를 말한 것이다.

볼 수 있는 흔적이 있은 다음에야 선이라 한다. 볼 수 있는 흔적이 있

---

3) 도가이가 붙인 주석이 있다. "「고자 상」 6장에서 공도자는 성(性)을 설명하는 세 가지 주장을 거론해 맹자에게 물으면서, 성선(性善)이며 성불선(性不善)을 운운하였고 맹자의 대답을 듣고는 '지금 선생님께서는 성은 선하다고 말씀하시는데 그렇다면 저들은 모두 틀린 겁니까?'라고 하였다. 그 뒤 맹자의 자세한 답이 이어진다. 이를 보면 맹자가 말하는 성선은 전적으로 기질을 가지고 말한 것이며 선을 말한 것도 악과 상대되는 선이지, 선악이 있지 않은 (절대) 선이 아님을 알 수 있다. 송나라 유학자들이 말하는 성선이란 성을 리(理)로 인식하는 것이지 악과 상대되는 선이 아니다. 연평 이통의 말에서 알 수 있다. 만약 맹자의 설이 이런 뜻이라면 공도자는 절대 이렇게 질문하지 않았을 것이고 맹자 또한 이와 같이 대답하지 않았을 것이다."(公都子擧說性三說, 以問孟子曰:'有性善, 有性不善, 云云.' 而曰:'今日性善, 彼皆非歟?' 孟子對之云云. 可見孟子之所謂性善者, 專就氣質言之, 而其曰善者, 乃對惡之善, 而非未有善惡之善也. 宋儒所謂性善者, 認性爲理, 而非對惡之善也. 李延平之說可見矣. 若使孟子說如其意, 則公都子必不如此問, 孟子亦不如此答也.)

4) 『맹자』 「등문공 상」 1장, "맹자께서는 본성은 선하다고 말씀하시고 말씀하실 때마다 반드시 요순을 언급하셨다"(孟子道性善, 言必稱堯舜)라고 한 구절에 주자가 붙인 주석의 일부다.

지 않다면 무엇을 가리켜서 선이라 하겠는가. 이미 볼 수 있는 악이 있지 않다면 또 볼 수 있는 선도 없다. 그런 까닭에 "온전히 최고의 선이다"라고 말해도 실은 헛된 이름에 지나지 않을 뿐이다. 주희의 스승 연평은, "동動/정靜, 진眞/위僞, 선善/악惡은 모두 상대되는 것을 말한다. 이것은 세상에서 말하는 동/정, 진/위, 선/악이지, 성性에 대해 말하는 동/정, 진/위, 선/악이 아니다. 악이 있기 이전에 먼저 선을 구해야만 성性의 선함을 구할 수 있다"[5]라고 하였는데, 이 말은 가장 의심스럽다. 어떻게 세상에서 말하는 동/정, 진/위, 선/악 외에 별도로 동/정, 진/위, 선/악이라는 게 있단 말인가. 과연 있다고 한다면 이는 반드시 헛된 견해 아니면 망령된 견해일 뿐이요, 성의 선함은 선악이 아직 시작되기 이전에 있는 것이라 한다면 이는 내 부모님이 태어나기 이전에 내 몸을 구하는 것과 같은 말이다. 결코 유학자의 논리가 아니다.

무릇 선이라는 것은 반드시 악과 상대해 말한다. 하지만 선이 있으면 악이 있고 악이 있으면 선이 있는 것이 항상 있는 상태인데 여기서 밀고 나가 극단에 이르면 반드시 선으로 귀결돼 그치는 것은 어째서인가. 인간의 성性에 강유剛柔와 선악善惡이 똑같지 않다는 것은 사람이라면 누구나 알 수 있지, 현자賢者가 있고 나서야 아는 게 아니다. 예컨대 한나라

---

5) 주자의 『연평문답』(延平問答)에 보이는 말이다. "이선생님께서 말씀하셨다. '동(動)/정(靜), 진(眞)/위(僞), 선(善)/악(惡)은 모두 상대되는 것을 말한다. 이것들은 세상에서 말하는 동/정, 진/위, 선/악이지, 성(性)에 대해 말하는 동/정, 진/위, 선/악이 아니다. 동(動)이 있기 이전에 먼저 정(靜)을 구해야만 성(性)의 정(靜)함을 볼 수 있다. 위(僞)가 있기 이전에 진(眞)을 구해야만 성(性)의 진(眞)함을 볼 수 있다. 악이 있기 이전에 먼저 선을 구해야만 성(性)의 선함을 구할 수 있다.'"(李先生曰:動靜眞僞善惡, 皆對而言之, 是世之所謂動靜眞僞善惡, 非性之所謂動靜眞僞善惡也. 惟求靜於未始有動之先, 而性之靜可見矣. 求眞於未始有僞之先, 而性之眞可見矣. 求善於未始有惡之先, 而性之善可見矣.)

의 양웅揚雄이 말한 선악이 섞여 있다는 말[6]이나 당나라의 한유가 성에는 세 등급이 있다고 말한 것[7]이 현자의 견해다. 하지만 이는 연구해서 논의할 견해가 아니다. 가장 불선不善한 도적이라도 어린아이가 우물에 빠지려는 것을 갑자기 보게 되면 반드시 슬프고 두렵고 측은해하는 마음이 생긴다. 사람이 좋아하고 바라는 것이 있으면, '야, 너 먹어' 하고 주는 음식을 받을 수도 있고, 이웃집 처녀를 납치해 살 수도 있을 것이다. 하지만 반드시 수오지심羞惡之心이 생겨 거리를 두게 되어 탐욕스런 마음을 감히 멋대로 부리지는 않는다. 성이 선하지 않다면 어떻게 이럴 수 있겠는가. 이것이 맹자가 선성善性을 논한 근본이다. 대성현大聖賢이 나와 그 헷갈리는 길을 가리키며 분란을 풀어주지 않았다면 누가 정할 수 있었겠는가. 그러므로 "성은 리다"라고 말한 것은 필경 선善도 없고 불선不善도 없다는 설명에 빠지고 말았다. 오류가 생긴 지점은, 본체[體]와 현상[用]을 억지로 나누는 통에 공자와 맹자의 가르침은 모두 인심人心이 밖에 드러난 것으로 말했으며 본래 미발·이발을 구별하지 않았다는 사실을 몰랐다는 데 있다. 상세한 설명은 나의 책 『중용발휘』中庸發揮에 보인다.

---

6) 양웅의 『법언』(法言) 「수신」(修身)편에 보이는 말이다. "인간의 성에는 선악이 섞여 있다. 선을 수양하면 선인이 되고 악을 수양하면 악인이 된다."(人之性, 善惡混. 修其善則爲善人, 修其惡則爲惡人.)

7) 한유의 말은 「원성」(原性)에 보인다. 해당 부분은 다음과 같다. "성(性)에는 등급이 세 가지가 있으며 성이 되게 하는 것이 다섯이다. 정(情)에는 등급이 세 가지가 있으며 정이 되게 하는 것이 일곱이다. 어떠한 것들인가. 말해 본다. 성에는 등급이 상중하 세 가지가 있다. 상급은 선만 있는 것이다. 중급은 이끌어 상급이 될 수도, 하급이 될 수도 있다. 하급은 악만 있는 것이다."(性之品有三, 而其所以爲性者五. 情之品有三, 而其所以爲情者七. 何也. 曰: 性之品有上中下三. 上者善而已. 中者可導而上下. 下者惡而已.)

5. 『예기』「악기」樂記에, "사람은 태어나 고요한 상태를 유지할 때는 하늘이 부여한 본성 그대로다. 외물과 접촉해 느낌을 갖게 되면서 움직이는 상태가 되어 본성의 욕구가 발휘된다"고 하였다. 회암은 이 말을 가져와 「시전 서문」[詩傳序]의 시작 부분에 쓰면서 성인의 이치에 진정 부합한다고 했는데, 이 말은 본래 노자 관련 서적에서 나온 것으로 성인의 도와는 하늘과 땅 차이가 나며 남과 북 같이 전혀 다른 것임을 모르는 것이다.

생각해 본다. 이 말은 본래 『문자』文子라는 책[8]에서 나왔다. 문자는 노자의 제자로 "허무·허虛를 따르는 순응"[9]을 도로 여긴다. 다만 문자는 "본성의 욕구가 발휘되는 것"[性之欲也]은 성性을 해친다고 한 것이다. 「악기」가 문자의 말을 표절한 것으로 보인다. 또 이 말은 『회남자』에도 보인다.[10] 유안 역시 도가학파의 학설을 오로지 최고라 여겼는데 바로 문자

---

8) 명나라 양신(楊愼)의 『단연총록』(丹鉛總錄) 권18에 다음과 같은 기록이 보인다. "문자가 노자를 인용해 말했다. '사람은 태어나 고요한 상태를 유지할 때는 하늘이 부여한 본성 그대로다. 외물과 접촉해 느낌을 가지면서 움직이는 상태가 되면서 본성의 욕구가 발휘된다.' 한나라 유학자들이 이 말을 가져와 『예기』에 넣어 마침내 유가의 경(經)이 되었다. 그 말이 노자에게서 나온 줄 알았다면 송나라 유학자들은 반드시 때를 닦아 내고 흔적을 색출한다고 별별 비평을 다 했을 것이다. 다만 경에서 나온 줄 알았으니 감싸고 보호하면서 번갈아 찬양해 댔다. 이 또한 지식이 천박한 것이다."(文子引老子曰: 人生而靜, 天之性也. 感於物而動, 性之欲也. 漢儒取入禮記, 遂爲經矣. 若知其出于老子, 宋儒必洗垢索瘢, 曲爲譏評. 但知其出于經, 則護待交贊, 此亦矮人之觀場也.)
'문자'는 성이 신(辛), 이름이 연(硏), 문자(文子)는 자(字)이며 계연(計然)이 호다. 『한서』(漢書) 「예문지(藝文志)·도가류(道家類)」에 『문자』 9권이 보인다.

9) 원문은 '虛無因應'. 전거가 있는 말이다. 사마천(司馬遷)의 『사기』(史記) 「노장신한열전」(老莊申韓列傳) '찬'(贊)에 보인다. "태사공은 말한다. '노자가 귀하게 여기는 도는 허무·인응(因應)으로 무위 속에서 자연에 맞게 변화하는 것이다. 그러므로 저서의 언사(言辭)가 미묘해서 알기 어렵다고 칭한다.'(老子所貴道, 虛無因應, 變化於無爲. 故著書辭, 稱微妙難識.)" 허무·인응에 대한 주석가의 해석은, 허(虛)를 노자 도(道)의 본체[體]로, 인(因)을 도의 용(用)으로 보아, 인응은 허라는 도를 따라 순응하는 것이라는 정도로 푼다.

10) 유안(劉安)의 『회남자』(淮南子) 「원도훈」(原道訓)에 인응과 관련된 유사한 말이 보일 뿐이다. "이런 까닭에 성인은 맑은 도[淸道]를 지키며 연약한 도[雌節]를 품고 자연의 질서를 따르고 변

文子의 뜻과 같다. 그리고 선유들이 쓰는 "복성"復性(최초의 본성을 회복한다)이라든가 "복초"復初(최초의 상태를 회복한다)라는 등의 말도 모두 『장자』에서 나온 것이다. 노자의 뜻은, 만물은 모두 무無에서 생겨난다, 그런 까닭에 인간의 성性은 최초에는 참[眞]이고 고요하지만 형체가 생기고 나면 욕망[欲]이 움직이고 정情이 승해 여러 가지 악이 번갈아 공격한다는 말이다. 그러므로 그 도道는 전적으로 욕망을 없애고 최초의 본성을 회복하는 것[復性]을 주안점으로 삼는다. 이것이 "복성"이라든가 "복초" 등의 말이 기원하는 지점이다.

유학자의 학문은 그렇지 않다. 사람이 사단을 가진 것은 우리 몸에 사지가 있는 것과 같아서 잘 기르면 불이 타오르고 샘물이 바다에 닿는 것과 마찬가지로 스스로 멈출 수 없어 인의예지仁義禮智의 덕을 완성해 온 세상을 보전할 수 있다. 그런 까닭에, "잘 기르면 어떤 생물도 자라지 않는 게 없으며, 잘 기르지 못하면 어떤 생물도 죽지 않는 게 없다"(『맹자』「고자 상」8장)고 한 것이다. 애초부터 욕망을 없애고 최초의 본성을 회복한다는 주장이 없다. 노장의 학문과 유자의 학문은 본래 삶/죽음, 물/불과 같은 구별이 있는데 그 근원이 실로 여기서 갈라진다. 이천伊川은 그의 「호학론」好學論에서 성을 설명하며 역시 「악기」의 논리를 중심으로 한다. 배우는 사람은 분별 못 하는 것을 용납하지 않는다.

화에 응하면서 항상 뒤에 있지 앞서지 않으며 유약한 자세로 고요해지고 편안한 태도로 안정을 유지한다."(是故聖人守清道而抱雌節, 因循應變, 常後而不先, 柔弱以靜, 舒安以定.)

사단지심(四端之心)

1. 사단四端의 단端이라는 말에 대해 옛 주석은 "단端은 근본[本]이다"라고 하였다. 인의예지仁義禮智의 단본端本(근본)이라는 말이 여기서 비롯됐다. 자서字書를 살펴보면, 또 시작[始]이라 하고, 실마리[緖]라고도 하는데 전체적으로 모두 한 가지 뜻이 된다. 그런데 고정考亭(주희)은 단지 단서端緖라는 뜻을 써서, "사물이 안에 있어 단서가 밖으로 드러난 것이다"[1]라고 하였다. 하지만 글자를 풀이한 예를 보면 몇 가지 뜻이 있어도 모두 한 가지 뜻으로 귀착한다. 생각해 보건대, 서緖 자字도 '本始'(근본, 애초에) 자字와 뜻이 같다. 누에고치의 실마리를 잘 켜서 끊어지지 않게 하면 무늬 있는 비단도 되고 흰 비단도 되어 한 필의 긴 비단[2]을 만드는데 여기서

---

1) 주자의 이 말은『맹자집주』「공손추 상」6장 소위 사단장(四端章)의, "惻隱之心, 仁之端也, 羞惡之心, 義之端也, 辭讓之心, 禮之端, 是非之心, 智之端也"라는 구절에 붙인 주자의 주다.

2) 한 필의 긴 비단이라는 말의 원문은 단량장필(端兩丈疋). 모두 길이와 수량을 나타내는 단위이다. 1장(丈)은 10척(尺). 한나라의 정현(鄭玄)은 1단(端)을 2장(丈)이라고 했다. 옛날에는 2단을 양쪽에서 말아 한 묶음으로 했는데 이것을 1량(兩)이라 했다. 5량이면 10단이다. 필(疋)은 비단의 경우 40자[尺] 정도로 본다.

부터 뜻이 확장된 것이다. 고정의 말과 같다면 근본[本始]이라는 뜻과 상반되며 글자를 제대로 풀이한 예가 아니다. 맹자의 뜻은, 사람이 사단을 가진 것은 사람 몸에 사지가 있는 것과 같아서 사람들에게 구비되었으므로 자기 밖에서 구할 필요 없이 사단을 확충할 줄 알면 불이 타오르고 샘물이 바다에 이르는 것처럼 마침내 인의예지의 덕을 완성한다는 말이다. 그러므로 사단의 마음을 인의예지의 근본[端本]으로 본 것이다. 이것이 맹자의 근본 취지이고 한나라 유학자들이 서로 전해준 것이다. 또 말한다. 『중용』에, "군자의 도는 부부에서 근본을 이룬다[造端]"(12장)고 하였고, 『춘추좌씨전』春秋左氏傳에, "처음에는 가장 중요한 것을 밟고"[履端於始][3]라고 하였다. 그리고 흔단[4]·화단禍端·개단開端·발단發端 등의 말도 옛사람들은 모두 '本始'라는 뜻에 의지해 사용했다. 여기서 옛 주석을 따르지 않을 수 없음을 더욱 알게 된다.

2. 주희의 『맹자집주』에, "사단이 나에게 있기에 가는 곳마다 발현해, 모두 사단에 나아가 확충하고 그 본연의 양量에 가득 채울 줄 안다면 날마다 새롭게 되고 또 새로워져 스스로 그만둘 수 없는 것을 갖게 된다"[5]라

---

3) 『좌전』 '문공(文公) 원년(元年)'에 보이는 말이다. "여기서 3월을 윤달로 정하는 것은 예(禮)가 아닙니다. 선왕(先王)이 때를 올바로 정할 때는 처음에는 가장 중요한 것을 밟고 중간에 올바른 것을 들고서 끝에 나머지를 돌렸습니다."(於是, 閏三月, 非禮也. 先王之正時也, 履端于始, 擧正於中, 歸餘于終.)

4) '흔단'(釁端)은 보통 '싸움의 발단' 정도로 푼다. '개단'(開端)은 '실마리를 열다', '시작'이라는 말이다.

5) 「공손추 상」 6장 '사단장'의, "凡有四端於我者, 知皆擴而充之矣, 若火之始然, 泉之始達, 苟能充之, 足以保四海, 苟不充之, 不足以事父母"라는 구절에 붙인 주자의 주다.
이 말에 붙인 도가이의 주석이 있다. "맹자는 인의예지를 천하에 보편적으로 적용되는 도라고 여겼다. 그런 까닭에 소위 확충은, 사단의 마음을 밀고 나가 미묘한 것에서 명확히 드러나는 것

고 하였다. 여기서 소위 "발현"이라 한 것은 측은해야 할 일을 보면 측은해하고, 부끄러워하고 미워해야 할 일을 보면 부끄러워하고 미워하며, 사양해야 할 일을 보면 사양하고, 시비를 가릴 일을 보면 시비를 가린다는 말이다. 이와 같다면 측은·수오·사양·시비해야 할 일을 보지 않으면 측은·수오·사양·시비의 마음이 촉발돼 나오지 않을 것이 명백하다. 하지만 측은해야 할 일이 하루 동안 기미가 없고 툭하면 수십 일이 지나도록 또 없기도 하고 수오·사양·시비의 마음 또한 마찬가지다. 이와 같다면 공부하는 날은 항상 적고[6] 아무것도 하지 않은 날은 항상 많아 확충

에까지, 작은 것에서 큰 것에까지 도달한다고 말했다. 불이 막 타오르는 것 같고 샘물이 막 바다에 닿는 것과 같다는 말은 정확히 이를 비유한 것이다. 주자는 인의예지를 성(性)으로 보았다. 그렇다면 성의 본체가 전부 나에게 갖춰져 성인과 보통 사람을 구분 없이 확실히 사단을 확충하고 크게 할 필요가 없다. 그런 이유로 확충을 해석해 인욕(人欲)을 없애는 일이라고 했다. 날마다 새로워지고 또 새로워지는 것은 바로 '불이 타오르고 샘물이 바다에 이른다'는 두 구절에 붙여 해석했다. 비유하자면 거울에 때와 먼지가 다 묻었는데 우연히 깨끗한 곳 한 부분을 발견하고 여기서부터 환하게 닦아나가 밝은 모습을 완전히 회복하는 것과 같다. 필경 '확충'이라 말했지만 실은 '복초'(復初; 최초의 상태를 회복한다)의 설일 뿐이다. 그러므로 주자 『대학장구』의 '명덕(明德)을 밝힌다'는 설명은 맹자의 뜻과는 하나는 앞으로 가고 하나는 뒤로 가는 모순이 생기고 말았다. 내가 얼마 전 「동자문(童子問) 서문」에, '맹자의 확충 공부가 마침내 변해 "인간의 욕구를 없애는 일"이 되고 말았다'고 했는데, 이 일을 서술한 것이다."(孟子以仁義禮智爲天下之達道, 故其所謂擴充者, 謂推四端之心, 而自微至著, 自小至大也, 如火始然, 如泉始達, 正喩此也. 朱子以仁義禮智爲性, 則性之本體, 全具於己, 不分聖凡, 固不待充大之也. 故其擴充者, 解爲掃除人欲之事, 日新又新, 正貼釋火然泉達二句, 譬如一面鏡子, 全被塵垢, 偶見一點明處, 從此磨瑩, 以盡復其明. 畢竟雖曰擴充, 而實爲復初之說. 乃大學章句明明德之說, 而與孟子之意, 有進反之異矣. 予頃序童子問云:"擴充之方, 遂轉爲滅欲之事." 卽述之耳.)

6) 이 말에 붙인 도가이의 주석이 있다. "주자의 말과 같다면 공부하는 날이 항상 적은 것은 어째서인가. 맹자가 말하는 확충이란, 사단지심을 사람들이 반드시 가졌으므로 어린아이가 우물에 빠지는 것을 보면 두렵고 슬프고 측은해하는 마음이 생기는 것임을 여기서 알 수 있다. 하지만 다른 일에도 꼭 그런 것만은 아니어서 사람을 해치고 남을 업신여기는 일을 간혹 하기도 한다. 하지만 확충하는 일을 알면 항상 이를 마음에 두어 사람을 해치고 남을 업신여기는 일도 하지 않는다. 그러면 일생 동안 공부하지 않는 날이 없게 된다. 주자의 말 같은 경우 소위 확충이란 것은, 한 방울 이슬처럼 깨끗하고 잡념 없는 정신을 따라 이를 미루어 나가 그 전체를 밝히는 것이다. 이 마음이 '아직 밖으로 드러나지 않으면'[未發] 자신이 가진 본연의 양(量)을 채우려 해

공부를 하려 한들 어디서 시작하겠는가. 게다가 또 측은 일단一端을 확충하려 해도 오히려 힘이 부족할까 걱정스러운데 하물며 사단 하나하나를 쫓아가 확충하려면 좌고우면左顧右眄 하면서 대응하고 상대하느라 그 번거로움을 감당할 수 없는 근심이 생기게 된다. 맹자의 뜻은 전혀 이처럼 비현실적이지 않다.

무릇 사단이 내게 있는 것은 손발이 내 몸에 있는 것과 같아 내가 말하지 않아도 손발은 알아듣고 생각하지 않아도 자기 할 일을 수행하는데 어찌 발현을 기다린단 말인가. 또한 어떻게 하나하나 쫓아다니면서 의도하고 잘 살펴 안다는 말인가. 맹자의 뜻을 이해 못하는 정도가 아주 심하다. 상산 육구연이 말했다. "근래 학문을 논하는 사람들이, 확충한

도 어디부터든 손을 쓸 수가 없다. 거울 전면에 때가 묻어 제 빛을 내지 못하면 때를 벗겨 빛나게 하는 일을 어디서부터 해야 할지 모르는 것과 같다. 그러므로 반드시 마음이 밖으로 드러나길 기다리고 나서야 확충할 수 있다. 하지만 양심이 발휘되는 것도 늘 볼 수 없고, 두렵고 슬프고 측은해하는 마음조차 어린아이가 우물에 빠지려는 것을 본 기회를 따라 발휘되므로 어린아이가 우물에 빠지려는 것을 보지 못하면 이 마음의 밝은 모습도 발휘될 수 없다. 그러나 이런 일 등은 일생 동안 볼 기회가 없고, 오랜 시간 만나지 못한다면 이런 일을 만나려고 분주히 다니며 구해야 할까. 그렇다면 반드시 이런 마음이 발현되기를 기다렸다가 확충하는 일은 공부하는 날이 늘 적지 않을까. 맹자는, '사람이 남을 해치지 않으려는 마음을 채워 나가면 인(仁)을 다 쓰고도 남을 것이다'(「진심 하」 31장)라고 하였다. 남을 해치지 않으려는 마음 역시 사람이 반드시 갖고 있는 것이다. 하지만 인심(人心)이 갖고 있는 것은 '이미 밖으로 발현된 것'[已發]을 통해 아는 게 아니다. 맹자가 말하는 확충이란 미발·이발을 불문하고 본심(本心)을 미루어 나가 부닥치는 일마다 적용하는 것이다."(若如朱說, 則用功之日常少者, 何也. 孟子所謂擴充者, 蓋四端之心, 人之所必有, 見孺子之入井, 有怵惕惻隱之心, 此可見矣. 然至於他事, 亦不必然, 而害人陵物, 間或爲之, 而知擴充之事, 則常常存之于心, 害人陵物之事, 亦不爲之. 然則一生之間, 無不用工之日矣. 如朱說, 則所謂擴充者, 因一點靈明之露, 推而明其全體, 若是心未發, 則雖欲充其本然之量, 而無由著手, 猶之一面鏡, 全被塵垢, 不露此光明, 則磨瑩之功, 無所於施. 故必待發見, 而可擴矣. 然良心之發, 亦不常見, 怵惕惻隱之心, 緣見孺子之入井而發. 若不見孺子之入井, 則是心之明, 亦不得發. 然此等事, 一生無幾, 曠時日而不相値, 將欲値等事, 而奔走以求之乎. 然則必待發見而擴充之者, 非用功之日常少乎. 又嘗曰:"充無欲害人之心, 而仁不可勝用也." 夫無欲害人之心, 亦是人之所必有. 然人心之所具, 而非就已發而見之也. 亦可證矣. 蓋孟子所謂擴充者, 不問已未發, 推本心而及之于事事焉耳.)

다는 것은 모름지기 사단에서 하나를 좇아 채우는 것이라고 한다. 어떻게 이런 이치가 있겠는가. 맹자는 단지 인간이 사단을 가지고 있다고 말해 인성人性의 선함을 자포자기해서는 안 된다는 점을 명확히 한 것이다. 만약 인간에게 이런 마음이 있다면 그 이치는 자명하다. 측은한 일을 당해서는 자연 측은해하고, 부끄러워하고 미워해야 할 일을 당해서는 자연 부끄러워하고 미워하며, 사양하고 공손해야 할 일을 당해서는 자연 사양하고 공손하며, 시비를 앞에 두고서는 자연 분별할 수 있는 것이다." 이 말 역시 아주 지나칠 만큼 통쾌하지만 맹자의 뜻을 터득하지 못했다는 점에서는 똑같다. 맹자는 말했다. "사람에겐 누구나 '남을 차마 해치지 못하는 마음'이 있는데 이를 '해치려 하는 것'에까지 이르게 하는 것이 인仁이다. 사람에겐 누구나 '하지 않는 것'이 있는데 이를 '하려는 것'에까지 이르게 하는 것이 의義이다."(「진심 하」 31장) 소위 "남을 차마 해치지 못하는 마음"과 "하지 않는 것"이 측은·수오의 마음이다. "이르게 한다"[達]고 말한 것은 확충을 말한다. 측은·수오의 마음이 이르지 않는 곳이 없고 통하지 않는 곳이 없도록 한다는 말이다. 맹자의 뜻이 얼마나 명백하고 적당하며 그 공부 역시 매우 친절하고 쉽고 간결하지 않은가. 주희와 육구연 두 선생 모두 맹자를 존경하고 믿지만 회암(주희)은 오로지 지경持敬을 위주로 하고, 상산(육구연)은 큰 것에 먼저 서는 것을 요체로 한다. 그러나 확충공부에는 모두 그 힘을 실제로 쓴 적이 없으니 착오와 실수가 이와 같이 심한 것도 당연하다.

정(情)

1. 정情[1]이란 성性의 욕구[欲]다. 움직이는 것이 있음을 두고 말한다. 그런 까닭에 성정性情이라 함께 말한다. 『예기』「악기」樂記에, "외물과 접촉해 느낌을 가지면서 움직이는 것은 본성의 욕구다"라고 한 말이 이것이다. 선유先儒는 "정은 성이 움직인 것"이라 하였는데[2] 미비한 설명이다. 욕欲자의 의미 파악을 분명히 해야 한다. 사람들이 항상 말하는 "인정"人情이며, "정욕"情欲이며, 혹은 "천하 사람들의 동정同情"이란 말 모두 이 욕欲의 뜻이다. 눈이 색에, 귀가 소리에, 입이 맛에, 사지가 편안함에 반응하는 것은 성이다. 눈이 아름다운 색을 보려 하고, 귀가 좋은 소리를 들으려

1) 이 말에 붙인 도가이의 주석이 있다. "횡거 장재가 '심(心)은 성정(性情)을 통괄한다'고 하였다. 주자는 이 말에 전적으로 근거를 두었다. 그 뜻은, 심은 체(體)·용(用)을 겸하며 미발(未發)·이발(已發)을 포함한 것으로, 심의 미발이 성이고 체이고 인의예지며, 이발이 정이고 용이고 측은·수오·사양·시비라는 것이다. 주자의 설은 틀렸다. 성은 태어날 때 부여받은 자질을 가지고 말한 것이며 정은 좋아하고 싫어하는 실제의 측면에서 말한 것이다. 체용의 구별이 아니다."(橫渠云:"心統性情." 朱子專據其說, 其意以爲心兼體用, 該未發已發, 其未發爲性, 體也, 仁義禮智也. 其已發爲情, 用也, 惻隱羞惡辭讓是非也. 其說非也. 性以稟受之質而言, 情自好惡之實而言, 非體用之別也.)

하고, 입이 맛있는 음식을 먹으려 하고, 사지가 편안해지려고 하는 것은 정이다. 부자지간이 친한 것은 성이다. 아버지는 자기 자식이 선하기를 바라고 아들은 자기 아버지가 오래 살기를 바라는 것은 정이다. 또 "선을 좋아하고 악을 미워하는 것은 천하 사람들의 똑같은 심정이다[天下之同情]"[3]라고 말하였다. 대체로 이러한 종류를 미루어나가[推類=類推] 보면 정이란 말의 뜻이 저절로 분명해질 것이다.

맹자는 말했다. "사물이 균등하지 않은 것이 사물의 실상이다[物之情也]."(「등문공 상」4장) 이는 어떤 것은 크고 어떤 것은 작으며, 어떤 것은 완만하고 어떤 것은 급해서 만물은 각자 좋아하는 상태가 있음을 말한 것이다. 그렇기 때문에 실상[情]이라 하였다. 『주역』「계사繫辭 하」에서 말한 "만물의 실상"[萬物之情] 또한 이 뜻이다. 맹자는 또, "사람들이 누군가의 금수 같은 행동을 보고 좋은 재질이 있은 적이 없다고 말하는데 이것이 어떻게 사람의 실제 모습[人之情]이겠는가"(「고자 상」8장)라고 하였다. 이는 사람이 영예를 받는 것은 천하 사람들이 똑같이 좋아하며 모욕을

---

2) 『시경』「모시대서」(毛詩大序)에 부친 주자의 주에 보이는 글이다. "그러므로 각 나라의 백성의 노래[風]가 변한 변풍(變風)은 정에서 나와 예의에서 그친다. 정에서 나온 것은 백성의 본성[性]을 말하며, 예의에서 그친 것은 훌륭한 선왕의 은택을 입어서다"(故變風發乎情, 止乎禮義. 發乎情, 民之性也; 止乎禮義, 先王之澤也)라는 대서의 글에 주자는 다음과 같이 주석을 했다. "정은 성이 움직인 것이며 예의는 성의 덕이다. 움직이면서도 그 덕스러움을 잃지 않았으니 선왕의 은택이 사람들에게 깊이 스며들었기 때문이며 이런 경지에 이르렀기에 아직도 잊지 못하는 사람이 있는 것이다. 하지만 이 말 역시 대체로 이와 같은 사람이 있다는 것이지 방탕하고 안일해 예의에 그치지 않은 사람들도 진정 매우 많다."(朱注:情者性之動, 而禮義者性之德也. 動而不失其德, 則以先王之澤入人者深, 至是而猶有不忘者也. 然此言亦其大槩有如此者, 其放逸而不止乎禮義者固已多矣.)

3) 인용한 말은 『논어집주』「이인」3장, "선생님께서 말씀하셨다. '어진 사람만이 사람을 좋아할 수 있고 사람을 미워할 수 있다'"(子曰: "唯仁者, 能好人, 能惡人.")에 부친 유작(游酢)의 주에 보이는 글이다.

받는 것은 천하 사람들이 똑같이 싫어한다는 말이다. 사람들이 자기를 가리켜 금수라 하는 것은 사람들이 바라는 게 아니다. 이런 까닭에, "어떻게 사람의 실제 모습이겠는가"라고 한 것이다. 또 소위 "정情이라면 선하다고 할 수 있다. 이게 바로 선하다고 하는 말이다"(「고자 상」6장)라는 것도 이 뜻이다.

2. 회암은 사단을 정情으로 보았는데 이에 대해서는 더 언급할 게 없다. 맹자는 명백히 사단지심四端之心이라 했지, 사단지정四端之情이라 한 적이 없다. 사단은 심이지 정이 아님을 알 수 있다. 또 회암은 『대학』에 주석을 하면서 분치忿懥 · 공구恐懼 · 호요好樂 · 우환憂患을 가리켜 정이라 하였다.[4] 하지만 『대학』 또한 정심正心이라 했지 정정正情이라 하지 않았다. 분치 등 네 가지는 심이지 정이 아님을 알겠다. 회암은 "심통성정"心統性情이라 하면서 성을 심의 본체[體]로 보았고, 정을 심의 활용[用]으로 보았다. 그런 까닭에 이런 설명이 있는 것이지만 심은 심이고 정은 정이어서 각자 공부하는 곳이 있음을 전혀 모르는 것이다. 정은 단지 성이 움직인 것이며 욕(욕구)에 속하는 것으로 사려에 관련되면 심이라 한다. 만약 사단과 분

---

4) 『대학장구』 7장, "이른바 '몸을 닦음은 그 마음을 바르게 함에 있다'는 것은 마음에 분하고 노여워하는 바가 있으면 그 바름을 얻지 못하며, 두려워하는 바가 있으면 그 바름을 얻지 못하며, 좋아하는 바가 있으면 그 바름을 얻지 못하며, 근심하는 바가 있으면 그 바름을 얻지 못하기 때문이다"(所謂修身, 在正其心者, 身有所忿懥, 則不得其正, 有所恐懼, 則不得其正, 有所好樂, 則不得其正, 有所憂患, 則不得其正)라는 구절에 주자는 다음과 같이 주석을 하였다. "분치(忿懥)는 노하는 것이다. 이 네 가지는 모두 마음의 용(用)으로 사람에게 없을 수 없는 것이다. 하지만 이것을 두고 살피지 않으면 욕구가 동하고 정이 압도해 그 용이 행하는 것이 혹 올바름을 잃지 않을 수 없다."(忿懥, 怒也. 蓋是四者, 皆心之用而人所不能無者. 然一有之而不能察, 則欲動情勝, 而其用之所行, 或不能不失其正矣.)

치 등 네 가지가 모두 심이 사려하는 것이라면 이것을 정이라 해서는 안 된다. 하지만 측은·수오·사양·시비지심이 뚜렷이 형체를 가진 것이니 심心이 아니고 무엇이겠는가. 이것을 심이라 하지 않고 정이라 한다면 무엇을 가리켜 심이라 하겠는가. 마침내는 심이라는 글자를 죄다 폐기해 버리고 정이라는 글자 하나만 써도 될 것이다. 그런데 옛사람들은 희노애락애오욕喜怒哀樂愛惡欲을 칠정七情이라 하였다.[5] 이는 정의 종류에 이 일곱 가지가 있다는 말이지 희노애락애오욕을 두고 바로 정이라 하면 안 된다. 무릇 사려하는 것 없이 움직이는 것을 정이라 한다. 조금이라도 사려와 관련되면 심이라 한다. 희노애락애오욕 일곱 가지의 경우, 만약 사려하는 것 없이 움직인다면 확실히 정이라 할 수 있다. 조금이라도 사려와 관련되면 정이라 해서는 안 된다. 경계가 아주 분명하다. 배우는 사람은 이 뜻으로 이해해야 한다.

3. 심心·성性·정情·재才·지志·의意 등의 글자는, 공부한다는 말을 꼭 써야 하는 경우가 있는가 하면, 공부한다는 말을 꼭 쓰지 않아도 되는 경우가 있다. 심心의 경우 존심存心이라 하고 진심盡心이라 하며, 성性의 경우 양성養性이라 하고 인성忍性이라 하며, 지志의 경우 지지持志라 하며 상지尙志라 하는데, 모두 공부한다는 말을 썼다. 정情이나 재才라는 글자의 경우 공부한다는 말을 꼭 쓰지 않아도 된다. 어째서인가. 본성을 잘 기르면[養性] 정情은 저절로 올바르게 되고 마음을 잘 보존하면[存心] 재질[才]은 저

---

5) 『예기』「예운」(禮運)에 보이는 말이다. "무엇을 인간의 정이라 하는가. 희노애락애오욕 일곱 가지는 사람이 배우지 않아도 잘할 수 있다."(何謂人情. 喜怒哀樂愛惡欲七者, 弗學而能.)

절로 자라나기 때문이다. 선유가 약정約情이라 말한 것[6]은 이런 의미를 이해하지 못해서였을 뿐이다. 배우는 사람은 이를 잘 살펴야 한다.

---

6) 이천이 한 말을 두고 거론한 것이다. 『근사록』 권2에 보인다. 해당 부분은 다음과 같다. "'배움의 길은 어떤 것입니까?' '천지가 정기(精氣)를 쌓은 곳에서 오행의 빼어난 것을 얻어 사람이 되었다. 그 근본은 참되고 고요해 사물과 접촉해 밖으로 드러나기 전에는 오성(五性)이 갖춰져 있는데 이를 인의예지신이라 한다. 형체가 생기고 난 후에 자신 밖의 사물이 형체에 접촉하면 마음을 움직이게 한다. 그 마음이 움직이면 칠정이 나오는데 이를 희노애락애오욕이라 한다. 정(情)이 타오르고 나면 더욱 치열해져서 성(性)이 해치기까지 한다. 그러므로 깨달은 사람은 자신의 정을 단속해[約情] 중용의 도에 부합하게 하고 자기 마음을 바르게 하고 본성[性]을 잘 기른다. 어리석은 사람은 자신의 정을 통제할 줄 몰라 정을 마음대로 풀어놓고 사악하고 편협한 것에 이르게 되어 본성을 질식시켜 없애버린다.'"("學之道如何." 曰:"天地儲精, 得五行之秀者爲人. 其本也, 眞而靜, 其未發也, 五性具焉, 曰:仁義禮智信. 形旣生矣, 外物觸其形而動其中矣. 其中動而七情出焉, 曰:喜怒哀樂愛惡欲. 情旣熾而益蕩, 其性鑿矣. 是故覺者約其情精使合於中, 正其心, 養其性. 愚者則不知制之, 縱其情而至於邪僻, 梏其性而亡之.") "정(情)이 타오르고 나면"에서부터 그 다음 구절은 앞서 언급했던 「호학론」(好學論)에도 보인다.

재(才)

1. 재才라는 것은 성性이 잘하는 것을 말한다. 손이 물건을 쥐고 발이 길을 가는 행동과 같은 것으로 좋다고 할 수도 있고 좋지 않다고 할 수도 있다. 손이 물건을 쥐는 것에 비유하면, 붓을 쥐고 글씨를 쓰는 것도 손이고 칼을 잡고 사람을 죽이는 것도 손이다. 그렇기 때문에 좋다고 할 수도 있고 좋지 않다고 할 수도 있다고 한 것이다. 하지만 글씨를 쓰고 사람을 죽이는 일이 모두 손에 달렸지만 글자를 쓰고 사람을 죽이는 근본 원인은 마음에 달렸다. 그러므로 맹자는, "불선不善을 하는 것은 재질[才]의 죄가 아니다"(「고자 상」 6장)라고 했다. 또, "하늘이 내려준 재질이 다른 게 아니라 그 마음을 빠지게 하는 것이 그렇게 만든 것이다"(「고자 상」 7장)라고 하였다. 이는 불선을 하는 것이 재질에 달려 있지만 그렇게 하도록 만드는 근본은 마음에 있음을 명확히 한 것이다. 모든 사람은 다 손이 있으므로 모두 붓을 쥐고 능히 글씨를 쓸 수 있다. 부지런히 손을 움직여 게으르지 않으면 모두 글씨를 잘 쓸 수 있다. 간혹 글씨를 잘 쓰지 못하는 사람이 있긴 하지만 자기 재질을 잘 사용하지 않았기 때문이다. 그러

므로 또 "혹 두 배가 되고 다섯 배가 되기도 하며 계산할 수도 없는 (차이가 나는) 것은 자신의 재질을 다할 수 없어서다"(「고자 상」6장)라고 한 것은 분명한 말이다.

지(志)

1. 마음이 가는 것을 지志라 한다. 이 말은 『설문해자』에 보이는 뜻풀이다. 나는 또 말한다. "지志는 마음에 존재하면서 주인노릇을 하는 것이다." 맹자는, "의지[志]는 기를 통솔하는 장수다"라 하였고 또, "의지를 한결같이 하면 기를 움직인다"(모두 「공손추 상」 2장)고 하였는데 바로 내가 한 말의 뜻이다. 지志를 마음이 가는 것이라고만 하면 의미에 명확성이 부족하다. 『논어』에, "필부에게서 뜻[志]을 빼앗을 수는 없다"(「자한」 25장)라 했고 『예기』 「공자한거」孔子閒居에, "(성인은) 청명한 덕이 몸에 있고 미묘한 기氣와 지志가 귀신과 같다"고 했다. 모두 마음에 존재하면서 주인노릇 하는 것이 있음을 말한 것이다.

2. 일반적으로 말하는 지志는 모두 '선善에 뜻을 둔다'는 의미로 말한다. 불선不善에 대해서는 지라고 말할 수 없다. "아버지가 살아 있을 때에는 자식의 뜻을 살피고"[父在觀其志](『논어』 「학이」 11장)라는 말과 "사士는 뜻을 고상하게 한다"[士尙志](『맹자』 「진심」 33장)는 말 등은 모두 선에 뜻을

둔다는 의미로 말한 것이다. 『북계자의』에, "이利에 뜻을 두기만 해도[纔志於利] 소인의 길로 들어선다"[1]라고 하였는데, 무슨 말인가.

1) 『북계자의』(北溪字義) '지'(志) 항목에 보이는 말이다. 해당 부분은 다음과 같다. "공부를 하는 데 가장 중요한 것은 뜻을 처음 세우는 바로 그때로, 조심해 살피고 결단해 정해야 한다. 여기가 바로 길이 나눠지는 곳이다. 이(利)에 뜻을 두기만 해도 소인의 길로 들어서고 의(義)에 뜻을 두기만 해도 군자의 길로 들어선다. 순임금이 선에 뜻을 두고 도척이 이익에 뜻을 둔 것도 여기서 갈라졌고 요임금과 걸의 언행도 바로 여기서 나누어졌다."(爲學緊要處, 最是立志之初, 所當謹審決定. 此正是分路頭處. 纔志於義, 便入君子路, 纔志於利, 便入小人路. 舜跖利善, 正從此而分, 堯桀言行, 正從此而判.)

이 부분에 도가이가 붙인 주석이 있다. "모든 글자에는 본래의 뜻을 쓰는 것과 임의로 뜻을 쓰는 게 있다. 예컨대 도(道)·덕(德) 같은 글자는 본래 좋은 의미의 글자다. 하지만 사람이 따라가야 할 길로서 혹 좋아하지 않는 것이라도 또한 도라 한다. 그렇기에 '도는 두 가지, 인(仁)과 불인(不仁)뿐이다'(『맹자』「이루 상」2장)라고 했다. 덕도 마찬가지다. 예컨대 숭덕(崇德)·호덕(好德)이라는 말은 확실히 좋은 뜻이다. 임의의 뜻으로 말한다면 혼덕(昏德)·악덕(惡德)이라고 말할 수도 있다. 하지만 어떻게 이런 용례 때문에 도·덕 자는 선악을 통괄한다고 말할 수 있겠는가. 지(志)는 지조(志操)·지기(志氣)라는 말로, 본래 선에 뜻을 둔다는 의미로 말한 것이다. 임의의 뜻으로 말한다면 '악에 뜻을 둔다'[志於惡]고 말해도 지라고 할 수 있다. 『예기』「학기」(學記)에, '경전을 끊어 읽을 줄 알고 뜻을 명확히 구별한다'[離經辨志]는 말이 지(志)의 그러한 용례에 해당한다. 북계 진순(陳淳)의 설명을, 배우는 사람들이 이런 풀이를 수양하고 실천하는 설명으로 본다면 괜찮지만 지(志) 자의 뜻풀이라 한다면 뜻이 통하지 않는다. 이런 까닭에 글자의 뜻을 분별하는 것이다. 사람들이 항상 하는 말 가운데 '뜻 있는 사람'[有志之人]이란 말이 있다. 이 말이 어떻게 악에 뜻을 둔 사람을 말하겠는가. 공자가 '지사(志士)와 인인(仁人)'(『논어』「위령공」8장)이라 한 말을 보아도 알 수 있다. 이런 것들은 알기 쉬워서 논구할 것도 없다. 처음 공부하는 선비들이 자주 의심하고 막히는 곳에 다다르므로 굳이 길게 논의해 보았다. 갑진년(1724년) 4월 17일 저녁 비가 내리는 가운데."(凡字有正用, 有假用. 如道德等字, 本是好字面. 然人之所由行, 或雖不好事, 亦謂之道. 故曰:"道二, 仁與不仁而已矣." 德亦然. 如曰崇德好德, 固是好事. 假而言之, 則可稱昏德惡德. 豈可因此而謂道德二字通善惡也哉. 志, 是志操志氣, 本以志於善而言. 假而言之, 則志於惡, 亦可以謂之志. 禮記所云"離經辨志", 是也. 北溪之說, 以此爲學者修爲之說, 則可矣. 若以爲志字之義訓, 則不通. 故字義辨之. 人之恒言, 曰有志之人, 豈謂志于惡者哉. 觀夫子曰:"志士仁人", 可見矣. 此事易知, 本不待辨究. 初學之士, 屢致疑滯. 故更縷述. 甲辰(享保九年) 四月十七日夕雨中.)

의(意)

1. 의意는 마음이 왕래하며 계산하고 따지는 것을 가리켜 말한다. 『논어』에 이른바 "무의"毋意(마음속으로 따져 보지 않으셨다. 「자한」 4장)라는 것은 성인이 큰 덕의 극치에 도달해 이치에 환하고 마음이 안정돼, 들락날락하며 계산하고 따지는 마음이 자연히 사라졌다는 말이다. 의意 자를 주자의 『논어집주』처럼 "사의"私意라는 말로 풀이하면 사私 한 글자에 의미가 너무 집중된다. 성인을 설명하는 방식이 더욱 아니다.

2. 의意 역시 공부한다는 말을 꼭 써야 하는 글자가 아니다. 『논어』·『맹자』·『중용』을 살펴보면 의意에 공부한다는 말을 붙여 설명하지 않았다. 그런 까닭에 공자는 "주충신"主忠信(충과 신을 주로 한다. 「학이」 8장)을 말했고, 『중용』에서는 "성신"誠身을 말했으며 맹자는 오로지 "존심양성"存心養性을 말했을 뿐 모두 성의誠意라는 말[1]을 한 적이 없다. 왜 그럴까. 공자에서 맹자로 이어지는 학맥學脈에는 자연스레 조응照應하는 것이 있다. 성의를 말하면 다른 것을 말해서는 안 되며 다른 것을 말하면 성의를 말

해서는 안 된다. 또 "선생님께서는 네 가지를 전혀 하지 않으셨다: 마음 속으로 따져 보지 않으셨으며, (꼭 해야 한다고 하지 않으셨으며, 고집부리지 않으셨으며, 자신만 생각하지 않으셨다)"[子絶四:毋意(毋必, 毋固, 毋我.)](『논어』 「자한」 4장)라는 말을 보면 의意 자에 공부라는 말을 쓰지 않았음이 더욱 명명백백하다. 『중용』에, "몸을 성실히 하는[誠身] 데는 방법이 있으니 선을 명확히 알지 못하면 몸을 성실히 하지 못할 것이다"(20장)라고 했는데 『대학』의, "자신의 뜻을 성실히 하고자[誠其意] 하는 사람은 먼저 그 지식[知]을 끝까지 파고든다"는 말과 아주 유사하다. 하지만 신身 자와 의意 자는 지시하는 바가 아주 다르다. 『중용』 쪽은 기상氣象이 아주 크고, 『대학』 쪽은 공부가 아주 급하다. 배우는 사람들은 명백히 구분하지 않으면 안 된다.

1) 성의(誠意)라는 말은 널리 알려진 대로 『대학』에 보인다. 하지만 진사이는 『대학』을 공자 문하에서 나온 책으로 인정하지 않는다. 상세한 내용은 진사이의 『대학정본』(大學正本)과 「『대학』은 공씨 가문이 남긴 책이 아님을 변증함」(大學非孔氏之遺書辨) 참조.

양지양능(良知良能)

1. 양良은 선善이다. 양지양능良知良能은 본래 가지고 있는 선으로 바로 사단지심四端之心이다. 맹자는, "두세 살짜리 아이조차 자기 부모를 사랑할 줄 모르는 아이가 없고 자라서도 자기 형을 공경할 줄 모르는 이가 없다"[孩提之童, 無不知愛其親也. 及其長也, 無不知敬其兄也](「진심 상」 15장)고 했는데 두 지知 자가 양지良知를 가리키며 애경愛敬 두 가지는 양능良能을 가리킨다. "여기 사람들이 어린아이가 우물로 들어가려는 것을 홀연 보고는 모두 깜짝 놀라 측은해하는 마음이 생긴다"(「공손추 상」 6장)고 한 말과 같으며 역시 성性의 선함을 증명하는 말이다. 맹자가 양지양능론을 말한 까닭은 배우는 사람들이 이 마음을 확충해 인의예지의 덕을 성취하도록 하려는 것이지 그냥 양지양능설을 논한 게 아니다. 그러므로 "부모를 사랑하는 것은 인仁이며, 어른을 공경하는 것은 의義다. 다른 게 아니라 온 세상에 모두 적용된다[達之天下也]"(「진심 상」 15장)라고 하였다. 여기서 달達은 확충을 말한다. "사람에겐 누구나 '남을 차마 해치지 못하는 마음'이 있는데 이를 '해치려 하는 것'에까지 이르게 하는 것이 인仁이다. 사람에

겐 누구나 '하지 않는 것'이 있는데 이를 '하려는 것'에까지 이르게 하는 것이 의義이다"(「진심 하」 31장)라는 말과 참고해 보면 맹자의 뜻이 저절로 분명해진다.

2. 근세[1] 양명陽明 왕씨(왕수인王守仁)가 치양지[2]의 가르침을 집중 강의했다. 하지만 단지 치양지만 알고 이것이 인의仁義에 뿌리를 두었음을 몰라 역시 맹자의 가르침에 어긋났고, 양지 성취에만 오로지 힘쓰느라 양능을 다 발휘해야 한다는 점을 빠뜨렸다. "두세 살짜리 아이조차 자기 부모를 사랑할 줄 모르는 아이가 없고 자라서도 자기 형을 공경할 줄 모르는 이가 없다"[孩提之童, 無不知愛其親也. 及其長也, 無不知敬其兄也](「진심 상」 15장)는 말에, 지애知愛 두 글자를 연결해 양지라 하면서도, 두 지知 자가 양지를 가리키고 애경愛敬 두 가지는 양능을 가리키는 줄은 몰랐기 때문이다. 왜 한쪽으로 치우친 잘못이 아니겠는가. 맹자가 양지양능론을 말한 까닭은 본래 인의가 우리에게 고유固有한 것임을 밝히는 것이었다. 지금 양지 성취에만 힘쓸 뿐 인의에 뿌리를 두고 있음을 모르는 것은 어째서인가. 왕씨의 학문은 불교의 정지묘원[3]을 종지宗旨로 한다. 그렇기에 이렇게 한 편

1) 왕양명의 생몰년은 1472~1528. 이토 진사이의 생몰년은 1627~1705. 1세기가량 차이가 있다.

2) 치양지는 양명의 핵심 사상 가운데 하나이다. 이 말을 문면으로만 풀자면 '양지에 이르다', 혹은 '양지를 성취하다' 정도가 된다.

3) 정지묘원(淨智妙圓)은 근거가 있는 말로 『전등록』(傳燈錄) 권3에 보인다.
"양(梁)나라 보통(普通) 8년(527) 달마대사가 금릉(현재의 남경)에 도착했다. 황제[武帝]가 물었다. '짐이 즉위한 이래로 절을 짓고 불교경전을 필사하고 스님들에게 도첩(증명서, 허가증)을 발행한 일은 이루 다 기록할 수 없을 정도입니다. 어떤 공적이 있겠습니까?'
대사가 말했다. '전혀 공덕이 없습니다.'
황제가 말했다. '어찌해서 공덕이 없습니까?'
대사가 말했다. '이러한 일은 단지 하늘과 인간세상이 이룬 작은 결과로 번뇌가 원인일 뿐입니

으로 치우친 가르침이 되어, 양지양능이 우리 마음 본연의 모습이며 잠시도 떠날 수 없는 것임을 몰랐다. 맹자의 가르침과는 하늘과 땅 차이이다. 명확히 분별하지 않으면 안 된다.

다. 형체를 따르는 그림자 같은 것으로, 있긴 있어도 실체는 아닙니다.'
황제가 말했다. '무엇이 진정한 공덕입니까?'
대사가 대답했다. '청정한 지혜로 오묘하고 원만하며[淨智妙圓] 본체 자체는 비었습니다[空寂]. 이와 같은 공덕은 세상에서는 구할 수 없습니다.'"(梁普通八年, 達磨至金陵. 帝問曰:"朕卽位已來, 造寺寫經度僧, 不可勝紀. 有何功德?" 師云:"竝無功德." 帝曰:"何以無功德?" 師曰:"此但人天小果, 有漏之因. 如影隨形, 雖有非實." 帝曰:"如何是眞功德?" 答曰:"淨智妙圓, 體自空寂. 如是功德, 不以世求.")
번역해도 의미가 명확하지 않다. 불교에서는 만물의 실체 혹은 근원을 공(空; 아무것도 없음)으로 본다. 이 공을 깨닫는 지혜를 설명한 말로 보인다. 언어로 형용하기 까다로운 이 실체를 나타내는 말로 '정지묘원'(淨智妙圓)을 쓴 것 같다. 고요하면서 맑은[淨], 만물의 본성을 아는 지혜[智]로, 그 작용은 오묘[妙]하면서, 어떤 것도 다 이해하고 포용하는[圓] 성격을 가졌다는 정도로 추론할 수 있겠다. 왕양명의 학문을 파악하는 진사이의 안목이 투영된 말인데 진의를 파악하기 어려운 경지다.

어맹자의 하

충신(忠信)

1. 정자程子가 말했다. "자신을 다하는 것을 충忠이라 하고 진실로써 하는 것을 신信이라 한다."[1] 이 정의는 남을 대하는 측면에서 말한 것이다. 남의 일을 할 때 자기 일을 하는 것처럼 하고 남의 일을 도모할 때 자기 일을 도모하듯 해 털끝만큼도 다하지 않는 게 없음이 바로 충이다. 남과 말을 할 때 있으면 있다 하고 없으면 없다 하며 많으면 많다 하고 적으면 적다 말해 한 치도 더하거나 빼는 게 없는 게 바로 신이다.

또 충신 두 글자에는 소박하고 진실해 화려하게 꾸미는 일은 하지 않는다는 뜻이 있다. 이른바 "충신한 사람이 예를 배울 수 있다"[2]는 말이

---

1) 주자의 『논어집주』 「학이」 4장, "증자가 말했다. '나는 날마다 여러 번 내 자신을 반성한다. 남을 위해 도모하는 일에 마음을 다하지 않았는가. 친구들과의 교유에서 참되지 않았는가. 배운 것을 익히지 않았는가'"(曾子曰:"吾日三省吾身. 爲人謀而不忠乎, 與朋友交而不信乎, 傳不習乎.")의 주석에 보이는 말이다.

2) 『예기』 「예기」(禮器)에 보이는 말이다. "군자가 말했다. '단맛이 양념을 받아들이고 흰 빛이 채색을 받아들이며 충신한 사람이 예를 배울 수 있다. 충신한 사람이 없으면 예는 겉치레라도 따를 수 없다. 이런 까닭에 제대로 된 사람을 얻는 것이 귀하다.'"(君子曰:"甘受和, 白受采, 忠信之人, 可以學禮. 苟無忠信之人, 則禮不虛道. 是以得其人之爲貴也.")

바로 이런 예에 해당한다. 또 신信 자에는 사람과 기약을 하고 실제로 이행한다는 의미가 있다. 『논어집주』에, "신은 약속[約信]이다"[3]라 했고, 옛 사람들은, "신뢰[信]는 사계절의 운행과 같다"[4]라든가 "잘한 사람에게 확실히 상을 주고 못한 사람들은 반드시 벌을 내린다"[5]라는 등의 말을 했는데, 모두 기약하고 실제로 이행한다는 의미이다.

2. 충신은 배움의 근본이다. 시작을 하고 마무리를 맺는 일이 모두 여기에 달려 있다. 어째서인가. 학문은 참[誠]을 근본으로 하며 "참되지 않으면 아무것도 존재할 수 없다".[6] 충신하지 않으면, 예와 꾸밈새가 도에 들어맞고 법도에 맞는 행동과 몸가짐이 볼 만해도 모두 겉모습을 거짓으로 행하고 실정을 꾸민 것으로, 간사한 것을 더하고 자라게 할 수 있을 뿐이다. 『논어』에, "충과 신을 주로 한다"[主忠信](「학이」 8장)고 했는데, 여기서 주主라는 말은 빈賓(손님)과 상대되는 말로, 학문은 반드시 충신을 주인[主]으로 삼지 않으면 안 된다는 말이다. 또 『논어』에, "선생님은 네

---

3) 주자의 『논어집주』 「학이」 14장, "유자가 말했다. '약속이 의에 가까우면 말을 실천할 수 있다. 공손함이 예에 가까우면 치욕을 멀리한다. 그렇게 하고서도 친밀감을 잃지 않으면 또한 공경할 수 있다'"(有子曰:"信近於義, 言可復也. 恭近於禮, 遠恥辱也. 因不失其親, 亦可宗也.")에 보이는 주석이다.

4) 전거가 있는 말이다. 한(漢)나라 가의(賈誼)의 「치안책」(治安策)에, "모범이 되는 선왕들은 이러한 정치를 집행하는 것이 견고하기가 금속·돌과 같았고, 이러한 명령을 실행하는 것이 신뢰스럽기가 사계절의 운행과 같았으며, 이러한 공공성에 근거한 것이 사사로움 없기가 천지와 같았습니다."(先王執此之政, 堅如金石, 行此之令, 信如四時, 據此之公, 無私如天地耳.)

5) 원문은 신상필벌(信賞必罰). 이 말은 『한비자』(韓非子) 「외저설(外儲說) 우(右) 상(上)」에 보인다.

6) 원문은 불성무물(不誠無物). 『중용』 25장에서 가져온 말이다. 해당 부분은 다음과 같다. "성(誠)은 사물의 끝과 시작이다. 성하지 않으면 사물도 있을 수 없다. 그러므로 군자는 성하려고 노력하는 것을 귀하게 여긴다."(誠者物之終始, 不誠無物. 是故君子誠之爲貴.)

가지 가르침을 쓰셨다. 문文·행行·충忠·신信이다"(「술이」 24장)라고 했는데 이 말에 대해 정자는, "네 가지는 충신이 근본이다"라고 했다. 이를 통해 '주충신'은 공자의 가법家法임을 알겠으니, 영원토록 배우는 사람들은 이 말을 지켜 그 가르침을 바꿔서는 안 된다. 그런데 후세에는 혹 지경持敬을 종지로 삼고 치양지를 종지로 삼아 충신을 위주로 하는 것이 없으니 역시 공자 문하의 학문과는 다르다. 그러니 학문이 볼 만해도 그 덕이 끝내 옛사람에게 미치지 못하는 것은 사실 이 때문이다.

3. 송유宋儒들의 생각은, '주충신'은 아주 쉬운 일이라 실천에 어려움이 없다고 보았다. 그러므로 별도로 일반 종지를 만들어 이를 표방해 사람들을 지도했다. 도에는 본래 알기 어려운 것이 없으며 단지 성誠을 다하는 것[盡誠]이 어렵다는 사실을 전혀 모르는 것이다. 성誠을 다하기 어렵다는 사실을 알면 반드시 충신을 위주로 할 수밖에 없다. 『주역』에, "충신은 덕으로 나아가는 길이다"(「건乾괘」 '문언')라고 했다. 그러므로 학문이 성인의 경지에 도달해도 역시 충신을 벗어나지 않는다. 겉모습을 보면 의젓한 유자儒者지만 내면을 살펴보면 남 이기기 좋아하고 겉만 힘쓰는 마음이 부지불각 중에 늘 가슴속에 숨어 있다. 이는 지경持敬만 알 뿐[7] 충신을 요체로 하지 않았기 때문이다. 배우는 사람은 깊이 분별하지 않으면 안 된다.[8]

---

7) 원문은 '信知持敬'. 도가이가 '徒知持敬'으로 교정했다. 도가이의 교정을 따랐다.
8) 원문은 '不容不深辨'. 도가이가 '不可不深辨'으로 교정했다. 도가이의 교정을 따랐다.

4. 충忠은 충이고 신信은 신이다. 그러므로 전적으로 충을 말한 게 있고 전적으로 신을 말한 게 있다. 그리고 공자의 네 가지 가르침은 문·행·충·신을 나란히 말했으므로 충과 신이 본래 두 가지임은 더욱 명확하다. 그런데 선유는 충과 신을 형체와 그림자의 관계인 것처럼 말했다. 또, "충신은 한 가지 일로, 서로 내외內外·종시終始가 된다"[9]고 말했다. 깊이 고찰하지 않은 것이다.

5. 학문에는 본체가 있고 수행修行이 있다. 본체는 인의예지가 이것이다. 수행은 충신경서忠信敬恕와 같은 종류가 이것이다. 인의예지는 천하에 모두 통용되는 도다. 때문에 본체라고 한다. 성인은 배우는 사람이 본체를 따라 행동하도록 했다. 수행을 기다린 다음에 본체가 존재하는 게 아니다. 충신경서는 힘써 실천하는 핵심이다. 사람이 구체적으로 공부해야 한다는 측면에서 이름지은 것으로 본연의 덕이 아니기 때문에 수행이라 했다.

---

9) 『주자어류』 권21 「논어 3 학이(學而)편, 제4장 '증자왈오일삼성오신장'(曾子曰吾日三省吾身章)」에 보이는 말이다. 해당 부분은 다음과 같다. "충신은 한 가지다. 단 마음에서 발현해 스스로를 다하는 것은 충이 되고, 이치에 증명해 보아 어긋나지 않는 것은 신이 된다. 충은 신의 근본이며 신은 충이 외부로 발현한 것이다.(의강義剛의 기록)
충신은 한 가지로 서로 내외·시종·본말이 된다. 자신에게 있는 것이 충이며 남에게 드러나는 것이 신이다. 한 가지라고 말해도 맞고 두 가지라고 말해도 맞는다.(한僩의 기록)"(忠信只是一事. 但是發於心而自盡, 則爲忠; 驗於理而不違, 則爲信. 忠是信之本, 信是忠之發.—義剛. 忠信只是一事, 而相爲內外始終本末. 有於己爲忠, 見於物爲信. 做一事說, 也得; 做兩事說, 也得.—僩)

충서(忠恕)

1. 자신의 마음을 남김없이 다 쓰는 것을 충忠이라 하고 남의 마음을 헤아리고 생각하는 것[忖度]을 서恕라 한다. 주자의 『논어집주』를 살펴보면 정자程子의, "자신의 마음을 다하는 것을 충이라 한다"는 말을 인용했는데 합당한 정의다. 다만 서恕라는 글자에 대한 내 풀이가 합당하지 않은 줄 알겠다.[1] 나는 주소註疏에서 "자신을 헤아리고 남을 헤아린다"[忖己忖人]는 뜻이라 했었는데, 지금 수정해 촌忖 자를 제대로 풀이한 것보다 못했다. 사람을 대할 때 반드시 그 마음의 생각과 고락苦樂이 어떤지 헤아려야 한다는 말이다. "자신을 헤아린다"[忖己]는 두 글자의 주석이 온당하지

1) 진사이는 자신의 『논어고의』 주석을 수정하고 있다. 이 부분은 『논어』「이인」 15장, "선생님께서 말씀하셨다. '삼(參)아, 나의 도는 하나로 꿰는 것이다.' 증자가 대답하였다. '그렇습니다.' 선생님께서 나가셨다. 문인(門人)들이 말하였다. '무슨 말씀입니까?' 증자가 대답하였다. '선생님의 도는 충서(忠恕)일 뿐이다.'"(子曰:"參乎. 吾道一以貫之." 曾子曰:"唯." 子出. 門人問曰:"何謂也?" 曾子曰:"夫子之道, 忠恕而已矣.")라는 말을 화제로 삼고 있다. 진사이는 이 장에 대해, "자신의 모든 것을 다하는 것을 충이라 하고, 남의 처지를 헤아리는 것을 서라 한다"(盡己之謂忠, 忖人之謂恕)라고 하였다. 이때 서를 정의했던 말을, "남의 마음을 헤아리고 생각하는 것[忖度]을 서라 한다"(忖度人之心爲恕)로 수정한다는 고백이다.

않았다. 그러므로 이 말을, "남의 마음을 헤아리고 생각하는 것"[忖度人之心]으로 고친다.

대개 사람들은 자기가 좋아하고 싫어하는 것은 아주 명확히 알면서도 남이 좋아하고 싫어하는 것에 대해서는 막연하게 파악하고 정밀하게 살필 줄 모른다. 남과 나 사이의 간격은 늘 멀리 떨어져 아주 과하게 미워하는가 하면 대하는 데 절도가 없을 정도이기도 해, 친척과 친구의 괴로움 보기를 진秦나라 사람이 멀리 떨어진 월越나라 사람의 살찌고 야윈 모습 보듯 멍하니 가엾게 여길 줄 모른다. 심하게 불인不仁하고 불의不義한 지경에 이르지 않은 사람이 드물다. 사람을 대할 때 반드시 그가 좋아하고 싫어하는 것이 무엇인지, 그들의 처지와 하는 일이 어떤지 헤아려 그 마음을 자기 마음으로 여기고, 그 몸을 자기 몸으로 여겨 구석구석 체득하려 살펴 생각하고 헤아리면, 사람들의 허물이 늘 어쩔 수 없는 데서 나오거나 혹은 감당할 수 없는 데서 생겨나기에, 심하게 미워하고 싫어해서는 안 되는 게 있음을 알게 될 것이다. 너그럽고 포용하는 마음으로 매사에 관대하도록 꼭 힘써 각박한 태도로 대하는 데 이르지 않는다. 남의 급한 사정에 달려가고 남의 곤란한 일에서 구제하는 일을 저절로 그만둘 수 없다. 그 덕의 크기에 한계를 둘 수 없는 게 생긴다. 공자가, "평생토록 실행할 수 있는 것"(『논어』「위령공」 23장)이라고 말씀하셨는데 확실히 당연하지 않은가.

2. 정자가 말했다. "자기 마음을 미루어 가는 것[推己]을 서恕라 한다."(『논어집주』「이인」 15장) 나는 "추기"推己는 서가 아니고 서를 실행하는 핵심이라고 생각한다.[2] 대체로 서恕는 사후事後에 생기기 때문이다. 정자가 말

하는 추기는 "자기가 바라지 않는 것을 남에게 하지 말라"(『논어』「위령공」 23장)는 뜻이다. 이 말은 자공의 질문에 공자가 대답한 말에서 비롯된 것이긴 하다. 하지만 서恕 자에 추기라는 뜻이 있다면 자공이 "평생토록 실행할 수 있는 한마디 말이 있습니까?"라는 질문에, 공자는 "서恕일 것이다"라고만 대답했어도 됐을 것이고 다시 "자신이 바라지 않는 것을 남에게 하지 말라"고 해서는 안 된다. 이미 "서일 것이다"라고 대답하고서 또 "자신이 바라지 않는 것을 남에게 하지 말라"고 말했으니 추기라는 의미가 벌써 중복됐다. 그러므로 서 자의 뜻은 본래 추기의 의미가 아님을 알겠다. 공자는 중궁仲弓의 인仁에 대한 질문에, "자신이 바라지 않는 것을 남에게 하지 말라"(「안연」 2장)고 하였고, 자공은, "나는 남이 나에게 하지 않기를 바라는 것을 나 역시 남에게 하지 않으려 한다"(「공야장」 11장)고 하였다. 서 자에 추기라는 뜻이 있다면 공자와 자공은 단지 서라는 글자로 말할 수 있었을 것이요, 그 말에 대해 부연 설명을 이처럼 아주 번거롭게 하지 않았을 것이다. 공자가 자공에게, "서일 것이다"라 하고 바로 그 다음, "자신이 바라지 않는 것을 남에게 하지 말라"고 한 말을 보면, 추기는 서를 실행하는 핵심이지 본래 서 자의 뜻이 아님을 알겠다. 또 『중용』 13장에, "충서는 도道와 거리가 멀지 않다"라 하고는 바로 다음에 이어, "자신에게 베풀어 보아 원치 않는 것을 또한 남에게 베풀지 말라"고 하였으니 추기의 방도는 단지 서에 베풀 수 있는 것일 뿐 아니라 충忠에도 베풀 수 있음을 알겠다. 추기를 서恕 자의 풀이로만 쓸 수 없다

2) 생각한다는 말의 원문은 이위(以謂). 도가이가 여기서 이(以) 자(字)를 삭제했다. 도가이의 교정에 따랐다.

는 점이 더욱 명확하다.

3. 송나라 유학자들은 인仁을 성인에 해당하는 일로 보았고 서恕를 배우는 사람에게 해당하는 일로 보았다. 회암은, 인서仁恕는 한 가지 일이고, 생소한가 익숙한가, 쉬운가 어려운가의 차이가 있을 따름이라 하였다. 이는 인仁은 인이고 서恕는 서일 뿐임을 전혀 모르는 것이다. 인한 사람이라야 서를 쓸 수 있으며 서를 실행한 이후 인에 도달할 수 있지 생소한가 익숙한가, 쉬운가 어려운가의 구별이 있는 게 아니다. 그렇기 때문에 "평생 실행할 수 있다"고 한 것이다. 증자는, "선생님의 도는 충서忠恕일 뿐이다"(「이인」 15장)라고 했는데, 성인이 어떻게 자기 마음속으로 자신은 성인이라 여기면서, '나는 성인이니까 서恕를 쓸 곳이 없다'라고 하겠는가. 서를 전적으로[3] 배우는 사람에게 해당하는 일로 보아서는 안 된다는 게 명백하다.

4. 성인의 도는 인仁보다 중대한 게 없고 의義보다 핵심적인 게 없다. 그런데 증자는 단지, "선생님의 도는 충서忠恕일 뿐이다"라 하였고 공자 역시 "평생 실행할 수 있는 한마디 말은 서恕일 것이다"라 한 것은 어째서인가. 말해 본다. 성인의 도는 오직 사람을 대하고 일에 접촉하는 것을 힘쓸 일로 보지, 확실히 수심守心과 지경持敬을 할 일로 여기지 않는다. 인의仁義는 분명 도의 본체다. 충서 공부 역시 인의를 근본으로 하지 않을

3) 이 부분의 원문은 '이서전'(以恕專). "오로지 서를"로 새길 수 있다. 도가이가 '전이서'(專以恕)로 교감했다. 도가이의 교정에 따랐다.

수 없다. 하지만 사람을 대하고 일에 접촉하는 문제에서는 반드시 충서를 핵심으로 해야 한다. 스스로 존심양성存心養性 하는 일은 인의에 달려 있지만 남을 대하는 일은 충서에 달려 있다. 충이 확립되고 서가 실행되면 마음이 넓어지고 도가 실천되어 인仁에 도달할 수 있다. 그런 까닭에 "힘써 용서[恕]하고 실천한다면 인을 구하는 방법이 이보다 더 가까울 수 없다"(『맹자』「진심 상」 4장)고 한 것이다. 증자의 소위 "충서일 뿐이다", 공자가 "평생 실행할 수 있다"고 말한 것도 이런 까닭에서다. 후세에 배우는 사람들은 혼자 자신을 착하게 할 줄은 알아도 그 공부가 남에게 도달하는 데는 서두르지 않는다. 그런 까닭에 충서를 그러려니 하고 긴요하지 않은 것처럼 본다. 이것이 후세 사람들이 옛사람에게 미치지 못하는 이유다.

5. 후세의 학문이 성인의 뜻과 크게 차이가 생긴 이유는 지경持敬과 치지致知를 핵심으로 여기고 충서忠恕를 힘쓸 일로 여기지 않은 데서 전적으로 유래한다. 도는 본래 남과 나를 구분하지 않는다. 그러므로 학문 역시 남과 나를 구분하지 않는다. 충忠으로 자신을 다 바치고 서恕로 남을 헤아리지 않으면 남과 자신을 합쳐 하나로 볼 수 없다. 그러므로 도를 실행하고 덕을 완성하려면 충서보다 절실한 게 없으며 또 충서보다 중대한 게 없다. 충서를 자기 마음으로 삼으면 온갖 공부에 모두 남과 함께한다는 뜻이 생겨, 혼자 자기만 착하게 하고 그만두는 지경에 이르지 않는다. 그런 까닭에 지경과 치지는 모두 내가 덕을 완성하는 터전이 되며 그렇지 않으면 이른바 목만두[4]를 먹는 사람이어서, 이단에 빠진 사람이 청정淸淨에만 힘쓰느라 사람이 할 일을 소외시키는 것과 거리가 아주 멀지

않을 것이다. 회옹이 이런 말을 들으면 반드시 '공부 방법이 뒤바뀌어 차례대로 못한 것이다'라고 말할 것이다. 이런 말은, 성인의 학문은 온 천하에 통용되고 인륜에 통달한 것으로, 사람이 할 일을 멸시하며 저건 저거고 이건 이거다라고 하면서 지엽말단에 빠져 우리 도道와 단절돼 아무 쓸모없는 이단의 무리와는 다르다는 사실을 전혀 모르는 것이다. 그렇기에 성인의 학문은 "평생 실행할 수 있다"고 한다. 만약 '치지致知 공부가 무르익은 다음에야 충서忠恕에 종사한다'고 말한다면 이는 평생토록 서恕를 쓸 날이 없을 것이다. 생각하지 않아서야 되겠는가.

---

4) 목만두(木饅頭)는 남방에서 나는 식물이름으로 무화과(無花果)라고도 한다. (지금 흔히 먹을 수 있는 무화과와 이름만 같다. 전혀 다른 나무다.) 작은 배(pear) 모양으로 속이 비었다. 익으면 옅은 홍색을 띠는데 맛은 달고 시다고 한다. 먹으면 탈이 난다고 알려졌다.

성(誠)

1. 성誠은 진실[實]이다. 털끝만큼의 거짓도 없고 털끝만큼의 꾸밈도 없는 것이 바로 성이다. 주자는, "진실하고 망령됨이 없는 것[眞實無妄]을 성이라 한다"[1]고 하였는데 설명이 합당하다. 하지만 모든 문자에는 반드시 반대되는 글자가 있으므로 반대 글자를 제대로 알면 의미가 저절로 명백해질 것이다. 성誠 자字는 위僞 자와 반대다. "진실하고 거짓이 없다"[眞實無僞]는 풀이는 가장 힘을 낭비하지 않은 해석으로 이만 한 게 없다. 북계 진순은, "성誠 자는 본래 천도天道를 가지고 논한 것이다. (하늘의 명은 심원深遠해 그치지 않는다는 시詩는) 성誠을 의미할 따름이다. 천도의 유행은 예로부터 지금까지 털끝만큼도 망령됨이 없다. 더위가 가면 추위가 오고, 해가 가면 달이 오며, 봄이 만물을 낳으면 여름은 키우고 가을이 시들게 하면 겨울은 간직해 둔다. 오랫동안 항상 이와 같았다"라고 하였다. 이 설명은 "진실하고 망령됨이 없는 것"을 말한다. 하지만 봄은 따뜻해

1) 주자의 이 말은 『중용』 20장, "誠者, 天之道也"라는 구절에 붙인 주석이다.

야 하는데 반대로 춥고 여름은 더워야 하는데 반대로 싸늘하고 가을은 서늘해야 하는데 반대로 덥고 겨울은 추워야 하는데 반대로 따뜻하고, 여름에 서리가 내리고 겨울에 번개가 치며 겨울에 복숭아꽃이 피고 오성[2]이 역행逆行하며 해와 달이 운행해야 할 거리를 잘못 가는 종류의 일은 분명 적지 않다. 그렇다고 이를 두고 하늘이 진실되지 않다[不誠]고 할 수 있는가. 소자蘇子(소동파蘇東坡)는 「조주 한문공 묘비」[潮州韓文公廟碑]에서, "사람은 못하는 것이 없다. 하늘만이 거짓을 용납하지 않는다"고 했는데[3] 정확한 말이다.

2. 『중용』에서 말하는 "성誠하고자 노력하는 것"[誠之]과 『논어』의 "주충신"主忠信은 의미가 매우 가깝다. 하지만 공부 방법은 자연 다르다. 주충

2) 오성은 오위(五緯)라고도 한다. 세성(歲星)이라고도 하는 목성(木星), 형혹성(熒惑星)이라고도 하는 화성(火星), 태백성(太白星)이라고도 하는 금성(金星), 진성(辰星)이라고도 하는 수성(水星), 전성(塡星)이라고도 하는 토성(土星)을 말한다.

3) 이 부분에 도가이의 주석이 있다. "소자의 말은 「조주 한문공 묘비」에 나온다. '하늘과 인간의 구분에 대해 논의해 본다면, 사람은 못하는 것이 없다. 하늘만이 거짓을 용납하지 않는다고 하겠다.' 『문장궤범』 주석에, '사람은 지력(智力)이 뛰어나면 그 최대치를 쓰지 않는 곳이 없는데 이렇게 해도 남을 이기기는 어려운 것 같다. 오직 천리(天理)가 있는 곳만은 거짓된 마음으로 속이는 것을 용납하지 않는다'라고 하였다. 주석의 말은, 하늘은 인간의 거짓을 용납하지 않는다는 뜻으로, 본서에서 소자의 말을 인용한 뜻과 차이가 있다. 나는 말한다, 주석의 말이 틀렸다고. 소자의 말은, 사람들이 현자를 해치고 능력 있는 사람을 질투하면서 사기를 좋아하고 거짓을 교묘하게 하면서 하지 않는 것이 없다. 오직 천도(天道)만이 정직해서 선을 좋게 여기고 악을 미워해 털끝만큼도 거짓을 용납하지 않는다는 의미다. 그 다음 문장에서 또 소자는 말한다. '공(한유)께서 잘 아는 것은 하늘이었고 잘 알지 못했던 것은 사람이었다.' 이것을 보면 그 뜻을 알 수 있다. 주자는 『중용혹문』에서 하늘을 논하며, '반드시 진실을 쓰며 털끝만큼도 거짓이 없다'라고 하였다. 주자의 말도 예증이 되겠다. 을사년(1725) 5월에 쓰다."(蘇子之言, 出潮州韓文公廟碑云:'蓋嘗論天人之辨, 以謂人無所不至, 惟天不容僞.' 坊刻註云:'人以智力勝, 則無所不用其至, 似難以勝人也. 惟天理所在, 則不容以僞心欺之也.' 此言天不容人僞. 與本書所引語意相差. 予謂刻本註誤也. 蓋言人害賢妬能, 好詐巧僞, 無所不至. 唯天道正直, 善善惡惡, 不容一毫僞也. 其後又曰:'公之所能者天也, 其所不能者人也.' 其意可見矣. 中庸或問, 論天曰:'其必以其實, 而無一毫之僞也.' 亦可例證. 乙巳(享保十年) 五月書.)

신은 다만 자신의 마음을 다 쓰면서 소박하고 진실하게 실천하는 것을 말한다. 성지誠之는 이치에 합당한지 아닌지를 선택해 이치에 맞는 것을 잡아 굳게 지키는 것을 말한다.

3. 성誠은 도의 완전한 전체다. 그러므로 성인의 학문은 반드시 성을 으뜸으로 여기며 그 많은 말이 모두 사람들로 하여금 성을 다하도록 하지 않는 것이 없다. 소위 인의예지며 소위 효제충신 모두 성을 근본으로 하며 성誠하지 않으면 인은 인이 아니며 의는 의가 아니며 예는 예가 아니며 지는 지가 아니며 효제충신도 효제충신이 될 수 없다. 그러므로 "성하지 않으면 만물은 있을 수 없다"(『중용』 25장)고 한 것이다. 이런 까닭에 성이라는 한 글자는 실로 성인의 학문의 두뇌이며 배우는 사람들의 목표이다. 최고의 경지니, 얼마나 위대한가.

4. 성인의 도는 성誠일 뿐이다. 불씨佛氏가 공空이라 하고 노씨老氏가 허虛라 하였다. 성인의 도는 실제 이치[實理]가 아닌 게 없다는 말이다. 그리고 실實과 허虛는 물과 불, 남쪽과 북쪽과 같아서 하나는 저쪽이고 하나는 이쪽이라 사이를 두고 멀리 떨어져 서로 섞이지 않는다. 하지만 요즘 배우는 사람들은 허령虛靈·허정虛靜·허중虛中 따위의 이치를 배움의 본원으로 삼고서는 그것들이 본래 노자에서 유래한 줄도 모르고 허虛 자가 들어간 말로 이름을 짓기도 하고 허 자로 서재에 편액을 만들어 걸기도 한다. 왜 그럴까. 뿌리에서 이미 어긋나 가지와 잎이 그에 따라 잘못되는 일은 일일이 열거할 수 없을 지경이다. 배우는 사람은 구절구절 유의해 구별하고 연구·추론해 살펴 한결같이 옳은 터로 돌아가지 않으면 안 된다.

경(敬)

1. 경敬은 존경해 높이고 떠받든다는 말이다. 옛 경서經書를 살펴보면, 하늘을 공경한다[敬天] 하기도 하고 귀신을 공경한다[敬鬼神] 하기도 하고 임금을 공경한다[敬君] 하기도 하고 부모를 공경한다[敬親] 하기도 하고 형을 공경한다[敬兄] 하기도 하고 사람을 공경한다[敬人] 하기도 하고 일을 공경한다[敬事] 하기도 했는데 모두 존경해 높이고 떠받든다는 의미지, 아무 일 없이 단지 경敬 자字를 지킨다고 한 것은 하나도 없다. 공자가, "자신수양을 경敬으로 하라"[1] 한 것과 중궁의 소위 "생활하는 것은 경敬으로 하고 행동하는 것은 간소[簡]하게 한다"[2]고 한 두 말은 지금의 소위 지경持敬·주경主敬 공부와 흡사해 보인다. 하지만 공자가, "자신수양을 경

---

1) 『논어』「헌문」 45장에 보이는 말이다. 다음에 진행되는 말도 여기에 보인다. "자로가 군자에 대해서 물었다. 선생님께서 말씀하셨다. '자신수양을 경(敬)으로 하라.' 자로가 말했다. '이와 같이만 할 뿐입니까?' '자신을 수양해 사람들을 편안하게 해주어라.' '이와 같이만 할 뿐입니까?' '자신을 수양해 백성을 편안하게 해주어라. 자신을 수양해 백성을 편안하게 해주는 일은 요임금과 순임금조차 오히려 어렵다고 생각하였다.'"(子路問君子. 子曰:"脩己以敬." 曰:"如斯而已乎?" 曰:"脩己以安人." 曰:"如斯而已乎?" 曰:"脩己以安百姓. 脩己以安百姓, 堯舜其猶病諸.")

敬으로 하라" 하고 바로 다음에 또, "자신을 수양해 백성을 편안하게 해 주어라"고 한 말과 중궁이, "생활하는 것은 경으로 하고 행동하는 것은 간소하게 한다" 하고 바로 다음에 또 이어, "(이렇게) 백성들에게 임하는 것도 역시 좋지 않을까요"라고 한 말을 보면 이 두 말 역시 백성들의 일을 공경해 한 말이지 단지 경敬 자를 지킨다는 뜻을 말한 게 아니다.

2. 주자의 『대학혹문』大學或問에, "경敬이라는 한 글자는 성인이 되는 학문의 처음이 되고 끝이 되는 말이다"라 하였고 또,[3] "경은 한 마음의 주재자이며 모든 일의 근본이다"라고 하였다. 나는 그렇지 않다고 말한다. 성인 문하의 학문은 인의仁義를 으뜸으로 하고 충신忠信을 위주로 한다. 공자는, "평생 실행할 수 있는 한마디 말은 서恕일 것이다"(「위령공」 23장) 하였고 증자는, "선생님의 도는 충서忠恕일 뿐이다"(「이인」 15장)라고 했다. 경敬을 성인이 되는 학문의 처음과 끝, 모든 일의 근본으로 삼은 적이 없다. 만약 송유宋儒의 설명과 같다면 성인이 경敬을 말한 곳들만 학문의 긴요한 공부가 되고 그 밖의 수많은 성인의 말은 죄다 쓸모없이 남는 물건이 돼버리니 어떻게 그럴 수 있는가.

공자는, "말이 진실하고 믿음직[忠信]하며, 행동이 돈독하고 공경[篤

---

2) 『논어』 「옹야」 1장에 보이는 말이다. "선생님께서 말씀하셨다. '옹(雍; 중궁)은 남쪽을 향해 앉도록 할 수 있다.' 중궁이 자상백자(子桑伯子)에 대해 물었다. 선생님께서 대답하셨다. '괜찮다. 간소하지.' 중궁이 말하였다. '생활하는 것은 경(敬)으로 하고 행동하는 것은 간소[簡]하게 하면서 백성들에게 임하는 것도 역시 좋지 않을까요. 생활하는 것도 간소하게 하고 행동하는 것도 간소하게 하는 것은 너무 간소한 게 아닐까요.' 선생님께서 말씀하셨다. '옹의 말이 맞다.'"(子曰: "雍也可使南面." 仲弓問子桑伯子. 子曰:"可也. 簡." 仲弓曰:"居敬而行簡, 以臨其民, 不亦可乎. 居簡而行簡, 無乃大簡乎." 子曰:"雍之言然.")

3) 원문에는 '朱子又曰'이라 되어 있으나 '朱子'라는 말은 불필요하다.

敬]스러우면 오랑캐의 나라라도 실행될 것이다"(「위령공」 5장)라고 하였다. 경敬은 분명 배우는 사람에게 절실한 일이다. 하지만 충신독경忠信篤敬 네 가지는 그 가운데 어떤 것도 없애면 안 된다. 단지 경敬 자 하나만 지켜도 된다고 한다면 성인의 뜻에 큰 죄를 짓는 것이다. 비유해 본다. 의사의 처방에는 임금 역할의 약[君藥]이 있고 신하 역할의 약[臣藥]이 있으며 보좌역·사신역의 약[佐使藥]이 있는데 이 모든 약을 함께 쓴 이후에야 처방이 완성된다. 만약 경 자 하나가 성인 학문의 시종始終을 모두 겸할 수 있다면, 이는 귤껍질 하나만 쓰면 되지 꼭 속을 보충하고 기운을 돋워 주는 온전한 탕제는 쓸 필요가 없다고 하는 것과 같다. 삼·당귀 같은 약제를 쓰더라도 오히려 온전한 처방의 효과를 낼 수 없는데 하물며 귤껍질 하나만 쓰면 어떻게 되겠는가. 『논어』에, "인仁을 좋아하기만 하고 배우기 좋아하지 않으면 그 폐단은 어리석게 되는 것이다. 지식[知]을 좋아하기만 하고 배우기 좋아하지 않으면 그 폐단은 끝을 모르게 되는 것이다"(「양화」 7장)라 하였다. 인仁과 지智는 모두에게 통하는 덕이지만 그저 좋아하기만 하면서 배워 조응照應하지 않으면 오히려 폐단이 생기는 것을 피하지 못할 것이다. 하물며 경 하나만 붙잡는 것은 어떻겠는가. 송유의 주장이 공자 문하의 학문과 같은지 다른지는 구분하지 않아도 명백하다.

화평·정직(和直)

1. 화직和直 두 글자는 뜻이 명백해 이해에 어려움이 없다. 하지만 『논어』 한 권에서 이 두 글자를 언급한 곳은, 몇 번인지 모르지만,[1] 거의 경敬 자와 맞먹는 무게를 갖는다. 하지만 사람들은 주경主敬만 알 뿐 이 두 글자가 성인 문하에서 가장 긴요한 말인 줄은 모른다. 화和는 난폭하지 않고 사납지 않은 것이며, 직直은 사악하지 않고 꺾지 않는 것이다. 화는 자신에게 관대한 것이며, 직은 자신을 올바르게 하는 것이다. 화는 언행言行에 날카롭게 드러나는 부분이 없는 것이며, 직은 교묘하게 머리를 쓰고 따지는 게 없는 것이다. 덕에 들어가는 실제이며 마음을 다짐하는 핵심이다. 배우는 사람은 꼭 마음에 받아들여 명심하지 않으면 안 된다. 후세의 유학자들은 이 두 가지를 쉽게 보고 지나치며 깊이 유의하지 않는다. 그런 까닭에 여기 표출表出하였다. 성인이 사람들에게 보여 준 절실하고 요긴한 말이다.

---

1) 화(和)는 모두 8차, 직(直)은 모두 22차 언급되었다.

학(學)

1. 배운다[學]는 것은 본받는다[效]는 말이고 깨우친다[覺]는 말이다. 모범으로 본받는 것이 있어 깨닫는다는 뜻이다. 생각해 보건대, 옛날의 학學이라는 글자는 지금의 효效라는 글자였다. 그러므로 주자는 『논어집주』에서, "학學이라는 말은 효效다"[1]라 한 것이다. 한나라 때의 『백호통』白虎通에, "학學은 각覺이다. 모르는 것을 깨우친다는 말이다"[2]라 하였다. 학자 풀이는 이 두 가지 뜻을 겸한 이후에 비로소 그 의미가 완전해진다.

소위 효效란 것은 서예를 배우는 사람이 처음에 단지 법첩法帖을 보

---

1) 『논어집주』 「학이」 1장, "學而時習之, 不亦說乎"의 '학'(學)에 붙인 주자의 주석이다. 뒷부분의 "後覺者, 必效先覺之所爲"라는 말도 이 말 뒤에 보인다.

2) 『백호통』(白虎通) 「벽옹」(辟雍)편에 보이는 말이다. "옛날 15세에 태학에 들어간 이유는 무엇인가. 8세에 치아를 갈면 비로소 지식이 생기기 때문에 학교에 들어가 글쓰기와 계산을 배운다. 대개 15세에는 남녀의 이치를 아는 음양이 몸에 갖춰진다. 그런 까닭에 성동(成童)인 15세에 뜻이 명확해지므로 태학에 입학해 경(經)과 여러 기술을 배운다. 배운다는 말은 깨닫는다는 뜻으로, 모르는 것을 안다는 말이다. 그러므로 배움을 통해 성(性)을 다스리고 사려를 통해 정(情)을 변화시킨다."(古者所以年十五而入太學何. 以爲八世毁齒, 始有識知, 入學, 學書計. 七八十五陰陽備. 故十五成童志明, 入太學, 學經術. 學之爲言, 覺也. 悟所不知也. 故學以治性, 慮以變情.)

고 필의筆意와 글자의 점·획을 본받는 것[效]과 같다. 소위 각覺이란 것은 서법을 배운 지 오래된 후에 옛사람이 붓을 움직인 오묘함을 스스로 깨치는 것[覺]과 같다. 어느 한 가지 뜻만으로 배운다는 뜻을 다 담을 수 없다.『논어집주』에, "나중에 깨닫는 사람은 반드시 먼저 깨달은 사람이 한 것을 본받아야 한다"고 해서, 또 각 자의 의미를 포함한 곳이 있는데 배우는 사람들은 대부분 살피지 못한다.

2. 학문은 성인이 가르침을 세운 근본 취지가 무엇인지 알아야 한다. 여기서 조금 차이가 나도 반드시 이단에 빠지게 되므로 두려워할 만하다. 불씨佛氏는 오로지 성性을 귀하게 여겨 도덕이 가장 존귀한 것인 줄 모른다. 성인은 오로지 도덕을 귀하게 여겨 존심存心하고 양성養性하며 모두 도덕을 그 중심으로 삼는다. 천지 사이에 가득하고 예로부터 지금까지 일관되게 전해지며 자연 전혀 마멸되지 않는 지극한 이치가 있다. 이것이 인의예지라는 도이며 또 인의예지라는 덕이다. 이른바 도덕이 가장 존귀한 것이라 함은 이것을 말한다.

공자는 말했다. "도는 두 가지, 인仁과 불인不仁뿐이다."(『맹자』「이루 상」 2장) 맹자는 말했다. "인仁은 사람이 사는 편안한 집이며, 의義는 사람이 가는 바른 길이다."(「이루 상」 10장) 맹자는 또 말했다. "천하의 큰 집[仁]에 머무르고, 천하의 바른 자리[禮]에 서며, 천하의 큰 길[義]을 간다."(「등문공 하」 2장) 온화하고 자애로워 만물을 널리 받아들이는 것이 인仁이다. 이와 반대로 하면 잔인하고 각박한 사람이 된다. 분별하고 취사선택할 때 칼로 가른 듯 어지럽지 않은 것이 의義다. 이와 반대로 하면 재물과 이익을 탐내며 부끄러움을 모르는 인간이 된다. 인간 사회의 존비귀

천 상하관계에 그에 맞는 절도와 등급이 예禮다. 이와 반대로 하면 차이를 뛰어넘는 난폭하고 제멋대로인 사람이 된다. 시비를 분명히 가려 선악에 헷갈리는 게 없는 것이 지智다. 이와 반대로 하면 멍하니 깨칠 줄 모르는 인간이 된다. 인仁의 최고 경지까지 밀고 가면 요임금의 "덕성의 빛이 온 세상에 비쳐 하늘과 땅에까지 이른"(『서경』「요전」堯典) 이런 상태에 도달한다. 의義의 최고 경지까지 밀고 가면 "천하를 봉록으로 주어도 돌아보지 않는"(『맹자』「만장 상」 8장) 이런 상태에 도달한다. 예禮의 최고 경지까지 밀고 가면 "하늘은 높고 땅은 낮으며 만물은 사방에 흩어져 다른"[3](『예기』「악기」) 이런 상태에 도달한다. 지智의 최고 경지까지 밀고 가면 "백세(삼천 년) 동안 성인을 기다려 그의 판단을 받아도 미혹되지 않는"(『중용』 29장) 이런 상태에 도달한다. 사람의 마음에 모두 존재하고 온 세상의 표준이 되는 것으로 이를 따르면 인간이 되고 이를 따르지 않으면 금수가 된다. 그러므로 성인은 이 네 가지(인의예지)를 세워 인간이 가야 할 길의 기준으로 삼아 사람들이 이를 따라 행하도록 하였다. 그런 까닭에 『주역』「설괘전」에, "사람이 행해야 할 도를 세웠으니 인仁·의義다"라 하였고 『중용』 20장에, "지인용智仁勇 세 가지는 천하에 모두 통하는 덕이다"라고 하였다. 이를 밝히면 도를 가진 사람이 되고 이를 터득하면 덕을 가진 사람이 된다.

인간의 성性은 유한하고 천하의 덕은 무궁하다. 유한한 인간의 성으

---

3) 원문 "天高地下, 萬物散殊"는 『예기』「악기」(樂記)에 보인다. "하늘은 높고 땅은 낮으며 만물은 사방에 흩어져 다르니 예의 제도가 실행되는 것이며, 만물은 유동하며 쉬지 않고 함께 모여 하나가 되어 변화하니 악(樂)이 생기는 것이다."(天高地下, 萬物散殊, 而禮制行矣; 流而不息, 合同而化, 樂興焉.) 차이[異]를 나타내는 예(禮)와 동화[同]를 말하는 음악[樂]을 대조해 말한 부분이다.

로 무한한 천하의 덕을 다 알아 터득하려 하면 학문을 통하지 않고서는 천하제일의 총명을 가졌어도 할 수가 없다. 그러므로 이 세상에서는 학문의 공보다 귀한 게 없으며 또 학문의 유익보다 큰 게 없다. 그리고 학문을 통해 나의 성性을 모두 발휘할 수 있을 뿐만 아니라 남의 성性도 모두 발휘할 수 있으며, 만물의 성도 모두 발휘할 수 있으며, 천지가 만물을 낳고 키우는 일도 도와줄 수 있으며, 천지와 함께 나란히 서서 천지인天地人 셋이 될 수도 있다. 학문을 그만두고 오로지 내 성性을 따르기만 하면 남의 성性을 모두 발휘하거나 천지가 만물을 낳아 키우는 일을 도와줄 수 없을 뿐만 아니라 나의 성性이라도 역시 모두 발휘할 수 없다. 그러므로 맹자는, "사람이 이 사단四端을 가진 것은 사지를 가진 것과 같다. 무릇 자기 안에 사단을 가진 사람들이 모두 이를 넓혀 채워[擴充] 나갈 줄 안다면 마치 불이 막 타오르고 물이 막 솟아나는 것과 같을 것이다. 만약 확충할 수 있다면 온 세상을 보존할 수 있을 것이요, 확충하지 못하면 부모조차 섬길 수 없을 것이다"(『맹자』「공손추 상」6장)라고 하였다. 소위 "온 세상을 보존할 수 있다"는 말은 인의예지의 효험을 가리켜 말한 것이다. "자기 안에 있는 사단"은 졸졸 흐르는 물, 막 타기 시작한 불, 싹이 난 초목과 같아서 이를 확충해 가서 인의예지의 덕을 성취하면 졸졸 흐르는 물은 바다에 닿을 수 있고, 막 타기 시작한 불은 들판을 태울 수 있으며, 싹이 난 초목은 구름에 닿을 만큼 자랄 수 있다. 그러므로 "잘 기르면[養] 어떤 생물도 자라지 않는 게 없으며, 잘 기르지 못하면 어떤 생물도 죽지 않는 게 없다"(『맹자』「고자 상」8장)고 하였다. 이른바 "채운다"[充], "기른다"[養]는 말은 학문을 가지고 말한 것이다. 인성人性은 선善하지만 확충하지 않으면 부모조차 섬길 수 없으므로 성性의 선善함은 믿을 수 없으며 학문하는 노력은 절대 없애서는 안 된다. 그러므로 나는 말한다. '인간의 성性은 유한하고 천하의 덕은 무궁하다. 유한한 인간의 성으로 무한한 천하의 덕을 다 알아 터득하려 하면 학문을 통하지 않고 가능하겠는가.' 그러나 성性이 선善하지 않으면 학문하는 노력도 쓸 곳이 없다. 이런 까닭에 성의 선함은 귀하다 하겠으며 학문하는 노력은 위대한 것이다. 이것이, 공자가 '성을 따른다'[率性]고 말하지 않고[4] 전적으로 학문으로써 사람들을 가르친 이유이며, 맹자가 누차 성은 선하다고 하면서도 확충 공부를 핵심으로 삼은 이유이다. 이것이 성인이 가르침을 세운 근본 취지다.

3. 학문은 도덕을 근본으로 하고 견문을 쓰임새로 삼는다. 공자는, "안회라는 제자가 있었는데 배우기를 좋아하고, 다른 사람에게 화풀이를 하지 않고, 같은 잘못을 되풀이하지 않았습니다"(『논어』「옹야」2장)라고 했는데 이를 통해 성인은 도덕 수양을 학문으로 삼았으며, 지금 사람들이 도덕을 도덕으로 삼고 학문을 학문으로 삼는 것과는 같지 않았음을 알 수 있다. 또, "알지 못하면서 창작하는 사람이 있기도 하겠지만 나는 이런 것이 없다. 많이 듣고 그 가운데 좋은 것을 선택해 따랐고 많이 보고 기억했으니 아는 사람 다음이라 하겠다"(「술이」27장)라 했으며 또, "많이 듣되

---

4) 이 부분에 도가이의 주석이 있다. "'성을 따른다'[率性]는 말은『중용』에 나온다. 주자는 이 말을 풀이해, '성(性)의 자연스러움을 따르는 것이다'라고 하였다. 주자의 말은 후세 성리학의 견해다. 그렇기 때문에 여기서 '공자는 "성을 따른다"고 말하지 않았다'고 표현한 것이다. 주자의 풀이에 의거해 한 말이다. 하지만 본문의 뜻은, 성인의 도는 인성(人性)의 자연스러움을 따라 가르침을 만든 것이지, 이단의 무리들이 인성을 거스르면서 도라고 한 것과는 같지 않다는 말이다. 독자는 뜻을 덧붙여 읽어야 한다. 병신년(1716년) 7월에 쓰다."(率性之言, 出于中庸. 朱解云, "循性之自然." 此後世性學之見. 故此云, "孔子不以率性爲言." 據朱解而言也. 然本文之意, 謂聖人之道者, 因人性之自然, 而爲之敎, 非若異端之徒, 違人性以爲道也. 讀者須加意云. 丙申(享保元年)七月.)

의심스러운 것은 남겨 두고, 그 나머지를 신중히 말하면 허물이 적을 것이다. 많이 보되 확정되지 않은 것은 남겨 두고, 그 나머지를 신중하게 행하면 후회가 적을 것이다. 말에 허물이 적고 행동에 후회가 적으면 녹은 그 안에 있다"(「위정」 18장)고 했는데 이를 통해 성인은 견문을 쓰임새로 삼아, 지금 사람들이 오로지 서책에 의지해 의리를 강의하는 것을 학문의 종류로 삼는 것과는 같지 않았음을 알 수 있다. 맹자의 소위 "존양확충"存養擴充 같은 것도 모두 학문[學]이다. 선유先儒는, "배움[學]은 지식과 실천을 겸해 말한 것이다"라고 했는데 의미를 정확히 파악한 것이다.

4. 학문 방법을 나는 둘로 나눠 보는데 하나는 혈맥血脈이고 하나는 의미意味다. 혈맥은 성현의 도가 이어지는 체계를 가리킨다. 맹자의 소위 인의仁義의 설說 같은 것이 그 예다. 의미는 성현의 책 안의 의미가 그것이다. 의미는 본래 맥락에서 나온다. 그러므로 배우는 사람은 먼저 혈맥을 이해해야 한다. 혈맥을 이해하지 못하면 배에 키가 없고 밤에 등불이 없는 것과 같아 아득한 채 머물 곳을 모른다. 하지만 선후를 논하자면 혈맥이 우선이고 난이도를 논하자면 의미가 어렵다. 어째서인가. 혈맥은 길과 같아서 갈 길을 파악하고 나면 천리 먼 길도 길을 따라 목적지에 도착할 수 있다. 의미의 경우, 광대하고 모든 곳에 있으며 평이하고 도드라지지 않아 스스로 안목을 갖춘 사람이 아니면 알 수가 없다. 나는, 『논어』·『맹자』 두 책을 읽을 때 그 독법은 자연히 다르다고 말한 적이 있다. 『맹자』를 읽는 사람은 먼저 혈맥을 알아야 하는데 그러면 의미는 자연 그 안에 있게 된다. 『논어』를 읽는 사람은 먼저 그 의미를 알아야 하는데 그러면 혈맥은 자연 그 안에 있게 된다.

권(權)

1. 정자程子는, "권權은 저울이다. 물건을 저울질해 경중을 아는 도구다"[1] 라고 했다. 저울이란 물건은 저울대의 치수 눈금을 따라 추를 앞으로 옮기거나 뒤로 밀거나 해서 물건의 경중을 정하는 것이다. 그러므로 권權자字는 저울의 뜻을 가져온 것으로, 학문에 권이 없어서는 안 되는 것은 이 때문이다. 시대에는 옛날과 지금이 있고, 땅에는 도시와 시골이 있으며, 집에는 가난한 집과 부유한 집이 있으며, 사람에게는 귀하고 천함이 있다. 일의 많은 종류와 끝없는 갈래, 물건의 크기와 수량은 헤아릴 수 없어 그 모습을 형용하고 이름 붙일 수 없다. 권權으로 이것을 통제하지 않으면 어떻게 합당함을 얻어 도에 부합할 수 있겠는가. 적을 마주한 장군같이 형세를 따라 승기勝機를 만들고 땅의 모습을 따라 진을 배치하며 병

---

1) 『논어집주』「자한」 29장, "선생님께서 말씀하셨다. '함께 공부할 수는 있어도 함께 도에 나아갈 수 있지 않으며, 함께 도에 나아갈 수 있어도 함께 확고하게 설 수 있지 않으며, 함께 확고하게 설 수 있어도 함께 도를 자유롭게 쓸 수 있는 게 아니다'"(子曰:"可與共學, 未可與適道. 可與適道, 未可與立. 可與立, 未可與權.")라는 구절의 마지막 글자 "권"(權)에 대한 주석이다.

법兵法에서 말하는 기이한 방법[奇]을 정공법[正]으로 삼고 정공법을 기이한 방법으로 삼아 변화를 마음대로 부려야지 한 가지 규칙에 구속되면 안 된다. 그러므로, "가운데[中]만 잡고 융통성[權]이 없는 것은 하나를 고집하는 것과 같다"(『맹자』「진심 상」 26장)고 했다. 이는 권은 쓰지 않으면 안 된다는 말이다.

2. 한유漢儒는 '경經(원칙)에 반대로 했는데도 도에 합치되는 것'[反經合道]을 권權으로 보았다.[2] 정자가 이를 비판했는데 가장 옳은 말이다. 경經이 도道이니 이미 경에 반대로 했는데 어떻게 도에 합치될 수 있겠는가. 한유는 맹자의, "남녀가 물건을 직접 주고받지 않는 것은 예이고, 형수가 물에 빠졌으면 손으로 구해 주는 것은 상황에 맞게 예를 쓰는 것[權]입니다"(「이루 상」 17장)라는 말을 보고 권은 경에 반대로 했는데도 도에 합치되는 것[反經合道]이라고 마침내 생각한 것이다. 지금 맹자의 뜻을 상세히 생각해 보니 권 자는 예禮 자와 상대가 돼야지 경 자와 상대가 돼서는 안 된다. 예는 때에 따라 가감할 수 있는 것이고 경은 오랜 시간이 지나도 바뀌지 않는 것이다. 그러므로 맹자가 권을 예와 상대해 말한 적은 있어도 경 자와 상대해 말한 적이 없었던 것은 바로 이런 이유 때문이다. 또 "권은 경이 미치지 못하는 부분을 보충한다"고 하는데[3] 이 말 역시 미

---

2) '反經合道'의 예는 『주역』에 대한 주석에서 볼 수 있다. 「계사전 하」의, "손괘(巽卦)는 공손함으로써 권(權)을 행한다"(巽以行權)라는 구절에 대해 진(晉)나라의 한강백(韓康伯) 주(註)는, "권(權)은 경(經)에 반대로 했는데도 도에 합치되는 것이다. 반드시 공손하게 따르는 것에 합치한 이후에 임기응변하는 권도(權道)를 실행할 수 있다"(權, 反經合道, 必合乎巽順, 而後可以行權也)라고 하였다.

진한 구석이 있다. 권이 경이고 경이 권이다. 권은 늘 경 안에 있으며 경과 분리되지 않는다. '권을 실행해 경을 보충한다'라고 해야 한다. "권은 경이 미치지 못하는 부분을 보충한다"라고 말하면 오히려 경 자와 상대되는 의미가 있는 곳이 생긴다.

3. 『논어』에, "함께 확고하게 설 수 있어도 함께 도를 자유롭게 쓸 수 있는 게[權] 아니다"(「자한」 29장)라고 했다. 제대로 된 사람을 찾기 어렵다는 말이지 권을 쓸 수 없다는 말이 아니다. 제대로 된 사람을 찾기 어려우니 권權을 사용하지 않을 수 없음을 더욱 잘 알겠다. 학문의 가장 중요한 핵심이며 배우는 사람은 힘쓰지 않으면 안 된다는 점을 보여 준다. 선유는, 권이란 모름지기 이치에 밝고 의義에 정밀해야 권을 쓸 수 있다고 했는데 그렇다면 '이치에 밝고 의에 정밀한 경지에'[4] 도달하지 못하면 놔두고 쓰지 못한다는 것인가. 의사가 노盧의 명의名醫 편작扁鵲이나 한漢나라의 창공倉公[5]이 아니면 전부 옛날 처방만 따르고 가감은 용납하지 않겠다

3) 『주자어류』 권37에 다음과 같은 말이 보인다. "구산선생 양시(楊時)는 말했다. '권은 경이 미치지 못하는 곳을 말한다.' 이 말이 아주 좋다. 경(經)은 대법(大法)을 보존하는 것으로, 정당한 도리일 따름이다. 정미(精微)하고 세부적인 부분은 확실히 경이 다할 수 없는 곳이다. 이른바 권이라는 것은 정미하고 세부적인 부분에 마땅히 해야 할 일을 다 실행해 경이 보지 못한 부분을 보충한다."(龜山曰:"權者經之所不及." 這說却好. 蓋經者只是存得箇大法, 正當底道理而已. 蓋精微曲折處, 固非經之所能盡也. 所謂權者, 於精微曲折處, 曲盡其宜, 以濟經之所不見.)

4) 원문 "理明義精之極"을 도가이가 "聖人地位"로 교정했다. "성인의 지위에 도달하지 않으면" 정도의 의미가 된다. 다음 4항에, "송유(宋儒)는, 권은 성인이 아니면 실행할 수 없다고 논했다"라는 구절에 비춰 보면 도가이의 교정이 타당해 보인다. 여기서는 원문에 따랐다.

5) 편작은 제(齊)나라 발해(渤海) 사람. 노(盧)라고 한 것은 편작이 여러 지역에서 활동한 데서 생긴 착오. 한(漢)나라의 창공(倉公)은 명의로 순우 의(淳于意)를 말한다. 벼슬이 양식창고를 관리하는 태창장(太倉長)에 올랐으므로 창공이라 부른다. 사마천의 『사기』「편작창공열전」에 두 사람의 기록이 보인다.

고 하는 것과 무엇이 다른가. 이것이 어떻게 학문을 귀하게 여기는 것이겠는가.

4. 선유는 또, "예를 들어 탕임금과 무왕이 걸주桀紂를 무력으로 쳐 정벌한 것과 이윤이 태갑을 추방한 일이 권權이다"[6]라고 했다. 이 말도 깊이 생각하지 않은 것이다. 이윤이 태갑을 추방한 일 같은 것은 확실히 권이다. 탕임금과 무왕이 걸주를 무력으로 쳐 정벌한 일 같은 경우는 도라고 할 수는 있어도 권이라고 할 수는 없다. 왜 그런가. 권이란 한 사람이 할 수 있는 것이지 천하 사람이 공공으로 하는 게 아니다. 도라는 것은 천하 사람이 공공으로 할 수 있는 것이지 한 사람의 사사로운 감정으로 하는 게 아니다. 그러므로 천하를 위해 잔인한 사람을 제거하는 것을 인仁이라 하고 천하를 위해 적賊(남을 해치는 사람)을 없애는 것을 의義라 하는 것이다. 당시에 가령 탕임금과 무왕이 걸주를 무력으로 쳐 정벌하지 않았고 그런데 그들이 자신의 악을 고치지 않았다면 반드시 또 탕임금이나 무왕 같은 사람이 나타나 그들을 처벌했을 것이며, 윗자리에 그런 사람이 없었다면 반드시 아래에 그런 사람이 있었을 것이며, 한 사람이 할 수 없었다면 천하 사람들이 할 수 있었을 것이다. 진시황의 손자 자영子嬰이 함양咸陽에서 항적項籍에게 살해당하고 수나라 양제煬帝가 강도江都에서

6) 『주자어류』 권37에 다음과 같은 말이 보인다. "경(經)은 영원토록 항상 행해지는 도이며 권(權)은 부득이해서 쓰는 것이므로 의(義)에 부합해야 한다. 예를 들어 탕임금이 걸을 무력으로 치고 무왕이 주를 정벌한 일이 권이다. 만약 권을 시도 때도 없이 늘 쓴다면 끔찍한 세상이 될 것이다."(經是萬世常行之道, 權是不得已而用之, 須是合義也. 如湯放桀, 武王伐紂, 伊尹放太甲, 此是權也. 若日日時時用之, 則成甚世界了.)

우문화급宇文化及에게 피살되었다. 항씨와 우문이 할 수 있는 일이 아니었다. 천하 사람들이 모두 바라는 것에 합치했던 것이다. 탕임금과 무왕이 자신들의 사사로운 감정을 따르지 않고 천하 사람들이 똑같이 그렇게 해야 한다고 생각했던 것을 따를 수 있었기 때문에 도라고 하는 것이다. 한유漢儒는 이런 이치를 몰랐기 때문에 '경에 반대로 했는데도 도에 합치된다'[反經合道] 했고, 송유宋儒는, 권은 성인이 아니면 실행할 수 없다고 논했다. 그밖에 맹자의 말을 비판하는 사람들은[7] 모두 도가 천하의 공공물이라는 사실을 모르고 함부로 억지 견해를 펼친 것일 뿐이다. 안타깝다.

7) 맹자의 말을 비판하는 사람들의 예로는, 후한(後漢)의 왕충(王充)이 「자맹」(刺孟)을, 북송(北宋)의 풍휴(馮休)가 「산맹」(刪孟)을, 사마광(司馬光)이 「의맹」(疑孟)을, 이구(李覯)가 「비맹」(非孟)을, 조열지(晁說之)가 「저맹」(詆孟)을 지은 것 등을 들 수 있다.

성현(聖賢)

1. 성聖 자字는 옛날에는 덕을 말하는 것이기도 했고 사람을 가리키는 말이기도 해서, 후세에 칭하는, 확연히 계급이 있는 것과는 달랐다. 『주례』周禮에서는 성聖을 육덕六德(지知 · 인仁 · 성聖 · 의義 · 충忠 · 화和) 가운데 하나로 보았고, 공자 문하에서는 성을 인仁과 이어 말하거나 지智와 함께 논했으며 또 인과 지를 겸한 칭호이기도 해서, 명확한 풀이의 근거를 둘 만한 곳이 없다. 나는, 성 자가 지혜이기도 하고 행동이기도 해 각 방면에서 최고에 이르러 예측할 수도 알 수도 없는 경지를 가리키는 말이라고 본다.

『서경』「홍범」洪範에, "생각은 통달[睿]을 말하는 것으로, 통달하면 성스럽게[聖] 된다"[1]라 하였고, 『중용』 32장에, "총명하고 성스럽고 지혜로

---

1) 「홍범」의 해당 부분은 다음과 같다. "둘째로 오사(五事)는, 1. 모습이요, 2. 말이요, 3. 보는 것이요, 4. 듣는 것이요, 5. 생각이다. 모습은 공경을 말하고, 말은 도리를 따르는 것을 말하고, 보는 것은 밝게 보는 것을 말하고, 듣는 것은 귀로 잘 듣는 것을 말하고, 생각은 통달을 말하는 것이다. 공경하면 바르게 다스려지게 되고, 도리를 따르면 화평하게 되며, 밝게 보면 이치에 밝아지며, 귀로 잘 들으면 일을 도모하는 지혜가 생기고, 통달하면 성스럽게 된다."(二五事: 一曰貌, 二曰言, 三曰視, 四曰聽, 五曰思; 貌曰恭, 言曰從, 視曰明, 聽曰聰, 思曰睿; 恭作肅, 從作乂, 明作哲, 聰作謀, 睿作聖.)

워[聖知]"라 하였다. 이 말은 모두 지혜가 최고 경지에 이른 것을 말한다. 맹자는 백이伯夷·이윤伊尹·유하혜柳下惠를 모두 성인이라 하면서[2] 지智를 활쏘기의 훌륭한 솜씨에 비유하고 성聖을 활 쏘는 힘에 비유해 세 사람이 공자에 미치지 못하는 까닭이 지혜[智]가 부족한 데 있다고 했으니, 성이라는 말은 또 행동이 최고 경지에 이른 것을 칭했던 것이다. 그리고 (남들이) 바랄 만한 선인善人에서부터 이를 확충해 대인大人이 되고 자연스럽게 교화시키는 성인聖人에까지 이른다고 하였으니(『맹자』「진심 하」25장) 역시 행동이 최고 경지에 이른 것을 칭하는 말로 보인다.

현賢 자 또한 후세에 말하는, 반드시 계급이 있는 것과는 달랐다. 공자가 백이·숙제叔齊를 옛날의 현인이라고 했다든지, 맹자가 백이를 성인이라고 했다든지, 재아가 공자를 논하면서 역시 "요순보다 월등히 현명하다"라고 했다든지, 후세에 맹자를 논하면서 성현이라는 두 글자로 이어 칭하는 것을 보면 옛사람들이 칭했던 성현이라는 말은 후세 사람들이 심하게 명칭에 집착하는 것과는 달랐음을 알겠다.

---

2) 왕충(王充)의 『논형』(論衡) 「지실」(知實)편에 다음과 같은 글이 보인다. "백이·이윤·유하혜는 공자에 미치지 못하는 인물인데 맹가(맹자)는 이들을 모두 성인이라 했다. 성인과 현인은 같은 부류이므로 함께 칭할 수 있는 것이다. 재여는, '공자는 요순보다 월등히 현명하다[賢]'고 말했다. 공자는 성인이므로 '요순보다 성스럽다[聖]'고 해야 마땅할 텐데도 현(賢)이라고 했으니 성현이라는 두 말은 서로 자유롭게 쓸 수 있었다. 그러므로 그 명칭을 바꿔 썼던 것이다."(伯夷伊尹柳下惠不及孔子, 而孟軻皆曰聖人. 聖賢同類, 可以共一稱也. 宰予曰:"孔子賢于堯舜遠矣." 孔子聖, 宜言聖于堯舜, 而言賢者, 聖賢相出入. 故其名稱相貿易也.)

군자(君子)·소인(小人)

1. 군자·소인이라는 칭호는 공적인 지위를 가지고 말하는 것과 덕을 가지고 말하는 구별이 있지만 원래는 공적인 지위를 가지고 말한다. 천자·제후를 군君이라 하고 경대부卿大夫를 자子라 하고[1] 시골에서 농사를 짓는 사람들은 소인小人이라 한다. 군자·소인이라는 칭호는 여기서 온 것이다. 남의 위에 있는 사람은 그 사람됨이 기상이 노성老成하고 지식은 원대해서 천하의 모범이 될 수 있어야 한다. 그러므로 덕 있는 사람은 공적인 지위가 없더라도 또 군자라고 한다. 그의 덕을 존경하기 때문이다. 사람됨이 자잘하고 비천하며 좀스럽고 속임수를 쓰고 편협해 농사짓는 사람

---

1) 왕안석(王安石)의 「군자재기」(君子齋記)의 다음 글이 참고할 만하다. "천자·제후를 군(君)이라 하고 경대부(卿大夫)를 자(子)라 한다. 옛날에 이런 명칭으로 부른 것은 천하에 덕 있는 사람을 명명한 것이었다. 그러므로 천하에 덕 있는 사람을 모두 군자라고 한다. 천자·제후·경대부의 지위에 있으면서 그에 맞는 덕이 없어도 군자라고 부를 수 있다. 그 지위를 칭하는 것이다. 천자·제후·경대부의 덕을 가졌으면서도 지위가 없는 사람을 군자라고 부를 수 있다. 그 덕을 칭하는 것이다."(天子諸侯謂之君, 卿大夫謂之子. 古之爲此名也, 所以名天下之有德. 故天下之有德, 通謂之君子. 有天子諸侯卿大夫之位, 而無其德, 可以謂之君子, 蓋稱其位也. 有天子諸侯卿大夫之德, 而無其位, 可以謂之君子, 蓋稱其德也.)

의 기상을 가진 사람은 공적인 지위에 있더라도 또 소인이라 한다. 그의 사람됨을 천하게 보기 때문이다. 이것이 현자와 불초, 선인과 불선인不善人이라는 칭호와 크게 다른 점이다.

2. 사람이 학문을 하는 이유는 스스로 군자의 길로 나아가 소인으로 돌아가지 않으려는 데 있다. 하지만 군자와 소인의 구분을 명확히 하지 않으면 군자의 마음에 어떻게 해야 할 줄 몰라 자기도 모르게 소인으로 향해 가게 된다. 그런 까닭에 공자는 늘 군자와 소인을 상대적으로 거론해 그 상반되는 모습을 깊이 탐구했다. 공부하는 사람을 위하는 그 뜻이 매우 깊고 간절해 자세히 살피지 않을 수 없다. 이천伊川 선생은, "성인이 되고 싶다는 마음을 가진 다음에야 함께 공부할 수 있다"고 하였는데 확고한 말이라 하겠다. 진정 한나라와 당나라의 유학자들이 미치지 못하는 곳이다. 그러나 진실로 뜻을 가지고 월등히 뛰어나 세속을 뛰어넘는 사람이라야 확실히 가능한 일이다. 보통 사람의 자질로 이천 선생의 말을 자신의 뜻으로 삼으면 반드시 차례를 건너뛰고 단계를 무시해 자기가 표준을 세우는 병이 생길 것이다. 이는 군자가 되기를 스스로 기약해 아무런 폐단이 없는 것보다 못한 일이다.

3. 성인 문하에서 말한 '군자의 도'라는 것 또한 '성인의 도'라 칭한 것과는 크게 다르다. 군자의 도는 평이하고 여유로우며 지나침이나 모자람이 없는, 영원히 바뀌지 않는 일상의 법을 말한다. 예컨대 자산子産은 군자의 도 네 가지를 가졌다거나, 또 『중용』 13장의, "군자의 도 네 가지 가운데 나는 하나도 잘하지 못한다"라는 말이나 또 12장의, "군자의 도는 부부

에게서 근본이 마련된다"는 말, 또 33장의, "군자의 도는 담백하되 싫증나지 않으며 간결하되 문채文彩가 난다"는 등의 말이 이에 해당한다. 12장의, "(군자의 도는) 비費하면서 은隱하다"는 말만은 『논어』·『중용』의 여러 장과 크게 다른데 주석가들이 성인의 취지를 모르고 잘못 풀이했을 뿐이다. 『중용』 33장에, "군자의 도는 보이지 않게 매일 드러난다"고 하였으니 은隱이라는 말은 당연히 '암'闇(보이지 않는다) 자字의 뜻으로 풀이해야 한다.[2]

---

2) 비이은(費而隱)의 풀이는 진사이의 『중용발휘』가 참고된다. "비(費)는 『설문해자』에, '재산을 나눠주다 · 써버리다'라고 했다. 도가 광대하다는 말이다. 은(隱)은 보이지 않는다는 말이다. '보이지 않게 매일 드러난다'는 뜻이다. 군자의 도는 어느 곳이든 있지 않은 곳이 없으며 어느 때건 그렇지 않은 때가 없지만 근본적으로 어떠한 명칭으로도 말할 수 없으며 또한 어떠한 형상으로도 생각할 수 없는 데다 사람들은 생활하면서 매일 이 도를 쓰는데도 자신들도 알지 못한다는 말이다. 그러므로 광대하면서 보이지 않는다고 한 것이다. 선유는 '은'이라는 말의 뜻을 자세히 살피지 않고 '미묘해 볼 수 없다'는 뜻으로 잘못 풀었는데 『중용』의 본뜻과 너무 크게 어긋난다. 『논어』·『맹자』에서 말하는 군자의 도는 모두 평이하고 올바르며 여유로워 알기 쉽고 실행하기 쉬운, 영원토록 바뀌지 않을 일상의 도를 말한다. 이 책(『중용』)에서 누차 군자의 도를 말하고 있는데 모두 이런 의미로 풀이해야 한다."(費, 說文曰:"散財用也." 言道之廣也. 隱, 闇也. 卽闇然而日章之意. 言君子之道, 無處不在, 無時不然, 而本無名稱之可言, 亦無形之可尋. 民生日用, 而不自知之. 故曰:費而隱. 先儒不詳隱字之義, 誤爲微妙不可見之意, 盭中庸之本旨太甚矣. 凡語孟稱君子之道者, 皆謂平正從容, 易知易行, 而萬世不易之常道也. 此書屢言君子之道, 皆當以此意解之.)

왕도·패도(王覇)

1. 왕王이란 천하를 소유한 것을 말하고 패覇란 제후의 우두머리를 말하는 것으로 애초부터 왕과 패의 구분이 있지 않았다. 문왕과 무왕 이후로 왕의 기강이 풀어지면서 호령이 천하에 실행되지 않고 춘추시대에 들어와 제齊나라의 환공桓公과 진晉나라의 문공文公이 번갈아 나타나 자기편의 국가와 맹약을 하고 회맹會盟에 힘써 덕으로 천하를 복종시킬 수 없었다. 여기서 왕도와 패도의 구분이 생긴 것이다. 패도를 꼭 잘못이라고 할 게 아니다. 문왕이 서백西伯[1]이 된 것을 보아도 잘못이 아니란 걸 알 수 있다. 후세에 또 황제·왕·패를 논하는 일이 생겨[2] 유자儒者들이 이를 외웠다.

---

1) 서백(西伯)의 백(伯)은 패(覇)와 뜻이 같다.

2) 소옹(邵雍)의 『황극경세서』(皇極經世書) 「관물내편」(觀物內篇) 9에 다음과 같은 기록이 보인다. "이에 전설의 삼황(三皇)시대는 봄과 같았으며 먼 옛날의 오제(五帝)시대는 여름과 같았으며 하은주(夏殷周) 삼왕(三王)시대는 가을과 같았으며 춘추 오패(五霸)시대는 겨울과 같았음을 알겠다. 봄과 같았으니 따뜻했을 것이고 여름과 같았으니 더웠을 것이고 가을과 같았으니 차가웠을 것이고 겨울과 같았으니 추웠을 것이다."(是知三皇之世如春, 五帝之世如夏, 三王之世如秋, 五霸之世如冬. 如春溫如也, 如夏燠如也, 如秋凄如也, 如冬冽如也.)

하지만 공자가 말한 게 아니고 맹자도 논한 게 아니다. 전국시대 종횡가縱橫家나 잡가雜家(절충학파)들의 말이므로 빼놓아야 옳다.

2. 왕도와 패도의 구분은 유자의 급선무이므로 분명하게 구분하지 않으면 안 된다. 맹자는, "힘으로 인仁을 빌려 온 사람은 패자霸者며 덕으로 인仁을 행하는 사람은 왕자王者다. 힘으로 남을 복종시키는 것은 상대가 마음으로 복종하는 것이 아니라 힘이 부족해서다. 덕으로 남을 복종시키는 것은 상대가 마음으로 기뻐하며 진실로 복종한다"(「공손추 상」 3장)고 하였다. 이것이 왕도와 패도의 구분이다.

순자荀子는, "유학의 도에 맞게 순수하게 쓰면 왕자고 섞어 쓰면 패자다"[3]라고 하였다. 이 말은 근사해 보이지만 미뤄 짐작한 견해일 뿐 왕도를 아는 사람의 견해가 아니다. 왕자가 백성을 다스리는 법은 자식으로 돌본다는 것이다. 패자가 백성을 다스리는 법은 백성으로 다스린다는 것이다. 자식으로 돌보기 때문에 백성 역시 윗사람을 부모처럼 보고, 백성으로 다스리기 때문에 백성 역시 윗사람을 법 집행관처럼 본다. 병참을 책임진 장군처럼 분주히 돌아다니며 열심히 일해도 명령대로 따를 겨를이 없을 것이다. 하지만 사실은 마음으로 복종하는 것이 아니라 화가 생기면 피하고 난리를 만나면 도망가 임금과 함께 환난을 같이하지 않는다. 마음 쓰는 차이는 털끝만큼이지만 백성들이 윗사람에게 응하는 법은 하늘과 땅만큼 차이가 있다. 그저 순수하게 쓰고 섞어 쓰는 차이뿐

3) 『순자』 「왕패」(王霸)편에, "그러므로 유학의 도에 맞는 현인을 순수하게 쓰면 왕자가 되고 현인과 다른 사람을 섞어 쓰면 패자가 되며 현자가 하나도 없으면 망한다고 하는 것은 이를 말한다"(故曰:粹而王, 駁而霸, 無一焉而亡, 此之謂也)라고 하였다.

만이 아니다.

3. 왕자는 덕을 위주로 하지만 법이 없던 적은 없었다. 하지만 법은 덕을 펼치는 수단이지 덕이 기대는 것이 아니다. 패자는 법을 위주로 하고 덕을 빌려 법을 실행한다. 그러나 덕을 실제로 가질 수는 없다. 춘추시대 오패가 세상을 떠난 후 시대가 더욱 쇠락해서 오로지 법술에만 맡기고 다시는 덕을 빌릴 줄 몰랐다. 여기서 형명刑名의 학學[4]이 생겼다. 왕은 패도를 섞어 쓸 필요가 없다. 패자는 법술에 맡길 필요가 없다. 법술에 맡기면 패자를 당해낼 수 없으며 패자는 왕도를 당해낼 수 없다. 큰 나라는 작은 나라를 제압할 수 있고 작은 나라는 큰 나라에 대적할 수 없는 것이다.

---

4) 형명지학(刑名之學)은 명칭이 실제 내용과 일치하는지를 보고 이에 따라 신상필벌(信賞必罰)할 것을 주장한다. 신불해(申不害)가 선구이지만 한비자가 집대성했다.

귀신(鬼神)
(부록_ 점서占筮)

1. 귀신은 천지와 산천, 종묘와 오사五祀[1]의 신, 그리고 사람에게 화복을 줄 수 있는 일체의 신령으로, 이를 통틀어 귀신이라 한다. 주자는, "귀鬼는 음陰의 영靈이고 신神은 양陽의 영靈이다"라고 하였다. 이 말의 뜻은 대체로, 귀신이라는 명칭이 있지만 천지간에 음양陰陽을 벗어나 소위 귀신이 있을 수는 없다, 그러므로 귀는 음의 영…… 운운한 것이다. 진정 유자의 발언이라 할 수 있다. 하지만 오늘날 배우는 사람들이 그 말을 따라 한갓 바람 불고 비오며 서리 내리고 이슬 맺히며 해 뜨고 달 뜨며 밤이 가고 낮이 오며 움츠렸다 펼쳐지고 순환하는 현상을 귀신으로 보는 것은 잘못이다.

2. 귀신설說은 『논어』에 실린 공자의 말을 올바른 기준으로 삼아야지 그

---

1) 오사(五祀)는 여러 가지 의미가 있다. 다섯 방위[五方]의 신을 가리키기도 하고 가정에서 섬기는 다섯 신에게 지내는 제사를 말하기도 한다. 창문[戶], 부엌[竈], 문(門), 길[行], 집[中霤(중류); 토지신을 가리키는 말로 보기도 한다]에 지낸다.

밖에 『예기』 등의 책에서 논의한 것으로 뒤섞어서는 안 된다. 생각해 보면, 『노론』魯論에 실린 공자의 귀신설은 겨우 몇 장章에 지나지 않는다. 『맹자』에 오게 되면 귀신을 논한 구절이 하나도 없다. 하은주 삼대에 성왕聖王이 천하를 다스리던 시대에는 백성들이 좋아하는 것을 좋아하고 백성들이 믿는 것을 믿으며 천하 사람들의 마음을 자신의 마음으로 삼아, 총명을 천하에 앞세운 적이 없었다. 그런 까닭에 백성들이 귀신을 숭상하면 숭상하고 백성들이 점치는 것을 믿으면 믿어 정도正道를 실행하는 것을 가져왔을 따름이었다. 그러므로 성왕들이 죽자 또 폐단이 없을 수 없었다. 공자 시대에 와서 교법敎法(법도)을 위주로 도를 밝히고 그 뜻을 깨쳐 주어 백성들이 따르는 것에 헷갈리지 않도록 하였다. 『맹자』에, 선생님(공자)은 요순보다 월등히 뛰어나다고 한 것은 바로 이를 두고 말한 것이다.

"번지樊遲가 지혜에 대해 물었다. 선생님께서 대답하셨다. '사람들이 의로움을 행하도록 힘쓰고, 귀신을 공경하되 멀리하면 지혜롭다 할 수 있다'"(『논어』「옹야」 20장)고 했으며 또, "선생님께서는 괴상한 것, 힘쓰는 일, 어지러운 것, 귀신은 말씀하지 않으셨다"(『논어』「술이」 20장) 했고, "자로가 귀신 섬기는 일을 물었다. 선생님께서 말씀하셨다. '사람을 잘 섬기지 못하면서 어떻게 귀신을 섬길 수 있겠느냐'"(『논어』「선진」 11장)라 했다. 이 모든 것은 사람이 사람으로서 해야 할 도리에 힘쓰지 않고 혹 알 수 없는 귀신에 홀릴까 깊이 두려워해 말한 것임을 알겠다. 하지만 공자는, "선조에게 제사 지낼 때는 선조가 있는 듯이 하고 신에게 제사 지낼 때는 신이 있는 듯이 하셨으며"(『논어』「팔일」 12장), "마을 사람들이 귀신 쫓는 제사를 할 때에는 조복朝服을 입고 계단에 서 계셨다"

(『논어』「향당」 9장). 공경해야 할 대상에 대해서는 공경을 다하지 않은 적이 없음을 또 보게 된다. 이 점이, 우리 공자가 도를 밝히고 그 뜻을 깨쳐 주어 사람들이 따르는 것에 홀리지 않도록 해 삼대의 성인들과 다른 점이 있는 까닭이다. 이런 관점에서 보면 『예기』 등의 책에서 "자왈"子曰이라 하거나 혹은 "공자왈"孔子曰이라 하면서 귀신을 논한 모든 말은 전부 한유漢儒가 가탁해 거짓으로 지은 말에서 나왔지 공자의 말이 아닌 게 명백하다.

3. 점치는 말은 세상 사람들이 대부분 좋아하는 것이지만 의리에는 크게 해가 된다. 그런 까닭에 『논어』·『맹자』 두 책에는 한 번도 점치는 일에 대해 말한 적이 없다. 왜 그런가. 의義를 따르면 점을 칠 필요가 없고, 점을 따르면 의를 버릴 수밖에 없다. 의義에서 보면 관직을 떠나는 것이 당연한데 점에서 떠나는 것이 이롭지 않다고 하면 의를 따를 것인가, 점을 따를 것인가. 의에서 보면 관직에 나아가는 것이 당연한데 점에서 나아가는 것이 이롭지 않다고 하면 의를 따를 것인가, 점을 따를 것인가. 의에서 보면 조정에 올라가는 것이 당연한데 점에서 올라가는 것이 이롭지 않다고 하면 의를 따를 것인가, 점을 따를 것인가. 의에서 보면 관직에서 물러나는 것이 당연한데 점에서 물러나는 것이 이롭지 않다고 하면 의를 따를 것인가, 점을 따를 것인가. 의에서 볼 때 사는 게 당연하다면 살아야 하고 의에서 볼 때 죽는 게 당연하다면 죽어야 한다. 자신에게 달려 있을 뿐이다. 왜 점을 치고 결정하는가. 군자가 관직을 떠나거나 나아가며 조정에 올라가고 물러나는 일, 벼슬에 쓰이거나 버려지고 관직에서 자신의 뜻을 실행하거나 은둔하는 일은 오직 의가 있는 곳을 따른다. 왜

이로운지 이롭지 않은지 묻는가. 이 점이 공자와 맹자가 한 번도 점을 말하지 않은 까닭이다.

『논어』에, "덕을 한결같이 유지하지 않으면 부끄러운 일을 당할 수 있다. 선생님께서 말씀하셨다. '점을 치지 않는다'"(「자로」 22장)라고 하였다. 덕을 한결같이 유지하지 못해 당하는 부끄러움은 점으로 결정할 필요도 없이 흉한 줄 안다는 말이다. 이런 관점에서 보면 공자가 점을 치지 않았다는 사실이 더욱 명백하다. 그러므로 나는 하은주 삼대 시대에는 법도가 아직 확립되지 않고 학문이 널리 밝혀지지 않았다가 공자에 와서야 비로소 새롭게 열려, 해와 달이 하늘에 달려 영원히 떨어지지 않는 것처럼 됐다고 본 것이다. 이런 까닭에 삼대 이전의 책은 의당 삼대 이전의 관점으로 의미를 찾고 공자와 맹자의 책은 당연히 공자와 맹자의 뜻을 가지고 풀이해, 각자 그 이치가 있는 곳을 알아야 한다.

4. 사람들이 점을 믿는 까닭은 신령스런 작용이 있다고 생각해서다. 점은 과연 신령스러운가. 어떤 일이 길吉하면 길한 징조가 응답하고 어떤 일이 흉하면 흉한 징조가 응답한 이후에야 옳다고 하겠다. (『춘추좌씨전』 '소공昭公 12년'에) 남괴가 반란을 일으키려고 시초로 점을 쳐, '황색 치마라 크게 길하다'[黃裳, 元吉]라는 징조를 얻었다.[2] 남괴는 길하다고 판단해 반란을 일으켰지만 패배했다. 남괴는 반란자인데 길한 징조라 알려 줬으니 신령스럽다는 게 무슨 보탬이 되는가. 점은 과연 신령스러운가. 어떤 일이 길하면 점도 길해야 하고 어떤 일이 흉하면 점도 흉한 이후에야 옳다고 하겠다. (『춘추좌씨전』 '희공僖公 4년'에) 진晉나라 헌공獻公이 여희驪姬를 부인으로 삼으려고 거북으로 점을 쳤는데 불길하다 했고 시초로 점

을 치자 길하다고 나왔다.[3] 한 가지 일을 가지고 똑같이 점을 쳤는데 하나는 흉하고 하나는 길했으니 따를 게 없다. 신령스러움이 이런 것인가. 그러므로 점에 대한 말은 하은주 삼대의 책에 많이 실려 있으나 『논어』·『맹자』 두 책에 오면 점에 대한 언급이 한 마디도 없다. 성인은 의義를 가지고 판단해 사람들이 알 수 없는 길에 홀리지 않도록 한 것이다. 이 점이 우리 공자가 삼대의 성인들보다 탁월해 영원히 만세萬世의 큰 스승이 되는 까닭이다.

---

2) 이 부분에 도가이의 주석이 있다. "나는 괘효(卦爻)가 말하는 길흉은 각각 이 말에 얻은 사람들의 길흉과 회한(悔恨)을 보여 줄 뿐이라고 생각한다. 남괴(南蒯)가 반란을 일으키려다가 만약 흉한 징조를 얻었다면 점은 믿을 수 있을 것인데, '황색 치마라 크게 길하다'는 징조를 얻어 마침내 믿었다가 패배하고 말았다. 이것이 점을 믿을 수 없는 이유다. 점치는 사람의 덕에 의지해 고찰해 보면 역시 점을 칠 필요가 없다."(予謂卦爻言吉凶者, 各示値之者之吉凶悔吝耳. 南蒯將叛也, 若値凶兆, 則卜筮可信也, 而得黃裳元吉之兆, 遂信而敗. 此卜筮之所以不可信也. 若依占者之德而考之, 則亦不待占矣.)

"황색 치마라 크게 길하다"(黃裳, 元吉)는 말은 곤괘(坤卦) 육오(六五; 위에서 두번째 효)의 효사로, 황색 치마를 존귀한 길상(吉祥)을 나타내는 물건으로 본 데서 왔다. 황색은 흙의 상징으로 중앙을 나타내기도 한다.

3) 이 부분에 도가이의 주석이 있다. "『서경』「홍범」에도, '거북점은 좋다 하고 시초점은 좋지 않다고 한다'는 구절이 있으니 거북점과 시초점이 다르게 알려 줬음을 알 수 있다. 또 「홍범」에, '세 사람이 점을 치면 두 사람의 말을 따르라'(다수결 원칙)고 하였다. 거북점과 시초점이 달랐을 뿐만 아니라 같은 시초점 안에서도 이미 일치하지 않았던 것이다. 이 모두 점을 믿을 수 없는 이유다."(洪範亦有龜從筮逆之文, 則龜筮之不同告, 可知矣. 且洪範曰:"三人占, 則從二人之言." 則不唯龜筮之不同, 而同筮占之中, 旣自不一. 此皆卜筮之所以不可信也.)

『시경』(詩)

1. 시를 읽는 법은, 좋은 사람에겐 사람의 선한 마음을 감동시켜 드러낼 수 있고 나쁜 사람에게도 나태한 생각을 징계하고 따끔하게 찌를 수 있다는 것인데 확실히 그렇다. 하지만 시의 효용은 본래 지은이의 본뜻에 있는 게 아니라 독자가 어떻게 느끼는가에 달려 있다. 시에 담긴 감정은 온갖 모습으로 수많은 형태를 하고 있어 끄집어낼수록 더 무궁무진해 식견이 높은 사람이 시를 읽으면 고상하다 생각하고 식견이 낮은 사람이 읽으면 낮다고 생각한다. 둥글게도 모나게 되기도 하는데 독자가 만나는 바에 수반하는 것이며 크게도 작게도 되는데 독자가 보는 대로 따르는 것이다. 「당체」棠棣(혹은 상체常棣)[1]라는 시는 음탕한 행동에 대한 가사인데 공자는 이를 취해 도가 아주 가까이 있음을 밝혔다. 「한록」旱麓 시는 문왕文王의 덕을 노래한 시인데 자사子思는 이를 인용해 도가 없는 곳이 없음을 밝혔다.[2] "근심하는 마음 수심에 찼는데, 많은 소인에게 미움을 받는구나"라는 시구는 위衛나라 장강莊姜이 임금의 마음을 얻지 못해 원망하는 시인데 맹자는 이를 인용해 공자의 경우에 해당하는 일이라

하였다.[3] "다른 사람의 마음을 내가 헤아린다"라는 시구는 대부大夫가 참소로 인해 상처를 입고 하늘에 하소연하는 시인데 제齊나라 선왕宣王은 이를 인용해 맹자가 자기 마음을 잘 살핀 것을 기뻐하였다.[4] 배우는 사람들은 이러한 예를 보고 시 읽는 법을 깨달을 수 있을 것이다.

공자는 비로소 함께 시를 이야기할 수 있다고 단지 자공과 자하를 인정했다. 두 사람처럼 총명하게 문학을 깨우치지 않으면 시의 감정을 완전히 이해할 수 없다는 말이 아니라 이것이 시 읽는 방법이라는 말이다. 정현의 전과 주자의 전[5] 같은 경우 단지 시의 유래를 드러낼 뿐 옛사람들의 시 읽는 법에 근본을 둘 줄 몰랐다. 안타깝다.

2. 시에는 육의六義[6]가 있다. 풍風·부賦·비比·흥興·아雅·송頌이 그것이다. 정현의 전과 주자의 전 모두 『시경』의 국풍國風·이아二雅(대아大雅·소

---

1) 이 부분에 도가이의 주석이 있다. "『논어』「자한」30장에, '"채진목 꽃이 나부끼는데[偏], 어떻게 그대를 생각하지 않겠는가. 그대의 집이 멀리 있을 뿐." 선생님께서 말씀하셨다. "생각하지 않는 것이다. 뭐가 멀단 말인가"'라고 하였다. 이는 지금은 잃어버린 시다. 한나라의 고주와 주자의 집주에 모두 명확한 풀이가 없다. 소동파는 현자(賢者)를 그리워하는 시라고 했다. 『어맹자의』에서는 그 뜻을 추론해 음탕한 행동에 대한 시라고 했다. 모시(毛詩)에서 대부분 '어찌 그대를 생각하지 않겠는가'라고 한 구절은 남녀가 서로 사랑하는 노래와 유사하다. 이 모든 것을 아울러 시에 대한 해석의 증거로 쓸 수 있다."(論語: "唐棣之華, 偏其反而. 豈不爾思, 室是遠而. 子曰: '未之思也, 夫何遠之有.'" 此逸詩也. 古注及集註, 皆無明解. 東坡以爲思賢之詩. 字義推其義, 以爲淫奔之詩. 毛詩多曰:"豈不爾思", 似是男女相悅之詞, 可倂證也.)

2) 『중용』 12장, "『시경』에, '솔개가 하늘로 날고 물고기는 연못에서 뛴다'고 하였는데, 이는 도가 위아래로 밝게 드러난 것을 말한 것이다(鳶飛戾天, 魚躍于淵, 言其上下察也)"라는 자사의 말을 두고 한 언급이다.

3) 인용한 시는 「패풍(邶風)·백주(柏舟)」로 이 시에 대한 풀이는 『맹자』「진심 하」19장에 보인다.

4) 시는 「소아(小雅)·교언(巧言)」편이다. 『맹자』「양혜왕 상」7장에 보이는 일이다.

5) 정현의 전[鄭箋]과 주자의 전[朱傳]에서 '箋'과 '傳' 모두 주석이라는 의미다. '箋'은 '명백히 드러낸다'[表明]는 뜻이다.

6) 참고로 영어권에서는 '六義'를 'Six Principles'로 번역한다.

아小雅)·삼송三頌(주송周頌·노송魯頌·상송商頌)을 삼경三經, 부·비·흥을 삼위三緯라 했는데 여러 연구가들이 끝내 그 설을 고칠 수 없었다. 나는 조심스레 말한다. 국풍·아·송은 시의 형식[詩體]이지 육의에 속하는 게 아니다. 정전鄭箋·주전朱傳의 설과 같다면 시에는 삼의三義만 있고 육의는 없다. 또 풍·아·송·부·비·흥의 순서가 되어야 마땅하지 풍·부·비·흥·아·송이라 해서는 안 된다. 『주례』周禮「춘관」春官과 「모시毛詩·대서大序」에는 모두 풍·부·비·흥·아·송의 차례로 되어 있으니 삼경·삼위의 설은 가장 의심스럽다. 나는 그러므로 시의 육의 또한 작가의 의도에 있는 게 아니라 독자가 어떻게 사용하는가에 있어야 한다고 생각한다.

풍·부가 한 종류며 비·흥이 한 종류고 아·송이 한 종류다. 풍·부는 보통 때 사용하는 것이고 비·흥은 어느 특정한 때에 맞춰 뜻을 부친 것이고 아·송은 음악 소리에서 가져온 것이다. 어떻게 이렇게 말할 수 있는가. 『춘추좌씨전』을 보면 여러 나라의 사대부들이 시를 써 주거나 시로 응답하는데 모두, "아무 시에 부친다"[賦某詩]라 하거나 혹은 "아무 시 몇 장에 부친다"라고 했다. 이런 식으로 하면 시 300편을 모두 부賦라 할 수 있을 것이다. 『논어』「양화」8장에, "(시는) 흥기시킬 수 있다"[可以興]고 하였으니 시 300편을 흥興이라 할 수도 있다. 『주례』「춘관」에 "빈아豳雅·빈송豳頌"이라는 명칭이 있는데 빈풍豳風이라는 시를 아雅라 하기도 하고 송頌이라고도 하였으니 시 300편을 아라고도 송이라고도 할 수 있다. 그러므로 시 하나에 각자 육의를 갖추었으며 육의는 시 300편 가운데 모두 통하는 것이다. 옛날 사람들의 시 활용 방법이 어찌 크고 넓다 하지 않겠는가. 풍·부·비·흥·아·송의 차례에서 그 뜻이 또 자연 분명하다. 또 『주례』「춘관」에, 대사大師가 육의로 왕의 자제를 가르친다는 말을 살펴

보건대, 정전·주전에서 말한 대로라면 어리석은 사람이나 어린아이조차 모두 그 뜻을 이해할 수 있는데 대사의 교육이 무슨 필요가 있겠는가.

3. 시에는 찬미와 풍자가 있다. 시 작품에 작자가 있는 게 있고 작자가 없는 게 있다. 보통 당시에는 누가 지은 것인지 모른 채 시를 지어 어떤 사람의 음란함을 풍자했던가, 원래 일이 없었어도 말을 지어 자기 감정을 드러냈는데 궁정과 민간에 유포돼 전해지면서 노래 불렀을 뿐이다. 전적으로 어떤 사람을 찬미하든가 어떤 사람을 풍자하겠다는 의도가 있는 게 아니었다. 뒷날 시를 채록한 사람이, 나라의 기록관이든 시를 수집하는 관리든, 대의大意를 모아 어떤 시는 특정인을 찬미한 것이고 어떤 시는 특정인을 풍자한 것이라 했다. 지금 전하는 「모시·소서小序」가 그것이다. 그런데 주자가 소서를 전부 없애고 바로 경문經文에 의거해 그 뜻을 드러내었다. 후대의 유자들은 대부분 소서는 없애서는 안 된다고 했다. 소서의 설명은 모두 명확한 근거가 있기 때문이다.

나는 또 말한다. 소서를 없애고 바로 경문에 의거한다면 『시경』에 보이는 일에 의義를 해치는 게 많을 것이다. 「용풍」鄘風의 「상중」桑中 시에, "누구를 그리워하는가"라는 구절은 맹강孟姜을 아름답게 본 말이다. 2장에, "누구를 그리워하는가"라는 구절은 맹익孟弋을 아름답게 본 말이다. 3장에, "누구를 그리워하는가"라는 구절은 맹용孟庸을 아름답게 본 말이다. 주자가 말한 대로라면 이 구절은 한 사람이 세 사람과 만나기로 약속한 것인가, 세 사람이 각자 만나기로 약속한 것인가. 「왕풍」王風의 「언덕 가운데 삼밭이 있어」[丘中有麻]라는 시에, "언덕 가운데 삼밭이 있는데, 저기서 자차子嗟를 만류하는구나"라 했고 또, "언덕 가운데 보리밭이 있는

데, 저기서 자국子國를 만류하는구나"라 했다. 「정풍」鄭風의 「산에 부소나무가 있고」[山有扶蘇]라는 시에, "자도子都를 만나지 못하고, 광인狂人을 만난단 말인가"라 했고 또, "자충子充을 만나지 못하고, 교활한 아이를 만난단 말인가"라 했다. 이 시들은 한 사람이 두 사람과 몰래 정을 통한다는 말인가, 두 사람이 각자 정을 통하는 사람이 있다는 말인가. 만약 두 사람이 각자 정을 통하는 사람이 있다면 이 시 한 수는 두 사람의 손에서 나온 것일 게다. 만약 한 사람이 두 사람과 몰래 정을 통하는 것이라면 후미진 시골 오지에서 한 사람이 두 사람과 같이 살 수는 없을 것이다. 부끄러워하는 마음은 사람이라면 누구나 가지고 있는 법, 아무리 음탕한 사람이라도 스스로 자기의 못된 행동을 드러낼 리는 없다. 어떻게 해도 의미가 통하지 않는 게 이와 같다. 그러므로 소서를 없애고 바로 경문에 의거하면 국풍의 여러 편은 거의 다 음탕한 사람의 자작自作이 되어 찬미와 풍자의 의미가 명확하지 않게 된다.[7] 그러므로 『시경』에 보이는 일에 의義를 해치는 게 많을 것이라고 한 말은 바로 이 때문이다.

---

7) 「모시·소서」에서는, 「상중」(桑中)을 "음란한 행동을 풍자한 시다"(刺奔也)라 했고, 「언덕 가운데 삼밭이 있어」(丘中有麻)를 "현자(賢者)를 그리워하는 시다"(思賢也)라 했으며, 「산에 부소나무가 있고」(山有扶蘇)를 "태자(太子) 홀(忽)을 풍자한 시로, 아름답다고 여긴 것이 아름다운 게 아니었기 때문이었다"(刺忽也, 所美非美然)라고 했다.

『서경』(書)

1. 육경六經 가운데 『서경』보다 더 오래된 것도 없지만 흩어지고 없어져 가짜로 지은 것도 『서경』보다 심한 게 없다. 하지만 요순우탕문무堯舜禹湯文武에 대한 글이 아직 많이 있으므로 배우는 사람은 남아 있는 것을 통해 없어진 것을 살펴, 믿어야 할 것은 믿고 의심해야 할 것은 의심한다면 성인의 근본 기준과 큰 원칙을 개략적으로 볼 수 있어 흩어지고 없어져 가짜로 지은 게 많은 것도 해가 되지 않을 것이다.

『상서』尙書는 금문今文과 고문古文의 구별이 있다. 금문 29편은 진秦나라의 박사 복승伏勝이 외워 전한 것을 한漢나라 때의 문자로 필사한 것이다. 한나라 당시의 글자를 썼기 때문에 『금문상서』라 했다. 고문 58편은 한나라 무제武帝 때 노魯나라 공왕恭王이 공자의 옛집을 헐다 죽간竹簡에 쓰인 책을 발견했는데 모두 올챙이 모양의 글자[科斗文字]로 되어 있었다. 그래서 『고문상서』라 불렀다. 『고문상서』는 무제 때 황태자가 역모로 오해받아 자살한 '무고의 화'[巫蠱之禍]를 만나 세상에 통행되지 못하다 마침내 사라지고 말았다. 그 후 400여 년이 지나 동진東晉 이래 세상에 조금씩 유통되다가 수隋나라 문제文帝 개황開皇 연간(581~589)에 비로소 완전한 책이 나타났다. 그러므로 지금은 금문·고문이 나란히 통행된다. 하지만 송나라의 주자, 명나라의 임천 오여필吳與弼, 명나라의 매작梅鷟 같은 사람들은 모두 고문이 진짜가 아니라고 의심했는데, 아님을 증명하는 언어가 근거를 두어 명확하다.

무릇 옛사람들이 한 편의 글을 지을 때는 반드시 시작과 끝이 있다. 「요전」堯典 같은 경우 그 끝이, "규수嬀(=溈)水와 예수汭水 사이의 땅을 잘 정리해 두 딸에게 주고 우虞(순임금)에게 시집보내면서 제帝(요임금)께서, '공경하라'고 말씀하셨다"로 되어 있다. 이것이 어떻게 한 편의 끝을 맺는 말이라 할 수 있겠는가. 또 맹자는 「순전」舜典을 인용하면서 「요전」이라 불렀으니 옛날에는 두 편이 합쳐져 한 편이었던 게 분명하다. 삼묘三苗의 정벌, 「태서」泰誓의 저작연대 등 그 논리를 명확히 밝힐 수 없는 것은 모두 고문을 지나치게 믿는 데 원인이 있다. 맹자는 말했다. "그의 글을 읽었으면서 그 사람을 몰라서야 되겠는가."(「만장 하」8장) 당우唐虞(요와 순)와 하은주 삼대에는 그 의론議論이 모두 정치를 잘하고 사람을 아는 데 있었고 심성心性에 대한 논의는 한 적이 없다. 『고문상서』에는 심心을 논하고 성性을 논한 곳이 많은데[1] 전혀 당우와 하은주 시대의 말투가

---

1) 이 부분에 도가이의 주석이 있다. "「대우모」(大禹謨)에, '인심(人心)은 위태롭고 도심(道心)은 미약하다'라 했고 「탕고」(湯誥)에, '크신 상제께서 아래 백성에게 충심(衷心)을 내려주어 이를 따라 떳떳한 본성[恒性]을 가졌으니'라 했고 「필명」(畢命)에, '흐트러진 마음을 거두나 막기가 어렵구나'라고 했다. 이러한 말을 통해 『고문상서』에서 말하는 심성(心性)은 후세 사람의 가탁에서 나왔지 삼대 시대의 진서(眞書)가 아님을 알 수 있다."(大禹謨曰:"人心惟危, 道心惟微." 湯誥曰:"惟皇上帝, 降衷于下民, 若有恒性." 畢命曰:"雖收放心, 閑之惟艱." 此等皆古文尙書之說心性者, 其出於後人之假託, 而非三代之眞書, 可知矣.)

아니다. 도에 해가 되는 게 아주 많다.

2. 『서경』을 읽는 사람들은 먼저 공자가 멀리 요순의 뜻을 이어받아 전한 뜻을 명확히 알아야 한다. 그런 이후에야 비로소 우하상주虞夏商周 사대四代의 책(『서경』)을 읽을 수 있다. 그렇지 않으면 반드시 '아무것도 하지 않아도 자연히 변한다'[無爲自化]는 노장의 황당무계한 말에 현혹되어 성인의 책을 볼 때 필시 불만스런 마음을 품게 된다. 그래서는 성인의 이치를 터득할 수 없다.

공안국孔安國은 「상서 서」尙書序에서, "복희伏羲 · 신농神農 · 황제黃帝에 대한 책을 삼분三墳이라 하는데 대도大道를 말했다. 소호少昊 · 전욱顓頊 · 고신高辛 · 당우唐虞에 대한 책을 오전五典이라 하는데 일상의 도[常道]를 말했다"라고 했다. 이른바 대도라 함은 아주 광대하고 일상의 도가 미치지 못하는 것을 말한다. 하지만 공자는 단지 「요전」 · 「순전」 이전二典만 취하고 그 밖의 삼황과 삼제에 대한 책은 모두 버렸으니 이른바 대도라 한 것은 필시 지나치게 크고 넓어 인륜에 절실하지 않고 일상생활에 가깝지 않아 천하국가를 다스리는 데 무익했을 것이다. 요순의 도道만이 인도人道의 기준을 탐구한 것으로 영원히 바뀌지 않는 중용의 지극한 경지이고, 하상주夏商周의 도道 역시 모두 요순의 법도를 표준으로 삼아 하나도 '아무것도 하지 않아도 자연히 변한다'[無爲自化]는 말이 없다. 3천 년 후에 성인이 나타나도 요순과 삼대시대 수준에서 그 이상 벗어날 수 없을 것이며 노장이 말하는 '무위자화'無爲自化의 설은 모두 황당하고 불경해 가르침이 될 수 없다. 배우는 사람들은 이런 이치를 안 이후에 공자가 『서경』을 정한 의미를 정확히 깨달을 것이며 사대四代의 책(『서경』)에 대해서도 최고 경지에 도달해 아무것도 다시 덧붙이지 못할 책임을 깊이 알 것이다.

3. 구양자歐陽子(구양수歐陽脩)는 「제왕세차도 서」帝王世次圖序에서 말했다.

"요순우탕문무, 이 여섯 군자는 뛰어난 사람이라 하겠다. 그러나 후세에 오히려 그들이 전한 것을 잃어버린 것은 시대가 너무 멀리 떨어졌기 때문일 것이다. 이런 까닭에 군자의 학문은 시대가 먼 것을 파고드는 일을 잘한다고 하지 않으며 모르는 것을 빼놓는다. 세상을 헷갈리게 할까 전하는 것을 신중히 한다.

공자 시대에는 주나라가 쇠퇴하면서 학문이 사라져 모범이 되는 선왕先王의 도가 밝혀지지 않았고 이단異端의 학설이 나란히 일어나 공자가 근심하였다. 이에 『시경』·『서경』, 역사기록을 정리하고 바로잡아 어지러운 말들을 그치게 하고 전해오는 서적들이 진실임을 알리려 하였다. 이런 까닭에 먼 시대의 것은 간략히 하고 가까운 시대의 것은 상세히 하였다. 『서경』의 경우, 당우唐虞시대부터 끊어, 세상에 법도가 될 수 있는 큰일을 드러냈을 따름이다. 전설의 삼황三皇·오제五帝의 군신君臣이 대대로 전하는 차례[世次]에 대해 모두 언급한 적이 없는 것은 시대가 멀어 모르는 문제에는 신중했기 때문이다. 공자가 세상을 떠난 뒤 이단의 학설이 다시 일어났고 주나라 왕실도 더욱 쇠퇴하고 어지러웠으며 전국시대로 이어졌고 진秦나라 시대에는 책을 불태워 선왕의 도가 중간에 끊어졌다. 한나라가 일어나 오랜 시간이 흘러 『시경』·『서경』이 조금씩 세상에 나타났지만 완전하지 않았다. 왕도王道가 중간에 끊어진 시기에 이상한 책들과 기묘한 학설들이 한창 많아지고 성행하면서 그 언사에 왕왕 거꾸로 공자의 무리라고 자신을 부쳐 당시에 신뢰를 얻었다. 배우는 사람들은 이미 『시경』·『서경』의 상세한 모습을 두루 보지 못했고 성행하는 기묘한 학설을 익혀 전한 데다, 성인이 바탕으로 삼아야 한다는 서책이 세상에 없어 자연 진위眞僞를 취사선택할 줄 몰랐다. 심지어 많이 알기에 힘쓰는 게 최고라 생각하는, 박학博學과 호기好奇의 선비들이 생기면서 이에 여러 학설을 죄다 모아 편차編次를 논하기도 했다. 애초 선택할 게 없는데도 빠뜨릴까 두려워서였다.

아아 요순우탕문무의 도는 모든 왕들이 모범으로 삼는 것이다. 그 큰 덕과 훌륭한 업적은 한 일에 나타나 있으며 후세에 알고자 하는 것은 공자가 이미 모두 논해 드러내었다. 오래되고 멀어 밝히기 어려운 일, 후세에 꼭 알 필요 없고 몰라도 군자가 되는 데 해가 되지 않는 것은 공자는 모두 말하지 않았다. 공자가 성인이 되는 까닭은 취사할 것을 아는 지혜가 모두 이와 같았기 때문이다."(이상 전문全文)

구양자의 이 논의는 세상의 풍토에 가장 도움되는 말로 송나라 성리학의 여러 군자들이라도 미치지 못하는 바가 있다. 삼황·오제를 논한 것은 모두 전국시대 참위설(예언 계통의 학설)과 잡가(절충학파)의 말에서 나왔지 공자의 뜻이 아니다. 구양자 같은 사람은 성인의 뜻을 터득했다고 할 수 있겠다. 내가 굳이 강조해 드러낸다.

『역』(易)

1. 무릇 공자의 도를 배우는 사람들은 공자의 말을 따라야 한다. 공자의 도를 배우려 하면서 공자의 말을 따르지 않는 사람은 공자를 배반하는 자다. 『논어』에, "내가 몇 년 공부를 더해 50에 『역』을 배워 큰 잘못이 없을 수 있었다"(「술이」 16장)라고 했다. 내 생각에, 64괘 384효를 한 마디로 포괄한다면 "큰 잘못이 없을 수 있다"[可以無大過矣]이다. "해는 중천에 있으면 기울고, 달은 차면 이지러진다."(풍괘豊卦 단전彖傳) 그러므로 채움과 충족을 피하고 겸손과 덜어냄에 처하는 것이 『역』의 가르침이다. 옛날 성인이 음양이 소멸했다 자라는 변화를 탐구해 벼슬에 나아가고 물러나는 일, 국가가 보존되고 멸망하는 이치를 명확히 드러냈다. 64괘 384효 모두 이 이치를 분명히 말하지 않은 게 없다. 그러므로 "큰 잘못이 없을 수 있다"는 한 마디는 실로 『역』을 포괄할 수 있다. 대개 구구한 상수학象數學(『역』의 하늘·땅 등의 형상[象]과 수數를 연구하는 학문)과 점치는 공부는 모두 공자의 뜻이 아니다. 정자程子는 공자를 따라 의리義理의 관점에서 『역』을 풀어 『역전』易傳을 썼다. 주자朱子는 문왕文王과 주공周公을

따라 점치는 것을 위주로 했다. 내 생각에 『역』이란 책은 공자 이전에는 확실히 점치는 책이었을 것이다. 하지만 육경六經이 영원히 공자의 책이 되었으니 『역』도 진정 정자(의 견해)가 옳다고 봐야 한다.

2. 송의 구양자歐陽子와 남송南宋의 조남당趙南塘(조여담趙汝談) 두 사람은 공통으로 십익十翼은 공자가 지은 것이 아님을 깊이 탐구해 변증했다.[1] 내 생각엔, 옛 경서는 『노론』보다 명백한 게 없고 또한 『노론』보다 정확한 게 없다. 의리를 알기 어려워 분란이 아주 많은 『시경』·『서경』에 비할 바 아니므로 천하의 모든 책은 『노론』을 표준으로 절충해야 한다고 본다. 대전大傳(=십익十翼)에, "사물의 근원을 탐구하고 사물의 종국을 고찰했다. 그러므로 삶과 죽음에 대한 설명을 안다"라 했고, 이어서 또 "정기精氣가 모여 만물을 이루고 모인 기운이 흩어지면 흩어진 정기가 변화를 일으킨다. 이런 까닭에 귀신의 실제 모습을 안다"(「계사전 상」)고 했다. 이제 『논어』를 가지고 이 말을 증명해 보면 공자의 말이 아닌 게 분명하다. 그리고 점을 따르면 의義를 해치고 의를 따르면 점칠 필요가 없으므로 『논어』·『맹자』 두 책에서 점을 말한 적이 없다. 지금 보면 「계사」와

---

1) 구양수는 『역동자문』(易童子問)에서, 조여담은 『역설』(易說)에서 십익(十翼; 『역』 본문에 덧붙인, 「단상」彖上, 「단하」彖下, 「상상」象上, 「상하」象下, 「계사상」繫辭上, 「계사하」繫辭下, 「문언」文言, 「설괘」說卦, 「서괘」序卦, 「잡괘」雜卦 10편의 글[傳]을 말한다. '翼'은 보조輔助의 뜻. 영어로도 Ten Wings라고 한다)이 공자의 저술이 아니라고 했다.
이 부분에, 『주자어류』 권124에 보이는 주자의 말, "자정(子靜; 육구연陸九淵)은 항상 말했다, '『역』「계사전」은 결코 공자가 지은 게 아니다'"(子靜常言,"易系決非夫子作")를 인용하면서 도가이는 다음 주석을 붙였다. "예로부터 십익을 의심한 사람은 겨우 이 세 사람이 있었을 뿐이다. 『어맹자의』 본문에서는 육자(육구연)를 언급하지 않아 여기에 같은 부류의 사람으로 덧붙인다. 자세한 설명이 육자의 문집에 보이지 않아 안타깝다."(古來疑十翼者, 僅有此三人耳. 正文不及陸子, 今以類附. 惜其說不見於本集也.)

「설괘」는 전적으로 점을 위해 쓴 것이므로 구양자가, 점치는 사람들의 책으로 공자가 지은 게 아니라고 한 말은 당연하다. 또 대전에서 "무슨 말입니까?" "선생님께서 말씀하셨다"고 한 말은 강의하는 선생의 말로 보아야지 모두 역易 전문가가 언급한 게 아니다. 구양자는 『역동자문』易童子問을 지었고 조남당趙南塘은 『역설』易說 3권을 저술했는데 구양자의 학설은 배우는 사람들이 읽지 않으면 안 된다.

3. 옛날 역학易學에는 두 전문가 집단[家]이 있었다. 「단」彖·「상」象·「문언」文言은 유가儒家의 역易이었고 「계사」·「설괘」는 점치는 사람들[筮家]의 역이었다. 유가의 역은 전적으로 음양이 사라졌다 자라는 변화를 밝힌 것으로 점의 영역과 관계된 것은 하나도 없다. 『장자』 「천하」天下에, "역을 가지고 음양을 말했다"고 한 말이 이것이다. 단彖은 본래 괘卦 아래 붙은 말을 가리키는데 지금 말하는 "단에 이르기를"[彖曰]이란 것은 괘 아래 붙은 말을 풀이했다. 그러므로 이를 통틀어 단이라 한다. 상象은 『춘추좌씨전』에 진晉나라 한선자韓宣子가 노나라를 방문해 본 것으로 지금 "상에 이르기를"[象曰]이라 하는 것이 이것이다. 주자가 주석가의 일설에 따라 「단상전」彖象傳이라 한 것은 잘못이다. 「단」·「상」 두 작품 모두 공자 이전에 있었다. 「단」은 괘사를 풀이한 것이고 「상」은 효사를 풀이한 것으로 「상」에서 언급하지 않은 '괘 아래 붙은 말'은 대개 「단」에 있다. 이런 점에서 보면 「단」이 또 「상」보다 먼저 존재했음을 알 수 있다.

「계사」는 유가의 역에 근거를 두었지만 점을 위주로 했다. 구양자가 점치는 사람들이 지었다고 한 말은 이 점을 지적한 것이다. 「설괘」는 전적으로 점을 설명한 것으로 모두 점치는 사람들의 역이다. 정자의 『역전』易傳은 「계사」를 따랐지만 실상 「단」·「상」의 뜻에 부합한다. 『역』易을 깊이 아는 사람은 자연히 이 사실을 알 것이다.

『춘추』(春秋)

1. 『춘추』春秋은 노魯나라 역사 기록의 명칭이다. 노나라 사관史官이 주공周公의 옛 법도와 전례典禮를 따라 선악의 자취를 드러낸 책이다. 그러므로 『노춘추』魯春秋라 한다. 진晉나라 한선자韓宣子가 본 책이 이것이다. 주周나라의 도가 쇠약해진 후 사악한 학설과 난폭한 행동이 일어나 신하가 자기 임금을 시해하는 일이 벌어지고 자식이 자기 아버지를 살해하는 일이 생겼다. 이런 까닭에 공자가 이런 세상이 두려워 『춘추』를 지었다. 사관의 붓이 주공의 옛 법도를 따라 기록했어도 성인에게 괴이한 말이 없을 수 없었다. 그러므로 공자는 의義에 위배되는 것을 깎아 내고 의에 합치되는 것을 기록했다. 이런 이유로 "그 의義는 내가 외람되이 가져왔다"(『맹자』「이루 하」21장)라고 했다. "가져왔다"[取之]는 말은 '내가 저기서 가져왔다'는 말로 공자가 직접 포폄褒貶(평가. 칭찬과 비판)한 것이 아니다. 당시는 소박한 세상에 일이 간단해 통용되는 서적이 세상에 없었기에 선악과 좋고 나쁨이 시대와 함께 사라져 버려 후세에 드러나는 일이 없었다. 그러므로 난신적자亂臣賊子가 자기 욕심을 마음껏 부리면서 아

무것도 돌아보지 않았다. 이에 공자가 『노춘추』를 가지고 기록하고 깎아 내 영원히 고치지 못할 모범을 만들었다. 이 때문에 난신적자가 두려워 했다.

2. 『춘추』를 아는 사람치고 맹자 같은 이가 없으며 『좌씨전』만이 맹자의 뜻에 부합한다. 그러므로 『춘추』를 읽는 사람은 맹자를 기준으로 삼아 『좌씨전』을 참고해야 한다. 맹자는 말했다. "세상의 기강이 쇠퇴하고 도가 미약해지자 사악한 말과 난폭한 행동이 또 생겨나 자신의 임금을 죽이는 신하도 나오고 자기 아버지를 죽이는 자식도 나왔다. 공자께서 이런 세상에 두려움을 느끼시고 『춘추』를 지으셨으니, 『춘추』는 천자天子의 일을 다뤘다.[1] 이런 까닭에 공자께서, '나를 알아주는 것도 오직 『춘추』를 통해서이며, 나에게 죄가 있다 할 것도 오직 『춘추』를 통해서다'라고 하셨다."(「등문공 하」 9장) 공자는 당시에 난신적자들이 연이어 나오는데도 이들을 막을 수 없어 『춘추』를 지었다. 이것이 춘추대의大義다. 일월日月과 작위爵位를 기록하는 방식에 확실히 서법書法이 존재하지만 이것을 춘추대의라 해서는 안 된다. 성인이 경經을 정리한 것은 난신적자들의 욕심을 막고 사람들이 그 선악의 자취를 보도록 하는 데 있다. 그러므로 좌

1) "『춘추』는 천자(天子)의 일을 다뤘다"는 말에 도가이의 주석이 있다. "예악정벌은 천자가 하는 일인데 『춘추』에 이를 기록했기 때문에, '『춘추』는 천자(天子)의 일[事]을 다뤘다'고 했다. 당시 정벌과 회맹이 제나라 환공과 진(晉)나라 문공이 남긴 전례[事]을 따라 열렸는데 『춘추』에 이를 기록했기 때문에, '그 일[事]은 제나라 환공과 진나라 문공에 대한 것이었다'고 맹자가 말했다. 여기서 '사'(事)라는 두 글자가 정확히 일치한다. 포폄의 뜻을 문자에 부쳐 천자의 상벌을 대신한 게 아니다. 을사년(1725) 5월 20일 쓰다."(禮樂征伐, 天子所行之事也, 而春秋載之. 故曰:"春秋天子之事也." 當時征伐會盟, 襲桓文之餘業, 而春秋記之. 故曰:"其事則齊桓晉文." 此二事字正相同, 非寓袞鉞於文字, 而代天子之賞罰也. 乙巳五月廿日書.)

씨가 저술한 전傳 또한 그 일의 본말을 두루 실어 사람들이 선악의 실제를 살펴 확실히 알도록 하였다. 이것이 좌씨가 성인의 뜻을 알고 맹자의 뜻에도 부합한다고 한 이유다. 후대 사람들은 의리 풀이가 전주傳註인 줄만 알 뿐 사실 기록이 전주인 줄은 모른다. 좌씨의 의도에 우매했다.

이른바 천자의 일이란 예악정벌禮樂征伐을 가리킨다. 『논어』에, "천하에 도가 있으면 예악과 정벌이 천자에게서 나온다. 천하에 도가 없으면 예악과 정벌이 제후에게서 나온다"(「계씨」 2장)라고 한 말이 이것이다. 예악정벌은 서인庶人들이 감히 의론할 수 있는 게 아니었다. 하지만 당시 위에는 도를 밝히는 사람이 없었다. 이런 이유로 공자가 부득이 『춘추』를 지었다. 그러므로, "나를 알아주는 것도, 나에게 죄가 있다고 할 것도 오직 『춘추』를 통해서다"(『맹자』 「등문공 하」 9장)라고 한 것이다. (공자가 한 일을 두고) "천자의 일을 통해 242년 동안의 왕의 권세를 가탁한 것"[2]이라 한 말은 더욱 잘못됐다.

---

2) "나를 알아주는 것도, 나에게 죄가 있다고 할 것도 오직 『춘추』를 통해서다"라는 『맹자』의 경문(經文)에 붙인 호안국(胡安國)의 주에 보이는 말이다. 『맹자집주』에 있다.

총론사경(總論四經)

1. 육경六經 공부는 먼저 그 대의大義를 파악해야 한다. 대의를 파악하면 흐르는 물에 몸을 맡겨 내려가고 길을 따라 가는 것과 같아 아주 이해하기 어려운 곳이 없다. 구절마다 정교하게 쓰고 장마다 퇴고해 글자 하나하나 해설해야 통할 수 있는 다른 책에 비할 바 아니다. 대체로 인정人情은 『시』에 남김없이 다 드러나고, 정사政事는 『서』에 남김없이 다 드러나고, 일의 변화는 『역』에 남김없이 다 드러나고, 세상의 변화는 『춘추』에 남김없이 다 드러난다. 『시』를 읽지 않으면 가르침을 세울 수 없고, 『서』를 읽지 않으면 좋은 정치를 펼칠 수 없고, 『역』을 읽지 않으면 일의 변화를 알 수 없고, 『춘추』를 읽지 않으면 세상의 변화를 통제할 수 없다. 이것이 육경의 대의다.

육경 공부가 이렇게 심오한데 공자의 평소 말씀이 유독 『시』·『서』만 있었던 것은 왜일까. 무릇 인정은 예나 지금이나 문명국이나 오랑캐나 할 것 없이 똑같다. 인정을 따르면 모든 일이 잘 실행되고 인정에 어긋나면 모든 일이 실패한다. 인정을 따르지 않으면 사람들에게 여름에 털옷을 입게 하고 겨울에 베옷을 입게 하는 것과 같아 아침나절은 따르더라도 나중에는 반드시 실패하고 만다. 그러므로 가르침을 세우고 정치를 베푸는 사람은 반드시 『시』·『서』를 읽지 않으면 안 된다. 성인이 하는 정치는 인륜에 근본을 두고 인정에 절실한 것이어서, (노장의) 허무虛無와 청정 담백한 행동이 없으며 공리와 형명刑名(명분에 따른 실질을 정확히 따져 상을 주고 벌을 내린다는 법가의 주장)의 잡스러움이 없다. 우하상주虞夏商周 사대四代의 책(『서』)은 모두 군신의 도를 남김없이 다 담고 인륜人倫의 기준을 깊이 탐구해 황로黃老의 '아무것도 하지 않아도 자연히 변한다'[無爲自化]는 말과는 하늘과 땅 차이이다. 그러므로 『시』·『서』 이경二經은 더욱 평이하고 인정에 가까워 사람들이 따르기 쉽고 실천하기 쉽도록 해 많은 시간이 흘러도 폐단이 없다. 이런 이유로 『시』·『서』를 통해 입문하면 그 의미가 평이해 괴이하고 기묘한 행동이 없다. 사악한 말과 난폭한 행동, 고원高遠해 사람들이 도달할 수 없는 기술을 좋아하는 것, 이런 것은 『시』·『서』를 통한 입문을 전혀 모르는 것이다. 불교와 노장, 선禪에 물든 유자儒者의 말 같은 예들이 이렇다. 이것이 공자가 평소 『시』·『서』를 말하며 찬찬히 가르쳐 깨닫게 한 이유다.

2. 육경 읽기와 『논어』·『맹자』 읽기는 그 방법이 자연 다르다. 『논어』·『맹자』는 의리를 설명한 책이다. 『시』·『서』·『역』·『춘추』는 의리를 설명하지 않되 의리가 자연스레 담긴 책이다. 의리를 설명한 책은 배워 알 수 있다. 의리가 자연스레 담긴 책은 생각해서 터득해야 한다. 배워 알 수 있는 책은 의미가 뚜렷이 드러난다. 생각해서 터득해야 하는 책은 함축적이어서 의미가 노출되지 않는다. 『시』·『서』·『역』·『춘추』는 번거롭게 인

공적인 손질을 하지 않아도 자연스런 모습이 볼 만한 천연의 만물과 같다. 『논어』·『맹자』는 천하 만물의 무게와 길이를 재려고 놓은 저울·자와 같다. 육경은 그림이고 『논어』·『맹자』는 화법이다. 화법을 안 뒤에 그림의 이치를 통달할 수 있다. 화법을 모르고 그림의 이치를 깨칠 수 있는 사람은 없다. 육경은 천지만물의 모습을 단지 묘사하고 그려 섬세한 것까지 모두 빠뜨리지 않은 것과 같다. 『논어』·『맹자』는 천지만물의 이치를 지시해 사람들에게 보여 준 것과 같다. 그러므로 『논어』·『맹자』 두 책을 통달한 후에 육경을 읽을 수 있다. 그렇지 않으면 육경을 읽어도 아득하고 기댈 곳이 없어 자잘한 글자풀이로는 육경의 의미를 훤히 밝힐 수 없다. 정자程子는, "『논어』·『맹자』를 공부하고 나면 육경은 공부하지 않아도 저절로 명확해진다"고 했다. 이 말 역시 육경을 읽는 사람이라면 먼저 알아야 할 바다.

원문

語孟字義

語孟字義序

予嘗教學者以熟讀精思語孟二書, 使聖人之意思語脈能瞭然于心目間焉, 則非惟能識孔孟之意味血脈, 又能理會其字義, 而不至于大謬焉. 夫字義之於學問固小矣. 然而一失其義, 則爲害不細. 只當一一本之於語孟, 能合其意思語脈, 而後方可, 不可妄意遷就, 以雜己之私見. 所謂方枘圓鑿, 北轅適越者, 固不虛矣. 故著語孟字義一篇, 以附諸二書古義之後. 其詳有古義在, 今玆不贅.
天和三年 歲在癸亥五月 洛陽伊藤維楨謹識.

語孟字義 卷上

天道. 凡七條

1. 道猶路也. 人之所以往來通行也. 故凡物之所以通行者, 皆名之曰道. 其謂之天道者, 以一陰一陽往來不已, 故名之曰天道. 易曰: 一陰一陽之謂道. 其各加一字於陰陽字上者, 蓋所以形容夫一陰而一陽, 一陽而又一陰, 往來消長, 運而不已之意也. 蓋天地之間, 一元氣而已, 或爲陰, 或爲陽, 兩者只管盈虛消長往來感應於兩間, 未嘗止息. 此卽是天道之全體, 自然之氣機, 萬化從此而出, 品彙由此而生. 聖人之所以論天者, 至此而極矣. 可知自此以上, 更無道理, 更無去處. 考亭以謂陰陽非道, 所以陰陽者是道, 非也. 陰陽固非道, 一陰一陽往來不已者, 便是道. 考亭本以太極爲極至, 而以一陰一陽爲太極之動靜, 所以與繫辭之旨相盭太甚也.

2. 天道有流行, 有對待. 易曰:一陰一陽之謂道, 此以流行言. 立天之道, 曰陰與陽, 此以對待言. 其實一也. 流行者, 一陰一陽往來不已之謂. 對待者, 自天地日月山川水火, 以至於晝夜之明闇寒暑之往來, 皆無不有對. 是爲對待. 然對待者, 自在流行之中, 非流行之外, 又有對待也.

3. 何以謂天地之間一元氣而已耶. 此不可以空言曉. 請以譬喩明之. 今若以版六片相合作匣. 密以蓋加其上, 則自有氣盈于其內. 有氣盈于其內, 則自生白醭, 旣生白醭, 則又自生蛀蟫. 此自然之理也. 蓋天地一大匣也. 陰陽匣中之氣也. 萬物白醭蛀蟫也. 是氣也, 無所從而生. 亦無所從而來. 有匣則有氣, 無匣則無氣. 故知天地之間, 只是此一元氣而已矣. 可見非有理而後生斯氣. 所謂理者, 反是氣中之條理而已. 夫萬物本乎五行, 五行本乎陰陽, 而再求夫所以爲陰陽之本焉, 則不能不必歸之於理. 此常識之所以必至於此不能不生意見, 而宋儒之所以有無極太極之論也. 苟以前譬喩見之, 則其理彰然明甚矣. 大凡宋儒所謂有理而後有氣, 及未有天地之先, 畢竟先有此理等說, 皆臆度之見, 而畵蛇添足, 頭上安頭, 非實見得者也.

4. 易曰:天地之大德曰生. 言生生不已, 卽天地之道也. 故天地之道, 有生而無死, 有聚而無散. 死卽生之終, 散卽聚之盡. 天地之道, 一於生故也. 父祖身雖沒, 然其精神則傳之子孫, 子孫又傳之其子孫, 生生不斷, 至于無窮, 則謂之不死而可. 萬物皆然, 豈非天地之道有生而無死耶. 故謂生者必死, 聚者必散, 則可. 謂有生必有死, 有聚必有散, 則不可, 生與死對故也.

5. 或以爲自天地旣闢之後觀之, 固一元氣而已, 若自天地未闢之前觀之, 只是理而已. 故曰無極而太極. 適聖人未說到一陰一陽往來不已上面焉耳. 曰:此想像之見耳矣. 夫天地之前, 天地之始, 誰見而誰傳之邪. 若世有人生於天地未闢之前, 得壽數百億萬歲, 目擊親視, 傳之後人, 互相傳誦, 以到于今, 則誠眞矣. 然而世無生於天地未闢之前之人, 又無得壽數百億萬歲之人, 則大凡諸言天地開闢之說者, 皆不經之甚也. 所謂淸者升爲天, 濁者降爲地, 邵康節以十二萬九千六百年爲一元, 及天開於子, 地闢於丑, 人生於寅等說, 皆漢儒以來, 狃聞戰國雜家讖緯諸書, 迂怪不經之故說, 互相附會耳. 均之佛氏所謂無始, 老氏所謂無極之前, 亦皆妄誕而已矣. 夫四方上下曰宇, 古往今來曰宙, 知六合之無窮, 則知古今之無窮, 今日之天地, 卽萬古之天地, 萬古之天地, 卽今日之天地. 何有始終, 何有開闢. 此論可以破千古之惑. 但可與達者道, 不可與痴人道. 或謂旣不可謂天地有始終開闢焉, 則又不可謂無始終開闢. 曰:旣不可謂天地有始終開闢, 則固不可謂無始終開闢. 然於其窮際, 則雖聖人不能知之, 況學者乎. 故存而不議之爲妙矣.

6. 一陰一陽往來不已之謂天道, 其義甚明矣. 子貢何以謂不可得而聞乎. 蓋於一陰一陽往來不已之理, 則學者或可得而聞也. 至於維天之命於穆不已之理, 則非聰明正直仁熟智至者, 則不能識之. 所謂維天之命於穆不已, 卽書曰:惟天無親, 克敬惟親. 又曰:天道福善禍淫. 易曰:天道虧盈而益謙之意. 孔子曰:天生德於予, 桓魋其如予何. 又曰:獲罪於天, 無所禱也, 亦是也. 是子貢所謂不可得而聞也者, 蓋若此. 夫善者天之道. 故易曰:元者善之長也. 蓋天地之間, 四方上下, 渾渾淪淪, 充塞通徹, 無內無外, 莫非斯善. 故善則順, 惡則逆. 苟以不善在於天地之間者, 猶以山草植之于水澤之中, 以水族留之于山岡之上, 則不能一日得遂其性也必矣. 夫人不能一日有以不善立于天地之間, 亦猶如是. 故善之至, 無往而不善, 惡之極, 亦無往而不惡. 善之又善, 天下之善聚之, 其福不可量焉. 惡之又惡, 天下之惡歸之, 其禍不可測焉. 天道之可畏可愼如此, 而所謂善者, 豈有形狀之可言乎. 孔子曰:人之生也直, 罔之生也, 幸而免. 善者非他, 卽直而已. 蓋直則善, 不直則曲, 非有二也. 宋儒謂天專言則謂之理, 又曰:天卽理也. 其說落乎虛無, 而非聖人所以論天道之本旨. 蓋以有心見天, 則流于災異, 若漢儒災異之學, 是也. 以無心見天, 則陷于虛無, 若宋儒天卽理也之說, 是也. 學者苟恐懼修省, 以直道自盡, 無有一毫邪曲, 而後當自識之, 非可言語喩也.

7. 或曰一陰一陽往來不已之理, 或可得而知焉. 至於維天之命於穆不已之理, 則不可得而聞也. 一天道而有此二端者, 何哉. 曰:非有二端. 一陰一陽往來不已者, 以流行言. 維天之命於穆不已者, 以主宰言. 流行猶人之有動作威儀, 主宰猶人之有心思智慮, 其實一理也. 然論天道之所以爲天道, 則專以主宰而言. 書經易象孔子所謂天道者, 是也. 故中庸引維天之命之詩, 而釋之曰:蓋曰天之所以爲天也. 可見雖若有二端, 然至論天道之所以爲天道, 則專在於主宰也. 夫易之爲道, 陽爲善爲淑爲君子, 陰爲惡爲慝爲小人. 君子觀陰陽消長之變, 以審進退存亡之理, 則得合於天心, 倘否則不免逆于天心, 卽天之所以爲主宰者, 亦可從而知矣. 雖若有二端, 其實一理也.

天命. 凡十條

1. 孟子曰:莫之爲而爲者天也, 莫之致而至者命也. 是天命二字正訓也. 學者當以孟子之語爲準, 而理會凡經書所說天命二字之義, 自不至於失聖人之指之遠矣. 蓋天者, 專出於自然, 而非人力之所能爲也. 命者, 似出於人力, 而實非人力之所能及也. 天猶君主, 命猶其命令. 天者命之所由出, 命者, 天之所出. 故命比於天稍輕. 故孟子以舜之相堯, 禹之相舜, 歷年多, 施澤於民久遠, 暨堯舜之子皆不肖, 推歸之於天, 以其專出於自然, 而非人力之所能爲也. 夫子以伯牛之疾爲命, 蓋人之死也, 多皆己之所自致. 唯若伯牛之疾, 非其不能謹疾而有以致之. 故曰似出於人力, 而實非人力之所能及也. 此孟子之成說, 當謹守之, 不可復用後世紛紛之說.

2. 經書所連用天命二字, 有以天與命並言者, 有以天之所命言者. 其以天與命並言之命, 卽性命之命, 意重. 若所謂五十知天命, 及死生有命, 孟子曰:莫之致而至者命也之類, 是也. 其以天之所命言者, 卽與字之意, 猶孟子所謂此天之所予我者之予字, 意輕. 中庸所謂天命之謂性, 是也. 猶曰天與之謂性, 若以此命字作性命之命看, 則意義不通. 蓋文字本有實字, 有虛字, 性命之命, 是實字, 天之所命之命, 是虛字. 先儒謬以虛字作實字看. 故有理命氣命之別, 又有在天爲命, 在人爲性之說, 皆不知中庸之命字, 本虛字, 非實字故也. 夫一命而立二義, 甚無謂. 況以虛字爲實字, 其誤大矣. 所謂求其說而不得, 從而爲之辭者也.

3. 孔氏疏曰: 命猶令也. 令者, 卽使令敎令之意. 蓋吉凶禍福, 貧富夭壽, 皆天之所命,而非人力之所能及. 故謂之命也. 何謂天之所命. 以其非人力之所致而自至. 故總歸之于天, 而又謂之命. 蓋以天道至誠, 不容一毫僞妄也.

4. 凡聖人所謂命云者, 皆就吉凶禍福死生存亡相形上立言. 蓋或吉或凶, 或禍或福, 或死或生, 或存或亡, 其所遇之幸不幸, 皆自然而至, 無可奈之何. 故謂之命. 旣謂之命, 則有不可不順受之之意, 又有旣定而不可逃之意. 故曰:畏天命. 亦曰:愼天命. 蓋爲此也. 但盡其道而後至者, 是命. 倘一毫有所不自盡焉, 則人爲爾. 不可謂之命也.

5. 晦庵太極圖解云, 太極之有動靜, 是天命之流行也. 蓋依周頌維天之命之詩而言之. 程子亦曰:天道不已, 文王純於天道亦不已. 皆指一陰一陽往來不已者而言, 尤非也. 所謂命者, 乃謂上天監臨人之善惡淑慝, 而降之吉凶禍福. 詩曰:維天之命, 於穆不已. 其意蓋謂天命文王, 王斯大邦, 延及子孫, 永篤保之. 故其下繼之曰:於乎不顯, 文王之德之純. 假以溢我, 我其收之, 駿惠我文王, 曾孫篤之. 可見詩意總言保佑命之, 自天申之之意, 本無陰陽流行之意. 太甚分曉.

6. 聖人旣曰天道, 又曰天命, 所指各殊, 學者當就其言各理會聖人立言之本指. 蓋一陰一陽往來不已之謂天道, 吉凶禍福不招自至之謂命. 理自分曉, 宋儒不察, 混而一之, 盭于聖經特甚矣. 陳北溪字義曰:命一字有二義. 有以理言者, 有以氣言者. 其說出於考亭, 杜撰特甚. 觀其所謂理之命者, 卽聖人所謂天道者, 而獨於聖人所謂命者, 推爲氣之命. 故天道天命, 混而爲一, 而聖人所謂命者, 反爲命之偏者, 可乎. 聖人旣曰天道, 又曰天命, 則可知天道與天命自有別. 北溪又謂有理之命, 又有氣之命, 而氣之命中, 又有兩般. 嗚呼, 聖人之言, 奚支離多端, 使人難曉若此邪.

7. 何謂知命. 安而已矣. 何謂安. 不疑而已矣. 本非有聲色臭味之可言. 蓋無一毫之不實, 無一毫之不盡, 處之泰然, 履之坦然, 不二不惑, 當謂之安, 當謂之知. 孔子曰:丘之禱也久矣. 亦此意. 不可以見聞之知而言. 伊川云:知命者, 知有命而信之也. 此看命字甚淺. 所謂知命云者, 處乎死生存亡窮通榮辱之際, 泰然坦然, 煙銷氷釋, 無一毫動心處, 而謂之知命也. 知有命而信之, 是不待君子而後知之也.

8. 考亭又以謂聖人不消言命, 只爲中人以下說, 非也. 孔子說命處甚多, 豈皆爲中人以下說之乎. 孟子曰:孔子得之不得曰有命, 而主癰疽與侍人瘠環, 是無義無命也, 何以爲孔子. 孔子亦曰: 不知命, 無以爲君子也. 孟子以此論孔子, 孔子以此論君子, 皆非爲中人以下說. 其他聖賢自言命者, 不可枚擧. 宋儒皆委曲遷就, 不知其說之有所不通. 語曰:人不知而不慍, 不亦君子乎. 中庸曰:遯世不見知而不悔, 惟聖者能之. 是知命之境界. 蓋學問之極功, 君子之本分, 非中人以下之所能及也. 謂聖人不消言命者, 實非聖人之旨.

9. 論語集註引尹氏曰:用舍無與於己, 行藏安於所遇, 命不足道也. 其意以爲學問當言義, 而命不足道. 此不深考耳. 蓋有當言義處, 有當言命處, 何者. 出處進退在於己, 言義可矣. 若夫國之存亡, 道之興廢, 專繫於天, 雖聖人亦不得如己之所欲. 故曰:道之將行也與, 命也, 道之將廢也與, 命也. 孟子曰:孔子得之不得曰有命. 聖人亦固言命也. 故或可言義, 或可言命, 其專言命不足道者, 非也. 夫無天爵而人爵至, 非義, 不可受之也. 有天爵而人爵從之, 義也, 當受之也. 有天爵而人爵不至, 命也, 安之而已矣. 此義命之辨也. 伊川曰:賢者惟知義而已, 命在其中. 朱子曰:人事盡處便是命. 義命混合, 頗欠分曉. 蓋有義而無命者有矣, 有命而不消言義者有矣. 其曰命在義中者, 非也.

10. 集註又有"命稟於有生之初非今所能移"之說. 夫所貴乎學者, 以其致知崇德, 而能變氣質也. 倘果若其說, 則智愚賢不肖, 貧富夭壽, 皆一定於受生之初, 而學問修爲, 皆無益於己. 聖人之敎, 亦徒爲虛設, 弗思之甚也. 書曰:惟命不于常. 詩曰:保佑命之, 自天申之. 孟子曰:莫之致而至者命也. 皆據今日之所受而言, 非一定而不移之謂. 孔子曰:畏天命. 孟子曰:不立乎巖牆之下. 若使命果爲一定之數, 非今日之所能移, 則奚足畏. 亦奚不立乎巖牆之下. 其說之不通如此.

道. 凡五條

1. 道猶路也. 人之所以往來也. 故陰陽交運, 謂之天道, 剛柔相須, 謂之地道, 仁義相行, 謂之人道. 皆取往來之義也. 又曰:道猶途也. 由此則得行, 不由此則不得行. 所謂何莫由斯道也. 及道也者不可須臾離也, 是也. 皆取於由此則得行之義. 惟以其足以往來. 故不得不由此而行矣. 雖有二義, 實一理也. 又有以人之所行而言者, 若堯舜之道, 及三子者不同道等, 是也. 又有以方法言者, 若大學之道, 及生乎今之世而反古之道, 是也. 然皆因通行之義而假借之. 故有天道, 有地道, 有人道, 及異端小道百藝之末, 皆得以道言之也. 北溪曰:易說, 一陰一陽之謂道. 孔子此處是就造化根原上論. 大凡聖賢與人說道, 多是就人事上說. 惟此一句, 乃是贊易時, 說來歷根原. 愚謂不然. 謂天人一道, 則可, 爲道字來歷根原, 則不可. 易語是說天道. 如率性之謂道, 及志於道, 可與適道, 道在邇等類, 是說人道. 說卦明說, 立天之道, 曰陰與陽, 立地之道, 曰柔與剛, 立人之道, 曰仁與義. 不可混而一之. 其不可以陰陽爲人之道, 猶不可以仁義爲天之道也. 倘以此道字爲來歷根原, 則是以陰陽爲人之道也. 凡聖人所謂道者, 皆以人道而言之, 至於天道, 則夫子之所罕言, 而子貢之所以爲不可得而聞也. 其不可也必矣.

2. 道者, 人倫日用當行之路. 非待敎而後有, 亦非矯揉而能然, 皆自然而然. 至於四方八隅, 遐陬之陋, 蠻貊之蠢, 莫不自有君臣父子夫婦昆弟朋友之倫, 亦莫不有親義別敍信之道. 萬世之上若此, 萬世之下亦若此. 故曰:道也者, 不可須臾離也, 是也. 若佛老之敎則不然, 崇之則存, 廢之則滅, 有焉而不爲用, 無焉而不爲損. 古昔堯舜禹湯文武之時, 世咸太平, 民皆壽考, 不以無二氏爲患. 自佛老始盛以還, 人主崇奉之者,不爲不多. 然而大崇奉之, 則大亂, 小崇奉之, 則小亂, 非若吾聖人之道不能使天下一日無焉. 故曰: 有焉而不爲用, 無焉而不爲損.

3. 孟子曰:道若大路然, 豈難知哉. 所謂大路者, 貴賤尊卑之所通行, 猶本國五畿七道, 洎唐十道, 宋二十三路, 上自王公大人, 下至於販夫馬卒跛奚瞽者, 皆莫不由此而行. 唯王公大人得行, 而匹夫匹婦不得行, 則非道. 賢知者得行, 而愚不肖者不得行, 則非道. 故曰:若大路然. 只在於安焉與勉焉之別而已. 若佛老之敎, 及近世禪儒之說, 高唱空虛難憑之理, 好爲高遠不可及之說, 非不奇而可喜, 非不高而可驚. 然奈其非通於天下達乎萬世而不可須臾離之道何. 故欲辨吾儒與異端之眞僞是非, 本不待費多言, 只察於其可得而離與不可得而離, 可矣.

4. 道體二字不經見, 自宋儒發之. 伊川以陰陽無端動靜無始爲道體, 晦庵以無聲無臭所以然之理爲道體. 而就二家之說論之, 伊川之說, 自庶幾於一陰一陽之謂道之旨, 但不可立道體之名焉耳. 然易以氣言, 伊川以理言, 則其說雖甚似, 然意則異矣. 若晦巖之說, 於聖人之書, 本無斯理. 蓋淵源老莊虛無之說來. 或曰:朱說本出於易形而上者謂之道, 形而下者謂之器之說. 曰:此狃聞朱說, 而誤會其義耳. 譬諸扇, 其生風是扇之道, 紙骨之類是器. 猶言炎上是火之道, 潤下是水之道也. 朱子之意, 以爲扇之生風是器, 其所以生風之理是道, 非也. 豈可指氣而爲器乎.

5. 佛氏以空爲道, 老子以虛爲道. 佛氏以爲山川大地盡是幻妄, 老子以爲萬物皆生於無, 然而天地萬古常覆載, 日月萬古常照臨, 四時萬古常推遷, 山川萬古常峙流, 羽者毛者鱗者裸者植者蔓者萬古常如此. 以形化者, 萬古常以形化, 以氣化者, 萬古常以氣化, 相傳相蒸, 生生無窮, 何所見夫所謂空虛者邪. 彼蓋出於用智廢學, 屛居山林, 默坐澄心所得一種見解, 而非天地之內, 天地之外, 實有斯理. 凡父子之相親, 夫婦之相愛, 儕輩之相隨, 非惟人有之, 物亦有之, 非惟有情之物有之, 雖竹木無智之物, 亦有雌雄牝牡子母之別, 況於四端之心, 良知良能, 固有於己者乎. 非惟君子能存之, 雖行道之乞人, 亦皆有之. 聖人品節之以爲敎耳. 非有强之. 故中庸曰:君子之道, 本諸身, 徵諸庶民, 考諸三王而不謬, 建諸天地而不悖, 質諸鬼神而無疑, 百世以俟聖人而不惑. 故若聖人之道, 則非徒徵諸庶民, 考諸三王, 建諸天地, 質諸鬼神, 無所悖戾. 大凡至於草木虫魚沙礫糟粕, 皆無所不合. 若佛老之說, 求之天地日月山川草木民物諸彙, 皆無所驗, 可知天地之間, 畢竟是無此理.

理. 凡五條

1. 理字與道字相近. 道以往來言, 理以條理言. 故聖人曰天道, 曰人道, 而未嘗以理字命之. 易曰:窮理盡性, 以至于命. 蓋窮理以物言, 盡性以人言, 至命以天言, 自物而人, 而天, 其措詞自有次第, 可見以理字屬之事物, 而不係之天與人. 或謂, 聖人何故以道字屬之天與人, 而以理字屬之事物乎. 曰:道字本活字, 所以形容其生生化化之妙也. 若理字本死字. 從玉里聲, 謂玉石之文理, 可以形容事物之條理, 而不足以形容天地生生化化之妙也. 蓋聖人以天地爲活物. 故易曰:復其見天地之心乎. 老氏以虛無爲道, 視天地若死物然. 故聖人曰:天道, 老子曰:天理. 言各有攸當. 此吾道之所以與老佛自異, 不可混而一之也. 按天理二字, 屢見於莊子, 而於吾聖人之書無之. 樂記雖有天理人欲之言, 然本出於老子, 而非聖人之言. 象山陸氏辨之明矣. 象山陸氏曰:天理人欲之言, 亦自不是至論. 若天是理, 人是欲, 則是天人不同矣. 此其原蓋出於老子. 樂記曰:人生而靜, 天之性也. 感於物而動, 性之欲也. 物至知知, 而後好惡形焉, 不能反躬, 天理滅矣. 天理人欲之言, 蓋出於此. 樂記之言, 亦根於老氏.

2. 聖人每以道字爲言, 而及于理字者甚罕矣. 若後世儒者, 倘捨理字, 則無可以言者矣. 其所以與聖人相齟齬者, 何哉. 曰:後世儒者, 專以議論爲主, 而不以德行爲本, 其勢自不能不然. 且以理爲主, 則必歸于禪莊. 蓋道以所行言, 活字也. 理以所存言, 死字也. 聖人見道也實. 故其說理也活. 老氏見道也虛, 故其說理也死. 聖人每曰天道, 曰天命, 而未嘗曰天理. 曰人道, 曰人性, 而未嘗曰人理. 唯莊子屢言理字, 不勝其多. 彼蓋以虛無爲其道故也. 所以措詞自不能不如此. 吾故曰:後世儒者, 以理爲主者, 爲其本從老氏來也.

3. 理義二字亦相近. 理是有條而不紊之謂. 義是有宜而相適之謂. 河流派別, 各有條理之謂理, 水可舟, 陸可車之謂義. 不修其身, 而求禱鬼神, 萬無感應者, 理也, 宗廟五祀可禱, 而牛鬼蛇神一切淫祀之類不可禱者, 義也. 推若此之類, 可以識其別矣. 程子曰:在物爲理, 處物爲義. 其說固也, 然未盡. 若此則理是在物, 義是在己. 以孟子理義之悅我心, 猶芻豢之悅我口之言觀之, 則見理義兩者, 本自天下之至理, 而以吾心卽仁義之良心. 故理也, 義也, 皆與吾心相適. 故曰:猶芻豢之悅我口也. 豈一以屬物, 一以屬己, 而可乎哉.

4. 中庸序曰: 彌近理而大亂眞. 胡雲峰曰: 此之虛, 虛而有, 彼之虛, 虛而無. 此之寂, 寂而感, 彼之寂, 寂而滅. 學者狃聞其說, 皆以謂吾儒與佛者異處, 唯在於用上, 而至其理之體, 則本甚相近, 可謂亂道之甚也. 夫有斯本, 則必有斯末, 有斯末, 則必不可無其本, 非徒於其用處相反, 其體之相異, 猶水火黑白之相反, 生死人鬼之相隔, 邈乎不可相入. 若謂彌近理, 則所謂同浴而笑人之裸體者, 而儒之與佛, 何相反之有. 若謂吾寂寂而感, 彼寂寂而滅, 則諺所謂改頰爲面者, 而亦何相異之有. 豈非亂道之甚也耶. 大凡體用之說, 本起於近世, 聖人之書無之. 唐淸涼國師華嚴經疏曰:體用一源, 顯微無間. 從伊川用此二句, 入于易傳序中. 儒者視以爲至珍至寶, 而不知其說本自禪學來. 夫佛者以寂滅爲吾眞體, 而不能悉滅人事. 故說眞諦, 說假諦, 自不能不立體用之說, 殊不知一陰一陽, 天道之全體, 仁義相行, 人道之全體, 外此無所謂體, 亦無所謂用, 不可以體用說聖人之學如此. 若立體用, 則理爲體, 事爲用, 體本而 用末, 體重而用輕. 近思錄論道體存養諸卷, 都爲學問之本根, 而論孟等書, 反爲無緊要之書. 主靜無欲等說, 獨爲其體, 而孝弟忠信, 總爲之用, 其害道特甚, 而若虛字寂字, 本皆佛老之常言, 而於吾聖人之書皆無之. 但易咸大象曰:君子以虛受人. 繫辭曰:寂然不動, 感而遂通天下之故. 虛字寂字, 纔見於此耳. 然咸卦所謂虛云者, 謂中無私心. 繫辭所謂寂云者, 贊蓍之德云爾, 非謂理之體也. 且若寂字, 程子亦只假之以論心, 初學者不知易之本旨, 以爲聖人之旨本如此, 可謂謬矣. 大抵宋之一代, 禪學大行于天下, 文武百官, 男女老少, 凡識字者, 皆莫不學禪. 故儒者習聞其說, 而不覺自以其理解吾聖人之書, 後學亦只以爲吾聖人之學眞如此, 恬不知怪, 可憫也哉.

5. 程子曰: 沖漠無朕, 萬象森然已具, 未應不是先, 旣應不是後. 沖漠無朕四字, 出於莊子. 萬象森然四字, 多見佛書. 蓋卽維摩所謂芥子納須彌之理也. 維摩之室, 設三萬二千獅子座, 亦卽此理. 譬猶懸鏡室中, 人畜器用, 皆歷歷可見, 其數有限, 不增不減, 而後可也. 然而建諸天地, 則皆悖. 蓋天地之化, 生生無窮, 有則愈有, 無則愈無, 當其有之盛, 則愈相倍蓰, 雖極天下之巧, 不能算焉. 儻至於無之極, 則滅而又滅, 泯然澌盡, 無跡之可尋. 此天地之妙也. 故聖人之道, 所以爲眞實正當之教, 而老莊所謂沖漠無朕, 芥子納須彌等說, 實出於世俗陋見, 飾以硬語耳. 本甚淺近易到, 伊川曰:動靜無端, 陰陽無始. 非知道者, 孰能識之. 蓋指佛老而言, 可謂至言矣.

德. 凡四條

1. 德者, 仁義禮智之總名. 中庸曰: 智仁勇三者, 天下之達德也. 韓子亦曰: 吾所謂道德云者, 合仁與義言, 是也. 然謂之德, 則仁義禮智之理備, 而其用未著. 旣謂之仁義禮智, 則各見於事, 而有跡之可見. 故經書多言德, 而又言仁, 蓋爲此也.

2. 德字及仁義禮智等字, 古註疏皆無明訓. 蓋非不能訓之, 以本不可訓也. 何者. 學者之所常識, 而非字訓之所能盡也. 晦庵曰: 德者得也, 行道而有得於心也. 此語本出於禮記. 但禮記作有得於身. 晦庵改身字而作心字. 然禮記所謂德字得也者, 猶言仁人也, 義宜也, 天顚也, 地示也, 皆假音近者, 以發其義, 本非正訓也. 若以德爲得之義, 則德是待修爲而後有, 豈足盡本然之德哉. 語曰:據於德. 中庸曰: 知微之顯, 可與入德矣. 是等德字, 皆有道字之意, 便指仁義禮智之德而言, 觀其據字入字可見矣. 又曰: 由, 知德者鮮矣. 又曰:吾未見好德如好色者也. 夫有一物, 而後謂之知. 又謂之好. 若宋儒之所謂, 則知好二字, 意義不通.

3. 道德二字, 亦甚相近. 道以流行言, 德以所存言. 道有所自導, 德有所濟物. 中庸以君臣父子夫婦昆弟朋友之交爲達道, 以智仁勇爲達德, 是也. 若推而言之, 則一陰一陽, 天之道也, 覆而無外, 天之德也. 剛柔相濟, 地之道也, 生物不測, 地之德也. 或補或瀉, 藥之道也, 能療病活命, 藥之德也. 或炎或燒, 火之道也, 能調和飮食, 火之德也. 由是觀之, 道德二字之義, 自當分明.

4. 聖人言德而不言心. 後儒言心而不言德. 蓋德也者, 天下之至美, 萬善之總括. 故聖人使學者由焉而行之. 若心本淸濁相雜, 但在以仁禮存之耳. 孔子曰: 其心三月不違仁. 又曰: 從心所欲不踰矩. 孟子曰: 有恒産則有恒心, 無恒産因無恒心. 曰仁, 曰矩, 曰恒, 是德. 心則在處之如何耳. 是聖人之所以言德而不言心也. 而後儒見心而不見德. 故以心爲重, 而一生功夫, 總歸之於此, 所以學問枯燥, 無復聖人從容盛大之氣象, 蓋坐此故也.

仁義禮智. 凡十四條

1. 慈愛之德, 遠近內外, 充實通徹, 無所不至之謂仁. 爲其所當爲, 而不爲其所不當爲之謂義. 尊卑上下, 等威分明, 不少踰越之謂禮. 天下之理, 曉然洞徹, 無所疑惑之謂智. 天下之善雖衆, 天下之理雖多, 然仁義禮智, 爲之綱領, 而萬善莫不自總括於其中. 故聖人以是四者爲道德之本體, 而敎學者由此而修之也.

2. 仁義禮智之理, 學者當以孟子之論作本字脚註看. 蓋孔門學者, 以仁義禮智爲家常茶飯, 不復有疑於其間. 故門人弟子, 惟問其所以爲之之方, 夫子亦以其所以爲之之方告之, 而未嘗論仁義禮智之義. 故今不能據其詞而推其理, 至孟子時, 則聖遠道湮, 學者非惟不得修仁義禮智之方, 亦併仁義禮智之義, 而不知之. 故孟子爲學者諄諄然明論其理, 指其源委, 委曲詳悉, 無復滲漏. 故學者當原之於孟子, 察其義理, 而後會之於論語, 求其全體, 則玆無餘蘊矣. 程朱諸家, 所以不免於仁義禮智之理有差者, 蓋爲不知原之孟子, 而徒就論語言詞上理會仁義禮智之理焉耳. 孟子曰:惻隱之心, 仁之端也, 羞惡之心, 義之端也, 辭讓之心, 禮之端也, 是非之心, 智之端也. 人之有是四端也, 猶其有四體也. 又曰: 人皆有所不爲, 達之於其所爲, 義也. 學者就此二章求之, 則於仁義禮智之理, 自釋然矣. 其意以爲人之有是四端, 卽性之所有, 人人具足, 不待外求, 猶四體之具於其身, 苟擴而充大之, 則能成仁義禮智之德, 猶火之始燃, 自至於燎原之熾, 泉之始達, 必至於襄陵之蕩, 漸漸循循, 其勢自不能已焉. 至於後一章, 其義尤分明, 無復可疑, 所謂人皆有所不忍, 有所不爲者, 卽惻隱羞惡之二端也, 而謂達之於其所忍所爲, 而後能爲仁爲義, 則見四端之心, 是我生之所有, 而仁義禮智, 卽其所擴充而成也.

3. 仁義禮智四者, 皆道德之名, 而非性之名. 道德者, 以徧達於天下而言, 非一人之所有也. 性者, 以專有於己而言, 非天下之所該也. 此性與道德之辨也. 易曰: 立人之道, 曰仁與義. 中庸曰: 智仁勇三者, 天下之達德也. 孟子曰: 旣飽以德. 言飽乎仁義也. 仁義爲道德之名彰彰矣. 自漢唐諸儒, 至於宋濂溪先生, 皆以仁義禮智爲德, 而未嘗有異議. 至於伊川, 始以仁義禮智爲性之名, 而以性爲理. 自此而學者皆以仁義禮智爲理爲性, 而徒理會其義, 不復用力於仁義禮智之德. 至於其功夫受用, 則別立持敬主靜致良知等條目, 而不復狥孔氏之法. 此予之所以深辨痛論, 縈詞累言, 聊罄愚衷, 以不能自已者, 實爲此也, 非好辨也. 或曰: 伊川何以謂仁義禮智爲性耶. 蓋觀孟子仁義禮智, 非由外鑠我也, 我固有之也. 及仁義禮智根於心之語, 以爲仁義禮智是性, 而不再推到孟子之意所在, 殊不知其所謂固有云者, 固與謂之性自不同. 蓋孟子之意, 以爲人必有惻隱羞惡辭讓是非之心, 是四者, 人之性而善者也, 而仁義禮智, 天下之德, 而善之至極者也. 苟以性之善而行天下之德焉, 則其易也, 猶以地種樹, 以薪燃火, 自無所窒礙. 故擴充惻隱羞惡辭讓是非之心, 則能成仁義禮智之德, 而雖四海之廣, 自有易保焉者矣. 蓋人之性不善, 則欲成仁義禮智之德, 而不得. 唯其善, 故得能成仁義禮智之德. 故謂仁義卽吾性, 可也, 謂吾性卽仁義, 亦可也. 但以仁義爲性中之名, 則不可也. 所謂固有者意, 蓋如此. 其理甚微, 所謂毫釐千里之差, 實在於此, 學者不可不反復體察焉. 而其所謂根於心者, 本對覇而言, 夫覇者之行仁義也, 皆假之以濟己之欲, 而非己之眞有也. 王者之行政也, 非惟外由仁義而行, 實根柢於中心, 而無往而不在仁義禮智. 故曰:根於心. 其義豈不明哉.

4. 聖賢論仁義禮智之德, 有自本體而言, 有自修爲而言者. 其自本體而言者, 若書曰: 以義制事, 以禮制心. 及論語曰: 我欲仁, 斯仁至矣. 孟子所謂仁人之安宅也, 義人之正路也, 及居仁由義, 大人之事備矣, 及君子以仁存心, 以禮存心等語, 皆是也. 其自修爲而言者, 若四端之章, 及人皆有所不忍, 達之於其所忍, 仁也等語, 是也. 本體云者, 卽德之本然, 謂天下古今之達德也. 修爲云者, 乃指人能修仁義禮智之德, 而有於其身而言.

5. 仁義二者, 實道德之大端, 萬善之總腦. 智禮二者, 皆從此而出, 猶天道之有陰陽, 地道之有剛柔, 二者相須相濟, 而後人道得全. 故中庸曰: 仁者, 人也, 親親爲大, 義者, 宜也, 尊賢爲大. 親親之殺, 尊賢之等, 禮所生也. 孟子亦曰: 仁之實, 事親, 是也. 義之實, 從兄, 是也. 智之實, 知斯二者不去, 是也. 禮之實, 節文斯二者, 是也. 其理尤分明矣, 而宋儒專謂仁一事實兼義禮智三者, 其言終爲定說, 而學者莫能識其說之謬孔孟也. 自今以往, 學者只當按孟子及易中庸之旨爲之準則而可.

6. 仁與義, 猶陰陽之相濟, 而不可相勝, 水勝火則不濟用, 火勝水則熬而竭. 仁義之不可偏勝亦如此. 仁而無義則非仁, 墨子之仁, 是也. 義而無仁則非義, 楊子之義, 是也. 故聖人曰仁, 則有義在, 曰義, 則有仁在.

7. 孔門學者, 以仁爲其宗旨, 若家常茶飯然. 出入起居, 莫不從事於此, 而觀夫子答門人問仁, 多擧道德之旨, 而與愛字不相干涉, 何也. 蓋仁者之心, 以愛爲體. 故其心寬而不偏, 樂而不憂, 衆德自備. 故夫子每必擧仁者之心而答之. 曰: 仁者其言也訒. 仁者不憂. 仁者先難而後獲. 仁者如射, 是也. 皆自一愛流出, 而自成衆德故也. 學者須理會孔孟之奧旨, 不可以字義求之也.

8. 宋儒以仁爲性, 予深以爲害于道者. 若從宋儒之旨論之, 則性爲未發, 情爲已發, 仁之存於未發之中, 猶水之在于地中, 仁之不能下手, 猶水在於地中, 則不可施澄治之功. 其用功夫, 纔在發用上, 而於其本體, 則無奈之何. 故別立守敬主靜等說, 以補之. 謂如此, 則不違於仁, 而義自在其中矣. 其功夫可謂甚疎矣. 是以仁義禮智之德, 終爲虛器, 而無復用力於仁者矣. 且孔孟說仁之言, 皆爲纔言其用, 而無一及于體者, 則孔孟之言, 豈非失之一偏, 而其理不備者哉. 與孔門之敎法同乎不同, 學者黙而識之, 可也.

9. 義訓宜. 漢儒以來, 因襲其說, 而不知意有所不通. 中庸謂義宜也者, 猶言仁人也, 禮履也, 德得也, 誠成也. 但取其音同者, 發明其義耳, 非直訓也. 學者當照孟子羞惡之心, 義之端也. 暨人皆有所不爲, 達之於其所爲, 義也等語, 求其意義, 自可分明. 設專以宜字解之, 則處處窒礙, 失聖賢之意者甚多矣.

10. 禮字義本分明. 然於禮之理, 甚多曲折, 非學明識達者, 不能識焉. 蓋禮之難知, 不在於節文度數繁縟難識, 而專在於斟酌損益時措之宜, 何則. 古禮多不宜於今, 而俗禮亦不可全用. 漢禮多不通於本國, 而俗禮本無意義. 若欲準古酌今, 隨於土地, 合於人情, 上自朝廷, 下至於閭巷, 使人循守而樂行之, 則非明達君子, 不能作焉. 故聖人之所謂知禮者, 不在識名物度數之詳, 而在知禮之理而能損益之也.

11. 聖人所謂知者, 與後儒所謂知者亦夐然不同. 所謂知也者, 自修己而及乎治人, 自齊家而及乎平天下. 皆有用之實學, 而非泛然從事於事物之末者也. 觀大學所謂格物致知之法, 起於誠意, 而至平天下而止焉, 則其所謂格物致知者, 亦不出於誠意以下六條之外, 而不在一草一木之察.

12. 孔子並言仁智, 而孟子以仁義連稱之, 何哉. 蓋孔子主進學而言, 智以知之, 仁以守之, 乃進學之要. 故爲學者而言之也. 孟子主道之本體而言, 人道之有仁義, 猶天道之有陰陽, 地道之有剛柔. 蓋懼後世之學問, 陷于一偏, 而爲楊墨之流也. 或以爲孟子始以仁義連稱, 非也. 易中庸及莊子等書, 亦皆以仁義連稱之, 則孟子特從當時之名稱也. 蓋可從而從之, 非以意創始之也.

13. 佛老之所以與吾儒異者, 專在於義, 而後儒之所以與聖人相差者, 專在於仁, 其故何哉. 佛氏以慈悲爲法, 平等爲道. 故以義爲小道, 而慢棄之, 殊不知義者天下之大路. 苟舍義, 則猶棄正路而由荊棘, 其不可行也必矣. 若後儒者, 其德量淺狹, 差別甚過, 而無包容含弘之氣象. 故視仁泛然若無緊要者, 而不知其自陷於刻薄之流, 是所以與聖人相差也.

14. 孔孟以後, 能識仁者鮮矣. 蓋非知見之不及, 特無其德也. 漢唐儒者, 議論雖淺, 猶未失古意, 去仁未甚遠, 爲其不用意見也. 至於宋, 專以仁爲理, 於是離仁之德益遠矣. 甚而至於以無欲爲仁之體, 虛靜爲仁之體, 非止不識仁之德, 其害於孔孟之旨實甚矣. 伊川論, 心譬如穀種, 生之性卽是仁, 是所謂以仁爲理者也. 延平論, 當理而無私心, 仁也. 是可以訓誠字, 而不可訓仁字. 若以當理而無私心訓仁, 將以何語訓誠字乎. 不深考焉耳.

心. 凡四條

1. 心者, 人之所思慮運用, 本非貴, 亦非賤. 凡有情之類皆有之. 故聖人貴德, 而不貴心, 論語中說心者, 纔有其心三月不違於仁, 及從心所欲不踰矩, 及簡在帝心三言而已. 然皆不以心爲緊要. 至於孟子多說心. 然亦皆指仁義之良心而言, 不特說心, 曰本心, 曰存心, 是也. 大凡佛氏及諸子, 盛言心者, 本不知德之爲可貴, 而妄意杜撰耳, 與孔孟之旨實霄壤矣.

2. 橫渠曰: 心統性情, 非也. 孟子曰:存心養性. 又曰: 動心忍性. 以此觀之, 心自是心, 性自是性, 所指各殊. 若以心爲統性情, 則單言心而可, 旣言存心, 而又言養性, 則其言豈非贅乎. 而偏言養性, 而遺情字, 則其言亦偏矣. 蓋養性則情自正, 不別用修情功夫也.

3. 論心者, 當以惻隱羞惡辭讓是非之心爲本. 夫人之有是心也, 猶有源之水, 有根之草木. 生稟具足, 隨觸而動, 愈出愈不竭, 愈用愈不盡, 是則心之本體, 豈有實於此者乎. 今乃以心爲虛者, 皆佛老之緖餘, 而與聖人之道不止薰蕕. 學之不講, 一至於此, 可懼也夫.

4. 明鏡止水四字, 本出於莊子. 於聖人之書, 本無此語, 亦無此理, 先儒以此喩聖人之心, 吾觀其益天淵矣. 周公思兼三王以施四事, 其有不合者, 仰而思之, 夜而繼日, 幸而得之, 坐以待旦. 孔子食於有喪者之側, 未嘗飽也. 子於是日哭, 則不歌, 何所見其爲明鏡止水乎. 夫聖人之道, 以彝倫爲本, 而以恩義爲結, 千言萬語, 皆莫不以此爲敎. 今夫佛老之爲敎也, 以淸淨爲本, 無欲爲道, 曁乎功夫旣熟, 則其心若明鏡之空, 若止水之湛, 一疵不存, 心地潔淨. 於此恩義先絶, 而彝倫盡滅, 視君臣父子夫婦兄弟朋友之交, 猶弁髦綴旒然, 與聖人之道相反, 猶水火之不可相入. 夫草木生物也, 流水活物也. 雖寸苗之微, 然養之而不害, 則可以參雲, 雖源泉之小, 然進而不已, 則可以放乎四海. 人心亦然, 養而不害, 則可以與天地竝立而參矣. 故孟子之論心, 每以流水萌蘖爲比, 而未嘗以明鏡止水爲譬, 何者. 可以生物比生物, 而不可以死物喩生物也. 虛靈不昧四字, 亦出於禪書, 卽明鏡止水之理, 學者不可不明辯極論以洞知其是非得失之所究也.

性. 凡五條

1. 性生也. 人其所生而無加損也. 董子曰:性者生之質也. 周子以剛善剛惡柔善柔惡不剛不柔而中焉者爲五性, 是也. 猶言梅子性酸, 柿子性甛, 某藥性溫, 某藥性寒也. 而孟子又謂之善者, 蓋以人之生質, 雖有萬不同, 然其善善惡惡, 則無古今無聖愚一也. 非離於氣質而言之也.

2. 孔子曰: 性相近也, 習相遠也. 此萬世論性之根本準則也, 而孟子宗孔子, 而願學之, 其旨豈有二也乎哉. 孟子固言, 物之不齊, 物之情也. 可知其所謂性善也者, 則述孔子之言者也. 然後儒以孔子之言爲論氣質之性, 孟子之言爲論本然之性. 信如其言, 則是非孔子不知有本然之性, 孟子不知有氣質之性者乎. 非惟使一性而有二名. 且使孔孟同一血脈之學, 殆若涇渭之相合, 薰蕕之相混, 一淸一濁, 不可適從. 其言支離決裂, 殆不相入若此. 夫天下之性, 參差不齊, 剛柔相錯, 所謂性相近, 是也. 而孟子以爲人之氣稟, 雖剛柔不同, 然其趨于善則一也. 猶水雖有淸濁甘苦之殊, 然其就下則一也. 蓋就相近之中, 而擧其善而示之也, 非離乎氣質而言. 故曰: 人性之善也, 猶水之就下也. 蓋孟子之學, 本無未發已發之說. 今若從宋儒之說, 分未發已發而言之, 則性旣屬未發, 而無善惡之可言, 猶水之在於地中, 則無上下之可言. 今觀謂之猶就下也, 則其就氣質而言之明矣. 又曰: 乃若其情, 則可以爲善矣. 乃所謂善也, 其意以爲鷄犬之無知, 固不可告之以善. 若人之情, 雖若盜賊之至不仁, 然譽之則悅, 毁之則怒, 知善善而惡惡, 則足與爲善. 是乃吾所謂善者也. 非謂天下之性, 盡一而無惡也. 以此觀之, 則孟子所謂性善者, 卽與夫子性相近之旨無異, 益彰彰矣.

3. 或曰: 孟子性善之說, 皆就氣質而論, 其旨明矣, 猶亦有證左乎. 曰: 孟子嘗曰, 犬之性猶牛之性, 牛之性猶人之性與. 又曰: 如使口之於味也, 其性與人殊, 若犬馬之與我不同類也, 則天下何耆皆從易牙之於味也. 可見孟子性善之說, 本就氣質論之, 而非離乎氣質而言之也. 其他若曰: 動心忍性, 曰: 形色天性也, 曰: 口之於味也, 目之於色也, 耳之於聲也, 鼻之於臭也, 四支之於安佚也, 性也. 皆以氣質論之, 益分曉矣, 而孟子之說, 必歸于一而止, 不可有二三. 論氣質之性, 則本然之說不行矣. 旣立本然之說, 則不可復雜氣質之說也. 其欲明聖門仁義之旨於天下萬世, 而必不可爲若此含糊不決之論, 以誣罔後世學者也. 故曰: 孟子性善之說, 就氣質而論之, 非離乎氣質而言之者也.

4. 宋儒所謂性善云者, 畢竟落于無善無不善之說. 程子曰:"性卽理也." 而以孟子所謂性善當之. 然而孟子所謂性善者, 本以惻隱羞惡辭讓是非之心言之. 故曰:"人之有是四端也, 猶其有四體也." 又曰:"人性之善也, 猶水之就下也. 人無有不善, 水無有不下." 又曰:"乃若其情, 則可以爲善矣." 乃所謂善也, 皆就人心發動之上明之, 非宋儒所謂本然之云. 晦庵集註曰:"性者, 人所稟於天以生之理也. 渾然至善, 未嘗有惡." 卽性卽理也之謂也. 夫有跡之可見, 而後謂之善, 若未有跡之可見焉, 則將指何者爲善, 旣不有惡之可見, 則又無善之可見. 故雖曰"渾然至善", 然實空名而已矣. 延平曰:"動靜眞僞善惡, 皆對而言之, 是世之所謂動靜眞僞善惡, 非性之所謂動靜眞僞善惡也. 惟求善於未始有惡之先, 而性之善可見矣." 此言最可疑, 豈外世之所謂動靜眞僞善惡, 別有動靜眞僞善惡者乎哉. 若果謂有之, 則必非虛見, 則妄見耳, 而謂性之善在於未始有善惡之先, 則是求吾身於父母未生之前也, 最非儒者之理. 凡謂善, 則必對惡言之. 然有善有惡者其常, 而推至於其極焉, 則必歸于善而止, 何也. 人之性有剛柔善惡之不同. 夫人能識之, 不待賢者而後知焉. 若揚之善惡混, 韓之有三品之說, 是也. 然非究而論之者, 雖盜賊之至不善, 然乍見孺子之將入于井, 必有怵惕惻隱之心, 人有嗜慾, 可以受嘑爾之食, 可以摟東家之處子, 然必有羞惡之心, 爲之阻隔, 不敢縱其貪心, 非性之善, 豈能然乎, 是孟子論性善之本原也, 非有大聖賢者出而指其迷途, 解其紛亂, 孰能定之. 故性卽理也之說, 畢竟落于無善無不善之說, 其謬皆出於强分體用, 而不知孔孟之敎, 皆就人心發動之上論之, 而本無未發已發之別. 詳見于中庸發揮.

5. 樂記曰: "人生而靜, 天之性也. 感於物而動, 性之欲也." 晦庵取之, 以爲詩傳序起頭, 以爲眞合于聖人之理, 而不知本出於老子之書, 而與聖人之道實天淵南北矣. 按此語本出於文子之書. 文子, 老子弟子, 以虛無因應爲道. 但文子, 性之欲也, 作性之害也. 蓋樂記剽竊之也, 又見於淮南子書, 劉安亦專宗道家者流之說, 卽文子之意爾, 而先儒用復性復初等語, 亦皆出於莊子. 蓋老子之意, 以謂萬物皆生於無. 故人之性也, 其初眞而靜, 形旣生矣, 而欲動情勝, 衆惡交攻. 故其道專主滅欲以復性. 此復性復初等語, 所有而起也. 儒者之學則不然, 人之有四端也, 猶其有四體, 苟有養之, 則猶火燃泉達, 不能自已, 足以成仁義禮智之德, 而保四海. 故曰: "苟得其養, 無物不長, 苟失其養, 無物不消." 初無滅欲以復性之說. 老莊之學與儒者之學, 固有生死水火之別, 其源實判於此. 伊川好學論中說性, 亦主樂記之理. 學者不容於不辨.

四端之心. 凡二條

1. 四端之端, 古註疏曰: "端, 本也." 謂仁義禮智之端本, 起於此也. 按字書又訓始訓緖, 總皆一意, 而考亭特用端緖之義, 謂猶物在于中, 而緖見於外也. 然訓字之例, 雖有數義, 俱歸于一意. 緖者亦當與本始字同其義, 想繭之有緖, 繰治不止焉, 則爲繒爲帛, 至端兩丈疋之長, 卽有引而伸之之意. 若考亭之所謂, 則與本始之義相反, 非字訓之例. 孟子之意, 以爲人之有四端也, 猶其身之有四體, 人人具足, 不假外求, 苟知擴充之, 則猶火燃泉達, 竟成仁義禮智之德. 故以四端之心爲仁義禮智之端本, 此孟子之本旨, 而漢儒之所相傳授也. 又曰: 中庸曰: "君子之道, 造端乎夫婦." 左氏傳曰: "履端於始." 暨釁端禍端開端發端等語, 古人皆依本始之義用之. 於是益知古註之不可不從.

2. 孟子集註曰: "四端在我, 隨處發現, 知皆卽此推廣, 而忠滿其本然之量, 則其日新又新, 將有不能自已者矣." 其所謂發見云者, 謂見當惻隱者便惻隱, 見當羞惡者便羞惡, 見當辭讓者便辭讓, 見當是非者便是非也. 若此, 則不見當惻隱羞惡辭讓是非者焉, 則惻隱羞惡辭讓是非之心, 不由而發也明矣. 然而當惻隱之事, 日間無幾, 動經十數日, 亦或無有, 至於惻隱羞惡辭讓是非之心亦然, 夫若此, 則用功之日常少, 而曠廢之日常多, 雖欲用擴充之功, 其何由而得乎. 且又欲擴充惻隱之一端, 猶將有力不足之患, 況欲於四端上逐一擴充之, 則將有左顧右眄, 應接無暇, 不堪其煩之患. 孟子之意, 固不若此之迂. 夫四端之在我, 猶手足之具于吾身, 不言而喩, 不思而到, 奚竢發見, 亦何逐一著意察識之, 其不理會孟子之意特甚矣. 象山曰: "近來論學者言, 擴而充之, 須於四端上逐一充焉, 豈有此理. 孟子當來只是發出人有四端, 以明人性之善, 不可自暴自棄. 苟此心之存, 則此理自明, 當惻隱處自惻隱, 當羞惡處自羞惡, 當辭遜處自辭遜, 是非在前, 自能辨之." 其說亦甚過快, 而不得孟子之意則侔矣. 孟子曰: "人皆有所不忍, 達之於其所忍, 仁也. 人皆有所不爲, 達之於其所爲, 義也." 所謂所不忍所不爲者, 卽惻隱羞惡之心也, 達云者, 卽擴充之謂. 蓋謂使惻隱羞惡之心, 無所不至, 無所不通也, 孟子之意, 豈非甚明白的當, 其用功亦甚親切易簡哉. 蓋朱陸二先生, 雖皆能尊信孟子, 然晦庵專以持敬爲主, 象山以先立乎其大者爲要, 而於擴充之功, 皆未嘗實用其力, 宜乎, 差失若此之甚.

情. 凡三條

1. 情者, 性之欲也. 以有所動而言. 故以性情竝稱. 樂記曰:感於物而動者, 性之欲也, 是也. 先儒以謂"情者性之動", 未備, 更欲見得欲者之意分曉. 人常言人情, 言情欲, 或言天下之同情, 皆此之意. 目之於色, 耳之於聲, 口之於味, 四支之於安逸, 是性. 目之欲視美色, 耳之欲聽好音, 口之欲食美味, 四支之欲得安逸, 是情, 父子之親, 性也, 父必欲其子之善, 子必欲其父之壽考, 情也. 又曰: "好善惡惡, 天下之同情也." 大凡推此之類見之, 情字之義自分曉. 孟子曰: "物之不齊, 物之情也." 言或大或小, 或緩或急, 物各有所好. 故謂之情也. 易所謂萬物之情, 又是此意. 孟子又曰: "人見其禽獸也, 而以爲未嘗有才焉者, 是豈人之情也哉." 言爲人所榮, 天下之所同好, 爲人所辱, 天下之所同惡. 人指我以爲禽獸, 非人之所欲. 故曰: "是豈人之情也哉." 又所謂"乃若其情, 則可以爲善矣." 卽是此意.

2. 晦庵以四端爲情, 尤無謂. 孟子明曰四端之心, 而未嘗曰四端之情, 可見四端是心, 非情. 又註大學, 指忿懥恐懼好樂憂患爲情. 然大學亦曰正心, 而不曰正情. 可見忿懥等四者是心, 非情. 晦庵以爲心統性情, 而以性爲心之體, 情爲心之用. 故有此說, 殊不知心是心, 性是性, 各有用功夫處. 情只是性之動而屬欲者, 纔涉乎思慮, 則謂之心. 若四端及分懥等四者, 皆心之所思慮者, 不可謂之情也, 而惻隱羞惡辭讓是非之心, 乃顯然有形者, 非心而何. 若不謂之心, 而謂之情, 則將指何者爲心. 乃悉廢心字, 而獨用情字, 可也. 而古人以喜怒哀樂愛惡欲爲七情, 蓋言情之品, 有此七者, 謂喜怒哀樂愛惡欲卽爲情, 則不可也. 凡無所思慮而動之謂情, 纔涉乎思慮, 則謂之心. 若喜怒哀樂愛惡欲七者, 設無所思慮而動, 則固可謂之情, 纔涉乎思慮, 則不可謂之情. 分限甚明, 學者當以意理會.

3. 凡心性情才志意等字, 有必用功夫字, 有不必用功夫字. 於心則曰存, 曰盡. 於性則曰養, 曰忍. 志則曰持, 曰尙, 皆是用功夫之字. 若情字才字, 皆不必用功夫, 何者. 以養其性則情自正, 存其心則才自長也. 先儒有約情之語, 蓋不理會此意耳. 學者審焉.

才. 一條

1. 才者. 性之能也. 猶手之持, 足之行, 可以爲善, 亦可以爲不善. 譬諸以手持物, 攬筆書字, 手也, 把刀殺人, 亦手也. 故曰:可以爲善, 亦可以爲不善也. 然其書字殺人, 皆在於手, 而所以書之殺之者, 則在於心. 故孟子曰:"若夫爲不善, 非才之罪." 又曰: "非天之降才爾殊也, 其所以陷溺其心者然也." 明其爲不善者, 雖在於才, 然其所以爲之者, 在於心也. 凡人皆有手, 則皆能可以攬筆書字, 若動而不怠, 則皆可以善書, 其或間有不能書字者, 不用其才也. 故又曰:"或相倍蓰而無算者, 不能盡其才者也." 多少分明.

志. 凡二條

1. 心之所之謂之志. 此說文之訓也. 愚又謂:志者, 心之所存主也. 孟子曰:"夫志, 氣之帥也." 又曰:"志壹則動氣." 是也. 若作心之所之, 則意欠明瑩. 論語曰:"匹夫不可奪志也." 禮記曰:"淸明在躬, 氣志如神." 皆謂心之有所存主也.

2. 凡謂之志, 則皆以志於善而言. 若於不善, 不可謂之志也. 若"父在觀其志", 及"士尙志"等語, 皆以志於善言. 北溪曰:"纔志於利, 便入小人路." 何哉.

意. 凡二條

1. 意者, 指心之往來計較者言. 論語所謂毋意者, 蓋言聖人盛德之至, 理明心定, 自無往來計較之心也. 若作毋私意, 則多一私字, 尤非所以論聖人也.

2. 意者亦是不必用功夫字. 按語孟中庸, 皆不說於意上用功夫. 故孔子說主忠信, 中庸說誠身, 而孟子專說存心養性, 皆未嘗有誠意之說, 何者. 學脈自有照應. 言此則不須言彼, 言彼則不須言此. 且觀"子絶四毋意", 則不於意上用功夫, 益彰彰矣. 中庸曰: "誠身有道, 不明乎善, 不誠乎身矣." 與欲誠其意先致其知甚相似. 然身字與意字, 所指甚別, 一則氣象盛大, 一則功夫急促, 學者不容不辨.

良知良能. 凡二條

1. 良, 善也. 良知良能者, 爲本然之善, 卽四端之心也. 孟子曰:"孩提之童, 無不知愛其親也. 及其長也, 無不知敬其兄也." 兩知字指良知, 愛敬兩者, 卽指良能也. 猶曰 "今人乍見孺子將入於井, 皆有怵惕惻隱之心也." 亦所以證夫性之善也, 而孟子所以發良知良能之論者, 蓋欲使學者擴充之, 以成仁義禮智之德也, 非徒論良知良能之說. 故曰:"親親, 仁也, 敬長, 義也. 無他, 達之天下也." 達者, 卽擴充之謂也. 當與人皆有所不忍, 達之於其所忍, 仁也, 人皆有所不爲, 達之於其所爲, 義也參看, 孟子之意自分曉.

2. 近世陽明王氏, 專講致良知之旨. 然而徒知致良知, 而不知本之於仁義, 亦盭孟子之指, 而專務致良知, 而遺盡良能. 蓋以連知愛二字爲良知, 而不知兩知字指良知, 愛敬兩者指良能也. 豈非失之一偏乎. 孟子所以發良知良能之論者, 本明仁義之爲固有. 今徒務致良知, 而不知本之於仁義者, 何者. 王氏之學, 蓋自淨智妙圓宗旨來. 故爲此一偏之敎, 而不知良知良能, 本我心之本然, 不可須臾離焉, 而與孟子之旨幾霄壤矣. 不容不辨.

語孟字義 卷下

忠信. 凡五條

1. 程子曰:"盡己之謂忠, 以實之謂信." 皆就接人上言. 夫做人之事, 如做己之事, 謀人之事, 如謀己之事, 無一毫不盡, 方是忠. 凡與人說, 有便曰有, 無便曰無, 多以爲多, 寡以爲寡, 不一分增減, 方是信. 又忠信二字, 有朴實不事文飾之意, 所謂"忠信之人, 可以學禮." 是也. 又信字有與人期約而踐其實之意. 論語集註曰:"信, 約信也." 古人有"信如四時", "信賞必罰"等語, 皆此意.

2. 忠信, 學之根本, 成始成終, 皆在於此, 何者. 學問以誠爲本, 不誠無物, 苟無忠信, 則禮文雖中, 儀刑雖可觀, 皆僞貌飾情, 適足以滋奸添邪. 論語曰:"主忠信." 主與賓對, 言學問必不可不以忠信爲主. 又曰:"子以四敎, 文行忠信." 程子曰:"四者以忠信爲本." 是知主忠信, 乃孔子之家法, 而萬世學者, 皆當守之而不可換其訓, 而後世或以持敬爲宗旨, 或以致良知爲宗旨, 而未有以忠信爲主, 亦異夫孔門之學矣. 故雖學問可觀, 然其德卒不及于古人者, 實以此也.

3. 宋儒之意, 以爲主忠信甚易事, 無難行者. 故別撰一般宗旨, 爲之標榜以指導人. 殊不知道本無難知者, 只是盡誠爲難. 苟知誠之難盡, 則必不能不以忠信爲主. 易曰:"忠信所以進德也." 故學雖至於聖人, 亦不外忠信. 視其貌則儼然儒者矣, 而察其內則好勝務外之心, 不知不覺, 常伏于胸中, 是信知持敬而不以忠信爲要故也. 學者不容不深辨.

4. 忠自是忠, 信自是信. 故有專言忠者, 有專言信者, 而夫子之四敎, 以文行忠信竝言, 則忠與信本是兩事益明矣. 而先儒以謂忠與信若形影然. 又曰:"忠信只是一事, 而相爲內外本末終始." 蓋未深考焉耳.

5. 學有本體, 有修爲. 本體者, 仁義禮智, 是也. 修爲者, 忠信敬恕之類, 是也. 蓋仁義禮智, 天下之達道. 故謂之本體. 聖人敎學者, 由此而行之, 非待修爲而後有也. 忠信敬恕, 力行之要, 就人用功夫上立名, 非本然之德. 故謂之修爲.

忠恕. 凡五條

1. 竭盡己之心爲忠, 忖度人之心爲恕. 按集註引程子, "盡己之謂忠." 當矣. 但恕字之訓覺未當. 註疏作忖己忖人之義, 不如以忖字訓之之爲得. 言待人必忖度其心思苦樂如何也. 忖己二字未穩. 故改之曰忖度人之心也. 夫人知己之所好惡甚明, 而於人之好惡, 泛然不知察焉. 故人與我每隔阻胡越, 或甚過惡之, 或應之無節, 見親戚知舊之艱苦, 猶秦人視越人之肥瘠, 茫乎不知憐焉. 其不至於不仁不義之甚者幾希. 苟待人忖度其所好惡如何. 其所處所爲如何, 以其心爲己心, 以其身爲其身, 委曲體察, 思之量之, 則知人之過, 每出於其所不得已. 或生於其所不能堪, 而有不可深疾惡之者, 油然靄然, 每事必務寬宥, 不至以刻薄待之, 趨人之急, 拯人之艱, 自不能已, 其德之大, 有不可限量者也. 夫子以爲"可以終身行之." 不亦宜乎.

2. 程子曰:"推己之謂恕." 愚以謂推己非恕, 乃用恕之要. 蓋恕以後之事也. 程子所謂推己者, 卽"己所不欲勿施於人"之意. 蓋因夫子子貢問答云爾. 然使恕字有推己之義, 則及乎子貢問曰:"有一言而可以終身行之者", 而夫子唯曰:"其恕乎." 可也, 而不可復曰:"己所不欲勿施於人"也. 旣曰:"其恕乎." 而又曰:"己所不欲勿施於人", 則其意旣重復. 故知恕字之義, 本非推己之意. 夫子答仲弓問仁曰:"己所不欲勿施於人." 子貢曰: "我不欲人之加諸我也, 吾亦欲無加諸人." 若使恕字有推己之義, 則夫子子貢直可以恕字命之, 而不可敷衍其詞若此甚繁也. 觀夫子答子貢, 曰:"其恕乎." 而於其下曰, 己所不欲勿施於人, 則知推己卽行恕之要, 而本非恕字之義也. 且中庸曰:"忠恕違道不遠." 而其下續之曰:"施諸己而不願, 亦勿施於人." 則見推己之道, 非徒可施之於恕, 亦可施之於忠, 不可獨以推己訓恕字益明矣.

3. 宋儒以仁爲聖人分上之事, 以恕爲學者分上之事. 晦庵以爲仁恕只是一物, 有生熟難易之不同耳, 殊不知仁自是仁, 恕自是恕. 惟仁者而能用恕, 惟恕而後能至於仁, 非有生熟難易之別. 故曰:"可以終身行之." 曾子曰:"夫子之道, 忠恕而已矣." 聖人豈其心自聖, 而謂我自是聖, 無所事用恕邪. 不可以恕專爲學者之事明矣.

4. 聖人之道, 莫大於仁, 莫要於義. 而曾子特曰:"夫子之道, 忠恕而已矣." 而夫子亦曰:"一言可以終身行之者, 其恕乎"者, 何哉. 曰. 聖人之道, 專以待人接物爲務, 而不居然以守心持敬爲事. 仁義固道之本體, 雖忠恕之功, 亦不能不以仁義爲本. 然至於待人接物, 必以忠恕爲要. 蓋存養在仁義, 待人在忠恕. 苟忠立恕行, 則心弘道行, 可以至於仁. 故曰:"强恕而行, 求仁莫近焉." 曾子所謂"忠恕而已矣", 夫子曰:"可以終身行之." 蓋爲此也. 後世學者, 知獨善其身, 而其功不遑及於人. 故視忠恕, 泛然若非緊要焉者. 此後世之所以不及於古人也.

5. 後世學問, 所以大差聖人之意者, 專由以持敬致知爲要, 而不知以忠恕爲務也. 蓋道本無分人己. 故學亦無分人己. 苟非忠以盡己, 恕以忖人, 則不能合人己而一之也. 故欲行道成德, 則莫切於忠恕, 又莫大於忠恕. 苟以忠恕爲心, 則萬般功夫, 總有與物共之之意, 而不至獨善其身而止. 故持敬致知, 皆爲我成德之地, 否則所謂喫木饅頭者, 而與異端專務淸淨疎外人事者, 相去不甚遠矣. 若使晦翁聞之, 必謂功夫顚倒, 不作次第. 殊不知聖門之學, 通於天下, 達於人倫, 非若異端之徒, 蔑視人事, 彼自彼, 此自此, 支離隔斷, 不相濟用也. 故曰:"可以終身行之." 若曰致知功夫旣熟, 而後從事於忠恕, 則是終身無用恕之日, 可弗思乎哉.

誠. 凡四條

1. 誠, 實也. 無一毫虛假, 無一毫僞飾, 正是誠. 朱子曰:"眞實無妄之謂誠." 其說當矣. 然凡文字必有反對, 得其對. 則意義自明矣. 誠字與僞字對. 不若以眞實無僞解之之最爲省力. 北溪曰:"誠字本就天道論, 只是一箇誠, 天道流行, 自古及今, 無一毫之妄, 暑往則寒來, 日往則月來, 春生了便夏長, 秋殺了便冬藏, 萬古常如此." 是眞實無妄之謂也. 然春當溫而反寒, 夏當熱而反冷, 秋當凉而反熱, 冬當寒而反暖, 夏霜冬雷, 冬桃李華, 五星逆行, 日月失度之類, 固爲不少焉, 豈謂之天不誠可乎. 蘇子曰:"人無所不至, 惟天不容僞." 此言得之矣.

2. 所謂誠之與主忠信, 意甚相近. 然功夫自不同, 主忠信, 只是盡己之心, 朴實行去. 誠之者, 擇當理與否, 而取其當理者, 固執之之謂.

3. 誠者, 道之全體. 故聖人之學, 必以誠爲宗, 而其千言萬語, 皆莫非所以使人盡夫誠也. 所謂仁義禮智, 所謂孝弟忠信, 皆以誠爲之本, 而不誠, 則仁非仁, 義非義, 禮非禮, 智非智, 孝弟忠信, 亦不得爲孝弟忠信. 故曰:"不誠無物." 是故誠之一字, 實聖學之頭腦, 學者之標的, 至矣大哉.

4. 聖人之道, 誠而已矣. 猶佛氏曰空, 老氏曰虛. 言聖人之道, 莫非實理也, 而實與虛, 猶水火南北, 一彼一此, 懸隔離絶, 不相入矣. 然今之學者, 以虛靈虛靜虛中等理爲學之本源, 而不知其本自老子來, 或以虛命其名, 或以虛扁其齋, 何哉. 根本旣差, 枝葉從繆, 不可縷擧. 學者不可不句句著意, 辨究推察, 以歸之于一是之地也.

敬. 凡二條

1. 敬者, 尊崇奉持之謂. 按古經書, 或說敬天, 或說敬鬼神, 或說敬君, 或說敬親, 或說敬兄, 或說敬人, 或說敬事, 皆尊崇奉持之意, 無一謂無事徒守敬字者. 惟夫子曰:

"修己以敬." 仲弓所謂"居敬而行簡." 二語, 似乎今之所謂持敬主敬之功. 然觀夫子曰"修己以敬", 而下又曰:"君子修己以安人." 仲弓曰:"居敬而行簡." 而下又續之曰:"以臨其民不亦可乎", 則此二語, 亦以敬民事而言, 非徒守敬字之謂.

2. 大學或問曰:"敬之一字, 聖學之所以成始成終者也." 朱子又曰:"敬者, 一心之主宰, 萬事之本根也." 愚謂不然. 聖門之學, 以仁義爲宗, 而忠信爲主. 孔子曰:"一言而可以終身行之者, 其恕乎." 曾子曰:"夫子之道, 忠恕而已矣." 未嘗以敬爲聖學之成始終而萬事之根本. 設若果如宋儒之所說, 則唯聖人言敬諸章, 乃爲學問緊要之功, 而其他聖人千言萬語, 擧皆爲無用之長物, 豈可乎哉. 孔子曰:"言忠信, 行篤敬, 雖蠻貊之邦行矣." 敬固爲學者之切務. 然忠信篤敬四字, 廢一則不可, 徒謂守一敬字乃可, 則大罪聖人之意. 譬則醫之處方, 有君藥, 有臣藥, 有佐使藥, 衆藥兼用, 而後成方. 若謂一敬字能該盡聖學之始終, 則猶言用一味橘皮乃可, 不必用補中益氣全湯, 其雖用參芪之類, 猶不得奏全方之效. 況一橘皮乎. 語曰:"好仁不好學, 其蔽也愚, 好知不好學, 其蔽也蕩." 可見雖仁智之達德, 徒專好之, 而不學以照之, 則猶不免於有蔽. 況於一敬乎. 其與孔門之學 同乎不同, 不辨而明矣.

和直. 一條

1. 和直二字, 意義明白, 無難解者. 然論語一部, 言及於此二字者, 不知其幾, 殆與敬者相稱. 然人知主敬, 而不知此二字最爲聖門緊要之語. 蓋和不暴厲. 直不邪曲. 和者自寬, 直者自正. 和者無圭角之露. 直者無智計之巧. 入德之體, 立心之要, 學者必不可不注心受用. 後世儒者. 以此二字容易看過, 不深留意. 故今表而出之. 蓋聖人示人切要之語也.

學. 凡四條

1. 學者, 效也, 覺也, 有所效法而覺悟也. 按古學字卽今效字. 故朱子集註曰:"學之爲言, 效也." 白虎通曰:"學, 覺也. 覺悟所不知也." 學字之訓, 兼此二義, 而後其義始全矣. 所謂效者, 猶學書者初只得臨摹法帖效其筆意點劃. 所謂覺者, 猶學書旣久, 而後自覺悟古人用筆之妙. 非一義之所能盡也. 集註曰:"後覺者, 必效先覺之所爲." 又含覺字之意在, 學者多不察.

2. 學問當識聖人立敎之本旨如何. 於是一差, 必入于異端, 可怕. 佛氏專貴性, 而不知道德之爲最尊矣. 聖人專尊道德, 而存心養性, 皆以道德爲之主. 夫有充滿天地, 貫徹古今, 自不磨滅之至理. 此爲仁義禮智之道. 又此爲仁義禮智之德, 所謂道德之爲最尊者是已. 孔子曰:"道二. 仁與不仁而已矣." 孟子曰:"仁人之安宅也, 義人之正路也." 又曰:"居天下之廣居, 立天下之正位, 行天下之大道." 蓋溫和慈愛, 含弘容物之謂仁. 反之則爲殘忍刻薄之人. 辨別取捨, 截然不紊之謂義. 反之則爲貪冒無恥之人.

尊卑貴賤, 品節有等之謂禮, 反之則爲僭差暴慢之人. 是非分明, 善惡無惑之謂智, 反之則爲冥然無覺之人. 推仁之極, 則堯之"光被四表, 格于上下", 是也. 推義之極, 則"祿之以天下弗顧", 是也. 推禮之極, 則"天高地下, 萬物散殊", 是也. 推智之極, 則"百世以俟聖人而不惑", 是也. 徧於人心, 準於四海, 由此則爲人, 不由此則禽獸. 故聖人立此四者, 以爲人道之極, 而教人由此焉而行之. 故易曰:"立人之道, 曰仁與義." 中庸曰:"智仁勇三者, 天下之達德也." 明之斯爲有道之人. 得之斯爲有德之人. 蓋人之性有限, 而天下之德無窮, 欲以有限之性而盡無窮之德, 苟不由學問, 則雖以天下之聰明不能. 故天下莫貴乎學問之功, 又莫大於學問之益, 而非但可以盡我性, 又可以盡人之性, 可以盡物之性, 可以贊天地之化育, 可以與天地竝立而參矣. 若欲廢學問而專循我性焉, 則不翅不能盡人物之性而贊天地之化育. 必也雖我性, 亦不能盡矣. 故孟子曰:"人之有是四端也, 猶其有四體也. 凡有四端於我者, 知皆擴而充之矣. 若火之始然, 泉之始達, 苟能充之, 足以保四海, 苟不充之, 不足以事父母." 所謂足以保四海者, 指仁義禮智之効驗而言. 夫四端之在於我, 猶涓涓之泉, 星星之火, 萌蘖之生, 苟擴充之, 而成仁義禮智之德, 則猶涓涓之水, 可以放海, 星星之火, 可以燎原, 萌蘖之生, 可以參雲. 故曰:"苟得其養, 無物不長, 苟失其養, 無物不消." 所謂充, 所謂養, 卽以學問而言. 人性雖善, 然不充之, 不足以事父母, 則性之善, 不可恃焉, 而學問之功, 最不可廢焉. 吾故曰: 人之性有限, 而天下之德無窮, 欲以有限之性而盡無窮之德, 非由學問, 其能之乎. 然非性之善, 則雖學問之功, 亦無所施. 故性之善可貴焉. 學問之功大矣. 是孔子所以不以率性爲言, 專以學問教人, 而孟子所以屢道性善, 而以擴充之功爲其要也. 此聖門立教之本旨也.

3. 學問以道德爲本, 以見聞爲用. 孔子曰:"有顏回者好學, 不遷怒, 不貳過." 可見聖人以修道德爲學問, 而非若今人之以道德爲道德, 以學問爲學問也. 又曰:"蓋有不知而作之者, 我無是也. 多聞擇其善者而從之. 多見而識之, 知之次也." 又曰:"多聞闕疑, 愼言其餘, 則寡尤, 多見闕殆, 愼行其餘, 則寡悔. 言寡尤, 行寡悔, 祿在其中矣." 可見以見聞爲用, 而非若今人之專以靠書冊講義理爲學問之類也. 孟子所謂存養擴充之類, 皆卽是學. 先儒云:"學兼知行而言", 得之矣.

4. 學問之法, 予岐而爲二, 曰血脈, 曰意味. 血脈者, 謂聖賢道統之旨. 若孟子所謂仁義之說, 是也. 意味者, 卽聖賢書中意味, 是也. 蓋意味本自血脈中來. 故學者當先理會血脈. 若不理會血脈, 則猶船之無柁, 宵之無燭, 茫乎不知其所底止. 然論先後, 則血脈爲先, 論難易, 則意味爲難. 何者. 血脈猶一條路, 旣得其路程, 則千萬里之遠, 亦可從此而至矣. 若意味, 則廣大周徧, 平易從容, 自非具眼者, 不得識焉. 予嘗謂讀語孟二書, 其法自不同. 讀孟子者, 當先知血脈, 而意味自在其中矣. 讀論語者, 當先知其意味, 而血脈自在其中矣.

權. 凡四條

1. 程子曰:"權, 稱錐也. 所以稱物而知輕重者也." 夫稱錐之爲物, 所以隨衡之斤兩, 或前或却, 定其輕重者也. 故權字取稱錐之義, 學問之不可無權以此也. 夫時有古今, 地有都鄙, 家有貧富, 人有貴賤, 事之千條萬緖, 物之大小多寡, 紛紛藉藉, 不可名狀, 無權以制之, 何以能得其當而合于道. 猶臨敵之將, 因勢制勝, 隨地排陣, 以奇爲正, 以正爲奇, 出入變化, 不可拘以一律. 故曰:"執中無權, 猶執一也." 言權之不可不用也.

2. 漢儒以反經合道爲權, 程子非之. 最是. 經卽是道, 旣是反經, 焉能合道. 蓋漢儒見孟子所謂"男女授受不親, 禮也, 嫂溺援之以手者, 權也." 遂以爲權者反經合道. 今詳孟子之意, 權字當以禮字對, 不可以經字對. 蓋禮可因時而損益, 經歷萬古而不易. 故孟子以權與禮相對, 而未嘗以經字相對, 正爲此也. 又謂"權者濟經之所不及", 亦未盡. 權卽是經, 經卽是權, 權每在經之中, 不與經相離矣. 唯當謂權以濟經. 若謂濟經之所不及, 則猶有以經字對之意在.

3. 論語曰:"可與立, 未可與權." 蓋難其人也, 非謂不可用權也. 難其人, 益見其不可不用也. 蓋示學問之至要, 而學者之不可不勉也. 先儒以謂權須是理明義精, 方可用權. 若然, 則未到理明義精之極, 便將置而不用歟. 何以異夫謂醫非盧扁倉公, 唯全因古方, 不容加減, 奚以貴學問爲.

4. 先儒又謂:"如湯武放伐, 伊尹放太甲, 是權." 此亦不深考耳. 若伊尹之放太甲, 固是權, 如湯武之放伐, 可謂之道, 不可謂之權. 何哉. 權者, 一人之所能, 而非天下之公共. 道者, 天下之公共, 而非一人之私情. 故爲天下除殘, 謂之仁, 爲天下去賊, 謂之義. 當時藉令湯武不放伐桀紂, 然其惡未悛焉, 則必又有若湯武者誅之, 不在上則必在下, 一人不能之, 則天下能之. 子嬰被殺於咸陽, 隋煬受戮於江都, 非項氏宇文所能爲也. 蓋以合於天下之所同欲也. 唯湯武不狥己之私情, 而能從天下之所同然. 故謂之道. 漢儒不知此理. 故有反經合道之說, 宋儒有權非聖人不能行之論. 其他非議孟子之說者, 皆不知道爲天下公共之物, 而漫爲臆說耳. 噫.

聖賢. 一條

1. 聖字古昔或以名其德, 或以名其人, 不如後世所稱截然有階級也. 周禮以聖居六德之一, 孔門或以仁連稱, 或以智倂論, 又或爲兼仁智之稱, 未有明訓之可據. 竊以謂聖字或知或行, 各造其極, 不可測識之稱. 洪範曰:"思曰睿, 睿作聖." 中庸又稱"聰明聖知." 此謂智之造其極也. 孟子以伯夷伊尹柳下惠皆爲聖人, 而以智譬射之巧, 聖譬射之力, 而三子之所以不及乎孔子者, 便在於智之不足焉, 則聖者又行造其極之稱也. 而自可欲之善而充之, 至於大而化之爲聖人, 似亦行造其極之稱. 賢字亦非若後世所號必有階級也. 觀孔子以伯夷叔齊爲古之賢人, 而孟子以伯夷爲聖人, 宰我論孔子, 則亦爲賢於堯舜. 後世論孟子, 或以聖賢二字連稱之, 則知古人所云聖賢之稱, 不如後人之甚泥也.

君子小人. 凡三條

1. 君子小人之稱, 雖有以位言與以德言之別, 然本主位而言. 蓋天子諸侯謂之君, 卿大夫謂之子, 而郊野細民謂之小人. 君子小人之稱, 蓋取於此. 夫爲人之上者, 其人宜氣象老成, 智識遠大, 足以爲天下之儀表. 故有其德者, 雖無其位, 又謂之君子, 尊其德也. 其人猥瑣卑微, 僞詐褊憸, 有細民之氣象者, 雖在位, 又謂之小人, 鄙其人也. 此與賢不肖善人不善人之稱大不同.

2. 人之所以爲學者, 在自進君子之道, 而不爲小人之歸. 然不明乎君子小人之辨, 則於君子之心, 不知其如何, 而不覺流乎小人之趣矣. 故夫子每每對擧君子小人, 而深究其所以相反之狀, 其所以爲學者之意, 甚爲深切, 不可不察焉. 伊川先生曰:"有欲爲聖人之心, 而後可與共學." 可以確言. 固漢唐諸儒之所不及. 然其眞實有志, 超然卓犖, 度越流俗者固可, 若中人之資, 以此爲志, 必有躐等凌節自立標準之病, 不如以君子自期待之無弊.

3. 聖門所稱君子之道者, 亦與稱聖人之道夐別矣. 蓋君子之道謂平易從容, 無過不及, 而萬世不易之常法. 若子産有君子之道四. 又曰:"君子之道四, 丘未能一焉." 又曰:"君子之道, 造端乎夫婦." 又曰:"君子之道, 淡而不厭, 簡而文"等語, 是也. 唯"費而隱"之語, 與論語中庸諸章大不同. 蓋註家不知聖人之旨, 而錯解之耳. 中庸曰:"君子之道, 闇然而日章." 隱字當作闇字意解之.

王霸. 凡三條

1. 王者, 有天下之稱, 霸者, 諸侯之長, 當初未有王霸之辨. 文武之後, 王綱解紐, 號令不行於天下, 桓文互興, 約與國, 務會盟, 而不能以德服天下. 於是王霸之辨興, 非必以霸爲非也. 觀文王之爲西伯可見矣. 後世又有皇帝王霸之論, 儒者誦之. 然孔子之所不言, 孟子之所不論, 蓋戰國縱橫雜家之說, 闕之可矣.

2. 王霸之辨, 儒者之急務, 不可不明辨焉. 孟子曰:"以力假仁者霸, 以德行仁者王. 以力服人者, 非心服也, 力不贍也. 以德服人者, 中心悅而誠服也." 此王霸之辨也. 荀子曰:"粹而王, 駁而霸." 其言雖近似. 然而推度之見, 非知王道者之言也. 蓋王者之治民也, 以子養之, 霸者之治民也, 以民治之. 以子養之. 故民亦視上如父母, 以民治之. 故民亦視上如法吏, 如重將, 雖奔走服役, 從其命之不暇. 然實非心服, 有禍則避, 臨難則逃, 不與君同患難, 其設心之異, 在毫釐之間, 而民之所以應上者, 有霄壤之隔, 非徒粹駁之異而已.

3. 王者以德爲本, 而未嘗無法. 然法者, 其所以敷德, 而非其所恃也. 霸者以法爲本, 而假德以行之, 然而不能實有其德. 及乎五霸旣沒, 時世益衰, 而專任法術, 不復知假德, 於是有刑名之學. 王不待雜霸, 霸不待任法術, 而任法術者, 不能當霸, 霸不得當王. 蓋大能制小, 小不能敵大也.

鬼神. 附 占筮. 凡四條

1. 鬼神者, 凡天地山川宗廟五祀之神, 及一切有神靈能爲人禍福者, 皆謂之鬼神也. 朱子曰:"鬼者陰之靈, 神者陽之靈." 其意蓋以謂雖有鬼神之名, 然天地之間, 不能外陰陽而有所謂鬼神者, 故曰云云. 可謂固儒者之論也. 然今之學者, 因其說, 徒以風雨霜露日月晝夜屈伸往來爲鬼神者, 誤矣.

2. 鬼神之說, 當以論語所載夫子之語爲正, 而不可以其他禮記等議論雜之也. 按夫子論鬼神之說, 載魯論者, 纔數章而止. 至於孟子, 無一論鬼神者. 蓋三代聖王之治天下也, 好民之所好, 信民之所信, 以天下之心爲心, 而未嘗以聰明先于天下. 故民崇鬼神則崇之, 民信卜筮則信之. 惟取其直道而行焉已. 故其卒也, 又不能無弊. 及至于夫子, 則專以教法爲主, 而明其道, 曉其義, 使民不惑于所從也. 孟子所謂賢於堯舜遠矣, 正謂此耳. "樊遲問知, 子曰:'務民之義, 敬鬼神而遠之, 可謂知矣.'" 又曰:"子不語怪力亂神." 子路問事鬼神, 子曰:"未能事人, 焉能事鬼." 此皆見聖人深恐人之不務力於人道, 而或惑於鬼神之不可知而言之也. 然"祭如在, 祭神如神在." "鄕人儺, 朝服而立於阼階", 則又觀其於所當敬, 則未嘗不盡敬. 此吾夫子之所以明其道, 曉其義, 使人不惑於所從, 而與三代之聖人有不同也. 由是觀之, 則凡記禮等書, 稱子曰, 或稱孔子曰, 諸論鬼神之言, 皆出於漢儒之假託僞撰, 而非夫子之言彰彰明矣.

3. 卜筮之說, 世俗之所多悅, 而深害於義理. 故語孟二書, 未嘗有言卜筮者. 何者. 從義則不必用卜筮, 從卜筮則不得不捨義. 義當去矣, 而卜筮不利去, 則將從義乎, 從卜筮乎. 義當就矣, 而卜筮不利就, 則將從義乎, 從卜筮乎. 義不可進矣, 而卜筮利進, 則將從義乎, 從卜筮乎. 義不可退矣, 而卜筮利退, 則將從義乎, 從卜筮乎. 義當生則生, 義當死則死, 在己而已, 何待卜筮而決之也. 君子去就進退, 用捨行藏, 惟義之所在, 奚問利不利爲. 是孔孟之所以未嘗言卜筮也. 論語, "不恒其德, 或承之羞. 子曰:'不占而已矣.'" 蓋言不恒之羞, 不待占決而知其凶也. 由是觀之, 則夫子之不用卜筮益明矣. 故愚嘗謂三代之時, 教法未立, 學問未闡, 直至孔子, 而始斬新開闢, 猶日月之麗于天, 而萬古不墜. 故三代以前之書, 當以三代以前之說求之, 而孔孟之書, 當以孔孟之旨解之, 各識其理之所在, 可矣.

4. 夫人所以信卜筮者, 神明之也. 卜筮果神明邪. 其事吉則吉兆應, 其事凶則凶兆應, 而後可. 南蒯將叛, 筮之得黃裳元吉之兆, 蒯吉之, 叛而敗. 蒯, 叛人也, 而以吉兆告, 神明何益. 卜筮果神明邪. 其事吉則卜筮幷吉, 其事凶則卜筮幷凶, 而後可. 晉獻公欲以驪姬爲夫人, 卜之不吉, 筮之吉, 同占此事, 一凶一吉, 無所適從, 神明其若此乎. 故卜筮之說, 雖多載于三代之書, 然至于語孟二書, 無一言及于此者. 蓋聖人以義爲斷, 而使人不惑於不可知之途. 此吾夫子之所以度越乎三代聖人, 而永爲萬世之宗師也.

詩. 凡三條

1. 讀詩之法, 善者可以感發人之善心, 惡者亦可以懲創人之逸志, 固也. 然而詩之用, 本不在作者之本意, 而在讀者之所感如何. 蓋詩之情, 千彙萬態, 愈出愈無窮, 高者見之, 則爲之高, 卑者見之, 則爲之卑, 爲圓爲方, 隨其所遇, 或大或小, 從其所見. 棠棣之詩, 淫奔之辭也, 夫子取之, 以明道之甚邇. 旱麓之詩, 詠歌文王之德也. 子思引之, 以明道之無所不在. "憂心悄悄, 慍于群小." 衛莊姜之怨不獲於其君也. 孟子引之, 以爲孔子之事. "他人有心, 予忖度之." 大夫傷於讒, 而訴於天也. 齊宣王引之, 以嘉孟子之能察己之心也. 學者觀此, 可以悟讀詩之法矣. 夫子特許子貢子夏以始可與言詩已矣者, 蓋以非二子之穎悟文學不足以盡詩之情也. 是讀詩之法也. 若鄭箋朱傳, 徒著作詩之來由, 而不知本之於古人讀詩之法, 惜哉.

2. 詩有六義:曰風賦比興雅頌, 是也. 鄭箋朱傳, 皆以國風二雅三頌爲三經, 賦比興爲三緯, 諸家終不能改其說. 愚竊謂, 國風雅頌是詩之體, 非義. 如鄭箋朱傳之說, 則是詩只有三義, 而無六義. 又只當以風雅頌賦比興爲敘, 而不可言風賦比興雅頌. 周禮大序, 皆以風賦比興雅頌爲敘, 則三經三緯之說, 最可疑焉. 予故謂詩六義亦當不在作者之意, 而在讀者之所用如何. 蓋風賦是一類, 比興是一類, 雅頌是一類. 風賦在尋常之所用, 比興在臨時而寓意, 雅頌取於音聲. 何以言之. 觀左氏傳, 列國士大夫, 以詩贈答, 皆曰賦某詩, 或曰賦某詩第幾章. 如此, 則三百篇皆可以爲賦. 論語曰:"可以興." 則三百篇亦可以爲興. 周禮有豳雅豳頌之稱, 而豳風一詩, 或以爲雅, 或以爲頌, 則三百篇亦可以爲雅爲頌. 故一詩各具六義, 而六義通於三百篇之中. 古人用詩之法, 豈不大且廣乎. 而於風賦比興雅頌之敘, 其義又自分明矣. 又按周禮大師, 以六義敎王之子弟, 若鄭箋朱傳所謂, 則鯫生小子, 皆可能通其義, 奚待大師之敎乎.

3. 詩有美刺. 蓋詩之作, 有有作者者, 有無作者者. 大抵當時不知誰人所作, 或作詩以諷人之淫, 或本無此事, 而託詞以見其情. 朝野流傳, 以相詠歌耳, 非專有意美某人刺某人也. 後之錄詩者, 或國史, 或採詩官, 撮其大意, 爲某詩美某人, 某詩刺某人, 今之小序, 是也. 而朱子悉廢小序, 而直據經文, 以著其義. 然後之諸儒, 多言小序不可廢焉, 其說皆有明據. 愚又謂若廢小序, 而悉據經文, 則事多有害于義者. 桑中詩曰: "云誰之思." 美孟姜矣. 二章曰:"云誰之思." 美孟弋矣. 三章曰:"云誰之思." 美孟庸矣. 如朱子之所說, 則是一人而相期約於三人乎, 三人各有所期約乎. 丘中有麻詩曰:"丘中有麻, 彼留子嗟." 又曰:"丘中有麥, 彼留子國." 山有扶蘇曰:"不見子都, 乃見狂且." 又曰:"不見子充, 乃見狡僮." 是一人而私二人乎, 二人各有所私乎. 若謂二人各有所私, 則此一首詩, 而出於二人之手也. 若謂一人而私二人, 則一幽僻地, 不可同留二人也. 羞惡之心, 人皆有之, 雖淫奔者, 不可自發其奸, 其不相通也如此. 故悉廢小序, 而直據經文, 則國風諸篇, 類皆爲淫奔者之所自作, 而美刺之旨不明矣. 故曰事多有害于義者, 正爲此也.

書. 凡三條

1. 六經莫古於書, 而散亡僞撰, 亦莫甚於書. 然而堯舜禹湯文武之書, 尙多在, 學者當因其存而察其亡, 信其當信而疑其當疑, 則聖人之大經大法, 略足觀焉, 而其散亡僞撰之甚, 亦不足以爲害也. 尙書有今文古文之別, 今文二十九篇, 出於秦博士伏勝之口授, 寫以漢世文字. 故名今文尙書. 古文五十八篇, 武帝時, 魯恭王壞孔子宅, 得竹簡書, 皆科斗文字. 故號古文尙書. 遇巫蠱之禍而不行, 遂廢矣. 歷四百餘年, 東晉以來, 稍行於世, 至於隋開皇中始全. 故今今文古文竝行. 然朱子吳臨川梅鷟之徒, 皆疑古文之非眞, 其言鑿鑿乎有據. 凡古人作一篇文字, 必有起結. 若堯典, 其終只曰: "釐降二女於嬀汭, 嬪于虞. 帝曰:欽哉." 此豈足結一篇之終乎. 且孟子引舜典而稱堯典, 則古二篇合而爲一篇明矣. 三苗之征, 泰誓之年數, 其理不得明暢者, 皆因過信古文也. 孟子曰:"讀其書, 不知其人, 可乎." 唐虞三代之間, 其議論皆在於修政知人之間, 而未嘗有心性之論, 古文尙書多說心說性, 最非唐虞三代之口氣, 其害于道甚多矣.

2. 讀書者, 須先明夫子祖述堯舜之意, 而後始讀四代之書. 不然, 則必眩於無爲自化荒唐謬妄之說, 而看聖人之書, 必有不滿之意. 故不能得其理. 孔安國曰:"伏羲神農黃帝之書, 謂之三墳, 言大道也. 少昊顓頊高辛唐虞之書, 謂之五典, 言常道也." 所謂大道者, 蓋言甚廣大而非常道之所及也. 然而觀夫子特取唐虞二典, 而三皇三帝之書皆黜之, 則知其所謂大道者, 必是磅礴廣大, 不切於人倫, 不近於日用, 無益於天下國家之治者也. 惟堯舜之道, 爲能究人道之極, 而萬世不易, 中庸之至, 而夏商周之道, 亦皆準堯舜之法, 而一無爲無爲自化之說者. 藉令百世之後, 有聖人者出, 然蔑能出於唐虞三代之上, 而老壯氏所謂無爲自化之說, 皆繆妄不經, 不可爲訓矣. 學者知此理, 而後正得夫子定書之意, 而於四代之書, 深知其造至極而不復可加焉.

3. 歐陽子曰:"堯舜禹湯文武, 此六君子者, 可謂顯人矣, 而後世猶失其傳者, 豈非以其遠也哉. 是故君子之學, 不窮遠以爲能, 而闕其不知, 愼所傳以惑世也. 方孔子時, 周衰學廢, 先王之道不明, 而異端之說並起, 孔子患之, 乃修正詩書史記, 以止紛亂之說, 而欲其傳之信也. 故略其遠而詳其近. 於書斷自唐虞以來, 著其大事可以爲世法者而已. 至於三皇五帝君臣世次, 皆未嘗道者, 以其世遠, 而愼所不知也. 孔子旣沒, 異端之說復興, 周室亦益衰亂, 接乎戰國, 秦遂焚書, 先王之道中絶, 漢興, 久之詩書稍出而不完, 當王道中絶之際, 奇書異說, 方充斥而盛行, 其言往往反自託於孔子之徒, 以取信於時, 學者旣不備見詩書之詳, 而習傳盛行之異說, 世無聖人以爲質, 而不自知其取捨眞僞. 至有博學好奇之士, 務多聞以爲勝者, 於是盡集諸說而論次, 初無所擇, 而惟恐遺之也. 嗚呼, 堯舜禹湯文武之道, 百王之取法也, 其盛德大業, 見於行事, 而後世所欲知者, 孔子皆已論著之矣. 其久遠難明之事, 後世不必知, 不知不害爲君子者, 孔子皆不道也. 夫孔子所以爲聖人者, 其智知所取捨皆如此." 歐陽子此論, 最有補于世敎, 雖閩洛諸君子, 猶有所不及者也. 凡爲三皇五帝之論者, 皆出於戰國讖緯雜家之說, 而非孔子之旨. 若歐陽子者, 可謂能得聖人之旨也. 予故表而出之.

易. 凡三條

1. 凡學孔子之道者, 當從孔子之言也. 欲學孔子之道, 而不從孔子之言者, 是叛孔子者也. 語曰:"加我數年, 五十以學易, 可以無大過矣." 愚謂六十四卦三百八十四爻. 一言以蔽之, 曰可以無大過矣. 夫日中則昃, 月盈則虧, 故避盈滿而處退損, 易之敎也. 昔者聖人深究陰陽消長之變, 而明著進退存亡之道, 六十四卦三百八十四爻, 總莫非發明此理. 故可以無大過矣之一言, 實足以蔽之矣. 大凡區區象數卜筮之學, 皆非夫子之意也, 而程子從孔子而以義理解之. 朱子從文王周公而以卜筮爲主. 愚謂易之爲書也, 夫子以前, 固爲卜筮之書. 然六經永爲孔氏之書, 則易書固當以程子爲是.

2. 歐陽子趙南塘共深辨十翼非孔子之所作. 愚謂古之經書, 莫明於魯論, 亦莫正於魯論, 不比詩書義理難曉, 紛亂甚多. 故天下之書, 皆當以魯論爲正, 爲之折衷. 大傳曰:"原始反終. 故知死生之說." 又曰:"精氣爲物, 遊魂爲變. 是故知鬼神之情狀." 今以論語證之, 非夫子之語彰彰矣, 而從卜筮則害義, 從義則不必用卜筮. 故語孟二書, 未嘗言卜筮. 今繫辭說卦, 專爲卜筮作之, 則歐陽子以爲筮人之占書, 而非孔子之所作, 宜矣. 又以大傳何謂子曰者, 爲講師之言, 皆非易家之所及. 歐公有易童子問, 趙著易說三卷, 歐說學者不可不讀.

3. 古者易學自有二家, 彖象及文言, 儒家之易也. 繫辭說卦, 筮家之易也. 儒家之易, 專明陰陽消長之變, 而無一涉于卜筮者也. 莊周所謂易以道陰陽, 是也. 象本謂卦下之辭. 今所云象曰者, 以釋卦下之辭. 故亦通謂之象. 象卽晉韓宣子聘魯所觀, 今象曰, 是也. 朱子從疏家一說以爲彖象傳者, 非也. 二書之作, 皆在夫子之前, 彖以釋卦辭, 象以釋爻辭, 而象不及卦下之辭者, 蓋存于彖也. 以此觀之, 則彖又在象之前可知矣. 繫辭本乎儒家之易, 而以卜筮爲主. 歐陽子爲筮師之作, 是也. 說卦專說卜筮, 皆筮家之易也. 程傳雖從繫辭, 實與彖象之旨合. 深知易者, 自識之矣.

春秋. 凡二條

1. 春秋者, 魯史記之名也. 蓋魯史官因周公之舊法典禮, 而著善惡之跡. 故謂之魯春秋, 晉韓宣子之所觀, 是也. 周道旣衰, 邪說暴行有作, 臣弑其君者有之, 子弑其父者有之. 故孔子懼而作春秋. 蓋史官之筆, 雖襲用周公之舊法, 然不能無詭於聖人. 故夫子削其違于義者, 而筆其合于義者. 故曰:"其義則丘竊取之矣." 其取之云者, 我取之於彼之辭, 非夫子親爲之褒貶也. 蓋當時世朴事簡, 無載籍之行于世, 善惡淑慝, 皆與時共沒, 無著于後世. 故亂臣賊子, 肆其欲而莫之顧. 於是夫子就魯春秋筆削之, 以爲百世不刊之典. 故亂臣賊子懼.

2. 知春秋者, 莫若孟子, 而左氏傳獨與孟子之意相合. 故讀春秋者, 當以孟子語爲正, 而以左氏說參之. 孟子曰:"世衰道微, 邪說暴行有作, 臣弑其君者有之, 子弑其父者有之, 孔子懼作春秋, 春秋天子之事也, 是故孔子曰:'知我者其惟春秋乎, 罪我者其惟春秋乎.'" 蓋夫子以亂臣賊子接踵於當世, 莫之能禁, 而作之也. 是春秋之大義也. 其紀日月爵位者, 固書法之所在. 然謂之春秋之大義, 則不可. 蓋聖人之修經也. 在於禁亂臣賊子之欲, 而使人觀其善惡之跡. 故左氏之著傳. 亦備載其事之本末, 而使人審覈其善惡之實. 此左氏之所以知聖人之意, 而與孟子之意相合也. 後人惟知解義理之爲傳註, 而不知記事實之爲傳註, 左氏之意荒矣. 所謂天子之事者, 指禮樂征伐言. 論語曰:"天下有道, 則禮樂征伐, 自天子出, 天下無道, 則禮樂征伐, 自諸侯出." 是也. 而禮樂征伐, 非庶人之所敢議. 然以當時上無以明道者. 故孔子不得已而作之. 故曰: 知我罪我者, 其惟春秋乎. 以天子之事, 爲託二百四十二年南面之權者, 尤非也.

總論四經. 凡二條

1. 六經之學, 當先得其大義. 苟得其大義, 則猶順流而下, 循途而行, 無甚難解者, 不比他書句櫛章梳, 逐一解說可通. 蓋人情盡乎詩, 政事盡乎書, 事變盡乎易, 世變盡乎春秋. 不讀詩則不能以立敎, 不讀書則不能以善政, 不讀易則無以識事變, 不讀春秋則無以馭世變, 此其大義也. 六經之學其邃哉. 而夫子雅言, 獨在詩書者, 何哉. 夫人情無古今無華夷一也. 苟從人情則行, 違人情則廢. 苟不從人情, 則猶使人當夏而裘, 方冬而葛, 雖一旦從之, 然後必廢焉. 故立敎施政者, 必不可不讀詩書也, 而聖人之爲政也, 本於人倫, 切於人情, 而無虛無恬澹之行, 無功利刑名之雜. 四代之書, 皆盡君臣之道, 究人倫之極, 而與夫黃老無爲自化之說不啻霄壤. 故詩書二經, 尤平易近情, 使人易從易行, 達乎萬世而無弊者也. 故自詩書入者, 其意平而無詭異邪僻之行. 若夫好邪說暴行高遠不可及之術者, 必不知自詩書入者也. 若佛老禪儒之說, 是也. 是夫子之所以雅言詩書, 而諄諄然爲之敎誨也.

2. 讀六經與讀語孟, 其法自別. 論語孟子, 說義理者也. 詩書易春秋, 不說義理而義理自有者也. 說義理者, 可學而知之也. 義理自有者, 須思而得之也. 可學而知之者, 顯而示之也. 須思而得之者, 含蓄不露者也. 四經猶天生之物, 不煩琱琢, 自然可觀焉. 語孟猶設權衡尺度, 以待天下之輕重長短也. 六經猶畵也, 語孟猶畫法也. 知畫法而後可通畵理, 不知畫法而能曉畵理者, 未之有也. 六經猶直描畵天地萬物之態, 纖悉不遺. 語孟猶指點天地萬物之理, 而示之人. 故通語孟二書, 而後可以讀六經. 否則雖讀六經, 茫無津涯, 瑣瑣訓詁, 不足以發明六經也. 程子曰:"論語孟子旣治, 則六經不治而自明矣." 此言亦讀六經者, 所當先識也.

『어맹자의』 해제

주자학 비판에서 담론의 새 지평으로

『어맹자의』는 이토 진사이의 만년 저작이다. 그가 서문에서 밝히듯 『논어고의』와 『맹자고의』를 쓰고 난 후 『논어』와 『맹자』에 보이는 주요 개념어를 정리한 글이다. 1683년에 완성해 그 해에 서문을 썼다. 진사이는 자신의 저작을 완성한 후에도 계속 수정·보완했기 때문에 현재 우리가 보는 원고가 최초 완성한 원고와 같다고 할 수는 없다. 진사이의 문인이 붙인 간기刊記에는 1705년에 간행한 것으로 되어 있다. 간기에, 선생께서 완성 후에도 개수改修를 그만두지 않아 문인門人들이 간직한 원고 사이에 차이가 많아 수본手本을 모두 수집한 후 정본定本을 만들었다는 말이 보인다. 1705년 3월에 진사이가 세상을 떠났는데 그 해 동지冬至에 간행했다고 하였다. 문인들이 간직한 원고에 따라 시중에 각각으로 유통되던 이본異本을 진사이 사후에 완전히 정리해 결정본을 만든 것으로 보인다. 1705년 간행본이 정본인 셈이다. 여기에 진사이의 맏아들 도가이가 주석을 붙이고 세밀한 교감 작업을 한다. 도가이는 몇몇 항목(성誠, 학學, 춘추春秋, 지志 등)에 교감 날짜를 기록해 두었는데 1716년이 가장 이른 시

기이고 1725년이 마지막 시기로 되어 있다. 도가이 역시 10여 년 가까이 작업을 하면서 글을 다듬고 주석을 더해 부친의 사고를 명료하게 했던 것이다. 정리하자면 1683년에 초고가 완성됐고, 수정 작업이 세상을 떠나는 해까지 진사이 자신이 진행, 1705년 사망년도에 제자들에 의해 간행되었으며, 최종 교정 주석본을 아들 도가이가 1725년에 완성·확정한 것이다. 번역대본은 1725년 도가이의 주석본이다.

『어맹자의』의 특징은 한마디로 개념어 사전이라는 데서 비롯한다. 개념어 사전이란 말을 쓰는 이유는 미묘한 점이 이 호칭 안에 있기 때문이다. 사전辭典이란, 말에 대해 정확하게 정의한다는 객관화의 표시다. 개념어는 해당 개념어에 대한 충실한 설명이라고 일반적으로 정의할 수 있으나 설명하는 방법에 따라 개념어의 함의가 달라질 수 있다. 개념어 사전이라고 하면 『북계자의』北溪字義를 떠올리지 않을 수 없다. 진사이가 염두에 둔 모델이기도 하고 성리학의 기본개념에 대한 설명서로 송대에 이미 유명한 책이다. 진사이는 이 책을 비판적으로 음미한다. 주자학에 대한 진사이의 비판을 염두에 두면 당연한 일이라고 생각하기 쉽지만 진사이의 비판 작업은 간단하게 이루어지지 않았다. 여기서 같은 개념어 사전이라도 성격이 완전히 달라진다.

진사이의 비판 방법에서 기억해야 할 첫째 원칙은 주자학의 관념성에 대한 검토다. 실학實學을 표방한 진사이가 깊이 의식한 부분이 추상/관념성이었다. 진사이는 주자학의 이런 특징을 허虛라 불렀다. 『논어고의』·『맹자고의』 주석 작업을 통해 진사이가 이룩한 텍스트 독해 방식 가운데 하나가 역사적 맥락의 글 읽기였다. 텍스트를 당대에 두고 당대의 인식코드를 따라 읽는 방법이다. 과거는 과거다. 과거는 낯선 땅이다, 라는 원칙. 자신이 처한 자리에서 자신의 시대인식 틀을 통해 고전을 읽는 것과 상반되는 독법이다. 고전 당시의 인식 틀로 읽는 방식은 생각보다 상당한 식견과 안목이 필요하다. 당대의 서적을 광범위하게 읽어 시대성과 시대상을 숙지해야 하기 때문이다. 텍스트끼리의 상호작용과 침투를 알아야 하며 텍스트 내에서 교차되고 확장되는 주요 사고를 인지해야 한다. 역사성 위에 기본 개념을 확정한 다음, 언어들의 배합과 확산·변이까지 파악해야 한다.

우리가 개념어라고 하는 것은 대부분 역사적으로 형성된 의미체다. 개념/어는 고정된 것이 아니다. 시대가 변하면서 함께 유동한다. 오래된 고전은 많은 주석 작업을 통해 시대를 따라 언어가 변하고 쌓이면서 역사에 긴 그림자를 드리운다.

진사이가 각 항목의 개념어를 설명할 때 한 번에 그치지 않고 일련 번호를 붙여 다른 측면에서 풀이한 데는 이유가 있다. 먼저 그는 역사를 배경에 놓고 최초의 용례를 보여 준다. 다음으로 텍스트 내에서 개념과 용어가 어떻게 다양한 사례로 쓰이는지 제시한다. 다른 텍스트에서 쓰인 예시도 거론한다. 어떤 시기에 역사적으로 형성된 언어가 후대에 변하는 양상도 빠뜨리지 않는다. 이런 구체적인 방식으로 '이미 알고 있다고 상상하는' 개념어를 비추면, 예컨대 『북계자의』의 정의와 비교해 보면, 진사이가 개념어를 다루는 방식이 얼마나 철저한지 알 수 있다. 방법론의 자각이 텍스트 읽기의 새로운 방식을 가져왔고 거꾸로 전체적인 틀 안에서 디테일한 따져 읽기가 가능해졌다. 상호 보완하는 이 방식은 역사적 근거점 덕분에 추상성을 비판할 수 있는 잣대가 된다.

진사이의 최종 목표가 주자학 비판이었다고 할 수는 없을 것이다.

강력한 영향력으로 군림하는 주자학에 대한 비판은 필요하고 필수적이다. 객관화하는 작업 자체가 다양한 학문을 위한 통로가 되며 권위에 순응하는 사고를 반성하도록 하기 때문이다. 하지만 그것이 전부는 아니다. 주자학 비판이라는 말을 얼마나 흔하게 듣는가. 이 일은 입에 쉽게 올리는 것처럼 쉬운 게 아니다. 진사이는 문자 그대로 주자학을 전면 비판하지만, 비판 작업을 통해 자신이 체득한 방법론을 따라 주자학 비판보다 더 먼 곳으로 나갈 수 있었다. 이 점이 중요하다. 거듭 강조해 말하지만 주자학 비판은 필요하다. 주자학 비판은 주자학을 온전한 진리the truth가 아니라 하나의 이론a theory으로, 담론으로 객관화한다는 뜻이다. 한 시대를 풍미한, 유효하고 배울 점이 적지 않은 설명체계지만 그럼에도 불구하고 시공을 초월하는, 초역사적인 절대 사상이 아니라 하나의 이데올로기라는 사실. 주자학이 담론으로, 하나의 효율적인 담론체계로 선언될 때, 다른 사상 역시 동등한 하나의 담론으로 자기 지위를 얻게 된다. 눈앞의 거대한 나무가 실은 숲을 이루는 한 그루 나무였던 것이고 그 곁에 무수히 많은 나무들이 있다는 자각. 진사이가 주자학을 비판했다는 말은 바로 이런 의미였다. 주자학 비판 자체보다 더 중요한 사실은 주자학이 담론으로 지위가 변하면서 새로운 지평이 열렸다는 점이다. 후대에는 이렇게 열린 새 지평을 일러 '고의학'古義學이라고 하였다. 고의학은 중요하다. 그러나 역시 고의학이 열어젖힌 새 학문의 장이 더 중요하다.

『어맹자의』는 진사이의 자각과 자신감이 느껴지는 저술이다. 얼핏 보면 『논어고의』·『맹자고의』에서 중요하게 논했던 사고와 글이 『어맹자의』에 고스란히 반복된다. 진사이는 『어맹자의』에서 자신의 주장과 인식을 정교하게 만들었다. 앞서 언급했던 역사적 방법론을 다양하게 구사한다. 진사이의 설명이 설득력 있게 들리는 것은 구체적인 맥락을 풍부하게 끌어와 귀납적인 방식을 쓰기 때문이다.

진사이는 천도天道부터 논한다. 리理가 우선이 아니라는 전제가 깔려 있다. 고대인의 사유방식은 천지天地사상에서 비롯되었으며 자연과 인간 세상의 일치라는 큰 틀에서 시작했음을 천명한다. 성리학처럼 추상적 원리[理]가 먼저 있고 그 이후에 윤리로 구체화되는 과정을 겪는 게 아니라 자연의 길로서 하늘[天]이 있고 하늘이라는 구체성에서 인간의 도리라는 추상적 윤리가 나왔음을 보여 준다. 가치 있는 삶은 윤리적인 생활이다. 그러나 그것은 자연의 운행과 일치하는 데서 온다. 주자학은 자연의 운행 너머, 혹은 그 배후에 근본원리가 있다고 생각했다. '너머', '이전', '보이지 않는 이면'—추상적이고 관념적이며 심오하고 난해한 이것을 리理라 불렀고 실체라 했다. 사유의 무한한 깊이가 여기 있다. 진사이는 리理라는 추상/관념을 배격한다. 몰라서가 아니다. 사유의 심오한 측면을 무시해서도 아니다. 지적인 작업이 갖는 긍정적인 면을 경시하는 것도 아니다. 진사이는 윤리적 삶을 사회 안에 실현하고 싶었다. 심오하고 지적이기보다 일상생활의 삶이 도덕적이길, 삶에 실질적인 도움이 되길 바랐다. 추상적이기 십상인 개념어 설명을 하면서 진사이는 끝까지 이 점을 견지했다. 삶과 함께하는 학문, 삶 속에 뿌리내린 윤리, 윤리학이 아니라 실천으로서의 윤리. 실상 『논어고의』·『맹자고의』에서 읽어 낸 고갱이도 이것이었고 개념어를 설명하면서 일관한 메시지도 삶의 윤리였다.

진사이의 실제 작업을 들어 『어맹자의』의 장점을 좀더 들여다보자. 먼저 「도」道의 첫번째 항목. 진사이는 도를 천도天道·지도地道·인도人道로 나눠 설명한다. 범주를 명확히 해 도 하나로 뭉뚱그려 설명하는 폐단을 끊었다. 진사이의 안목이 돋보이는 부분이다. 서양의 사고와 비교해 동양의 사고를 말하면서 흔히 포괄적인 개념과 해설을 든다. 포괄적인 개념을 쓰는 이유 가운데 하나는 사물과 사건·대상을 한 범주나 단면적 사고로는 온전히 볼 수 없다는 생각이 전제돼 있기 때문이다. 입체적인 사고로서, 애매하게 파악하는 것과는 전혀 다르며 분석적인 사고와 대척점에 있는 게 아니다. 하지만 장점에도 불구하고 부작용도 있다. 포괄적이고 입체적인 사고는 각각의 결을 품고 있어 사안의 다른 면을 포용한다는 인식을 염두에 두지 않으면 두루뭉술하게 본다는 오해를 부를 수 있다. 분석적인 사고라는 측면에서 보고 무분별하다고 속단할 여지가 있는 것이다. 진사이는 포괄적인 사고를 분석적으로 운용한다. 포괄적인 사고를 전혀 해체하지 않으면서. 훌륭한 지휘자는 각 파트의 소리를 선명하게 드러내면서 전체와 유기적 관계를 또렷이 보여 준다고 하던가?

진사이의 박람강기를 첨언할 필요가 있겠다. 「성」性의 다섯번째 항목. 진사이는 『문자』文子를 인용해 『예기』「악기」의 원출처를 밝혔다. 고증학이라거나 고증적이라고 할 것도 없이 선진先秦시대부터 한대漢代를 거쳐 송명대宋明代에 이르는 전적典籍에 대한 그의 광범위한 독서와 기억력은 독자의 예상 이상이다. 진사이 개인의 능력이 상당했음을 보여 주는 분명한 증거일 터. 이와 아울러 독서가 가능하게 된 배경—수많은 서적이 유통되고 장서를 갖추고 다른 사람들과 함께 읽고 토론할 수 있었던 사회배경 본위를 염두에 두어야 할 것이다. 진사이 개인의 특출함을 강조하는 만큼 훌륭한 학자가 나올 수 있었던 에도시대의 지적 풍토가 풍요로웠음을 지적하고 기억하는 일도 합당하리라.

「시」詩의 첫번째 항목은 주목할 만하다. 진사이의 독서론이라 할 수 있는데 정확히는 방법론이라 해야 할 것이다. 문학의 효용론은 동서고금을 막론하고 유래가 오래된 견해다. 일반적으로 작자를 중심에 두고 그 의도를 파악하는 데 강조점이 주어졌다. 놀랍게도 진사이는 독자의 감상과 반응에 눈길을 둔다. '수용미학'적 관점으로의 전회轉回라고 호들갑 떨 필요는 없다. 역시 『논어』·『맹자』를 정밀하게 읽고 깊이 사색해 터득한 의견이라는 점을 새삼 지적하고자 한다. 진사이는 실제 시 독법으로 나아가 다양한 견해를 인용해 보여 준다. 실제 비평의 여러 해석들은 시비나 우열을 가르려는 게 아니라 '독법들'로 귀결되고 다시 시를 풍부하게 해석하도록 권하는 창조적 순환을 이룬다. 어떤 견해나 어느 시대 특정 의견에 몰두하지 않음으로써 경전 해석의 우선성을 파괴한다. 열린 해석을 향한 그의 독법 또한 각각의 경전 해석을 담론으로 보는 그의 관점이 담겨 있다.

진사이의 독서와 관점은 근거 없는 보편론이나 자기의 개성만을 강조하는 특이성으로 떨어지지 않는다. 그의 시 읽기에서 보듯 역사성을 간파하기 때문이다. 텍스트의 역사성. 텍스트가 시대의 산물임을 인식하고 경계를 확실하게 그을 때 학문은 과한 추상에 빠지지 않는다. 고전에 대한 비판적인 읽기가 가능한 지점도 이곳이다. 지나치게 역사성을 강조할 경우 특수성에 함몰되기 쉽다. 역사성을 다른 역사성과 함께 자신을 상대화시키면서 추상/관념성에 구체적인 형상을 부여하고 다시 보편성으로 나가야 한다. 이때 보편은 정해진 실체가 아니라 역사성이 모여 이루어지는 과정으로 보아야 할 것이다. 이를 개념화해 진사이는 "맥락과 의미"[血脈·意味]라고 불렀다. 역사성의 텍스트 내 지향과 외부 확산, 그리고 텍스트 간의 연결을 염두에 둔 실질적인 인식이다. 무엇보다 역사를 역사화하고 담론화하는 작업이기도 했다.

스칼라십이 발전한 21세기의 시각으로 진사이를 비판하긴 쉽다. 『논어』와 『맹자』를 한 쌍으로 묶는 그의 독법은 문제의 소지가 많다. 『논어』와 『맹자』는 엄연히 다른 책이다. 그의 역사적 방법을 대입하면 『논어』와 『맹자』를 동일선상에 놓고 자매편으로 보는 건 무리다. 『맹자』가 해석한 『논어』는 맹자가 해석한 『논어』일 뿐이다. 맹자의 풀이가 『논어』 해석에 결정적이며 권위가 있다는 전제는 말이 안 된다. 맹자가 읽은 『논어』 역시 맹자 당대의 긴급한 필요와 요청에 따라 독창적으로 읽은 『논어』다. 『논어』를 읽는 다양한 독법 가운데 하나일 뿐이다. 주자학이 하나의 담론인 것처럼 맹자의 안목 역시 담론으로 간주되어야 마땅하다. 하지만 이런 식의 비판은 별 의미가 없다. 후대에 많은 것이 검토되고 재해석된 이후에, 거인의 어깨 위에서 편하게 바라본 시각이기 때문이다. 남의 목소리를 자기 것으로 착각하는 어리석음일 뿐.

『어맹자의』가 가치를 품은 부분은 개념어 사전이라는 객관적인 작업조차 철저하게 자신의 안목을 개입시킴으로서 개념어 사전의 새 모델이 될 수 있다는 점이 아닐런지. 영향력이 적지 않았다. 『북계자의』가 재검토되고 주자학이 객관화되면서 담론으로 지위가 재조정되었다. 『어맹자의』뿐만 아니라 그의 주요 저작 전체에 해당하는 말이겠지만, 주자학이 담론화이면서 새 학문의 장場이 마련되었다는 역사적 사실. 이 점이 진사이의 큰 공헌일 것이다.

2017년 8월

서강西江에서 역자 쓰다

찾아보기

【ㅇ】

【ㅈ】

【ㅍ】

【ㅎ】